AF389981

CHOISEUL-GOUFFIER

CHOISEUL-GOUFFIER

LA FRANCE EN ORIENT

SOUS LOUIS XVI

PAR

LÉONCE PINGAUD

PARIS

ALPHONSE PICARD, LIBRAIRE

82, rue Bonaparte, 82

—

1887

PRÉFACE

L'éternelle question d'Orient suit son cours, et nous
ne sommes pas au bout des surprises qu'elle nous
réserve. Hier, les Russes se montraient aux portes de
Constantinople ; aujourd'hui, les Anglais sont à Chypre
et au Caire ; qui sait si l'aigle autrichienne n'appa-
raîtra pas demain sur l'Archipel ? Et malgré tout,
l' « homme malade, » dont l'empereur Nicolas, il y
a plus de trente ans, déclarait la succession ouverte,
respire encore. Les plus fins politiques se sont trompés
à son sujet ; bien déçus ont été aussi certains mystiques
qui lisaient couramment son destin dans l'Ancien Testament, et, sur la foi d'une interprétation trop subtile de
Daniel, annonçaient sa fin pour 1882. Du moins peut-
on dire avec le prophète que cet empire est la statue
aux pieds moitié de fer et moitié d'argile ; une pierre
se détachera soudain de la montagne, qui frappera le
colosse affaibli à sa base et le réduira en poussière.

Il y a cent ans, amis et ennemis de l'empire ottoman
sentaient déjà levée la main invisible d'où ce grand coup
devait partir. Catherine II, passant sous les arcs de
triomphe de la Crimée, croyait ouvert le « chemin de
Byzance; » l'empereur Joseph II cherchait sur le Danube une compensation à la suprématie perdue en
Allemagne; la Prusse trouvait auprès du Divan un
point d'appui dans ses intrigues contre la France;
l'Angleterre, sous le couvert d'une sympathie hypocrite pour les sultans, songeait à se tailler la part du
lion dans leurs dépouilles; la France enfin, tout en se
persuadant qu'il ne devait ni se tirer un coup de canon,
ni se partager un coin de terre en Orient sans sa permission, y voyait contester ses prérogatives séculaires
et succomber son influence. Qui oserait dire qu'il n'y
a plus rien de vrai dans cette attitude des puissances
européennes, présentes par leurs consuls, leurs soldats
ou leurs vaisseaux, sur toutes les frontières du monde
musulman ?

D'autres hommes, au service d'autres intérêts, se
sont aussi montrés de ce côté depuis un siècle. L'Orient
n'est pas seulement un champ livré à la politique; c'est
le pays des grandes ruines et des lointains souvenirs.
Les peuples qui ont joué, sur ce théâtre incomparable,
les premiers actes de la tragédie humaine, y ont reparu
peu à peu, derrière les barbares modernes, par leurs

monuments, leurs statues, leurs inscriptions, et ont
ainsi reculé et enrichi d'une façon inattendue le domaine
de l'art et de l'histoire. Ici aussi s'est manifestée la rivalité des nations européennes. La France, l'Allemagne,
l'Angleterre, ont envoyé à l'envi leurs explorateurs et
leurs commissions scientifiques en Grèce, en Egypte,
en Syrie ; il n'y a pas jusqu'aux Etats-Unis qui, récemment encore, représentés à Chypre par le général de
Cesnola, revendiquaient leur part de ces immenses
dépouilles. Ainsi arraché âge par âge à l'oubli, et
reprenant conscience de ses destinées, l'Orient se rap-
proche insensiblement de l'heure où il échappera sans
effort, pour commencer un nouvel avenir, à ses maîtres
d'aujourd'hui.

Un des précurseurs, un des premiers témoins de cette
lente révolution a été l'homme dont le nom figure en
tête de ce livre. Diplomate et ami des arts, Choiseul-
Gouffier s'est montré en Grèce et à Constantinople sous
un double aspect, correspondant justement au double
intérêt qu'excitent plus que jamais les hommes et les
choses de ces lointains pays. Pendant huit ans, de 1784
à 1792, il représenta la France auprès de la Porte, et
durant toute sa vie, par ses écrits, ses voyages, ses
recherches, il se fit connaître comme un adorateur
intelligent et fervent de l'antiquité hellénique. Il
attacha ainsi son nom en Grèce au développement

d'études nouvelles, en Turquie, à la ruine simultanée de la puissance ottomane, et, à certains égards, de l'influence française.

Jusqu'ici Choiseul-Gouffier avait eu des panégyristes officiels dans les assemblées politiques et littéraires, mais point de biographe; le sceau longtemps posé sur les Archives des affaires étrangères nous dérobait les principaux éléments de sa vie. On ne pouvait guère consulter sur son ambassade que les mémoires fort suspects de Ferrières-Sauvebœuf. Quelques renseignements épars dans le *Voyage pittoresque de la Grèce*, les relations de Le Chevalier sur la Propontide et la Troade, les lettres imprimées bien plus tard de Cassas, nous faisaient entrevoir le savant et l'artiste. Enfin les volumes publiés par la *Société d'histoire de Russie* et par l'éditeur des *Archives Woronzow* le mentionnaient à plusieurs reprises, soit à l'occasion de son ambassade, soit à propos de son séjour à la cour de Catherine II.

A ces documents connus, d'un intérêt général et qu'aucun lien ne rattache entre eux, on peut joindre aujourd'hui :

1° La correspondance officielle de Choiseul-Gouffier avec le ministère des affaires étrangères *(Turquie, Correspondance*, vol. 170-183), et avec ses collègues en Autriche *(Vienne, Correspondance*, vol. 356-360) et en Russie *(Turquie, Correspondance, supplément*, vol. 20-22);

plus la *Correspondance consulaire* de 1784 à 1792, également conservée aux Archives des affaires étrangères.

2° D'importantes parties de sa correspondance privée, entre autres ses lettres à Hennin, premier commis des affaires étrangères, conservées à la bibliothèque de l'Institut, et d'autres adressées à l'abbé Barthélemy (communiquées par M. le marquis de Barthélemy).

Reconstituée d'après ces pièces, toutes inédites et d'une valeur sérieuse, la vie de Choiseul-Gouffier est comme le cadre élégant, bien qu'un peu mince, où se place naturellement le tableau de l'Orient dans ses relations avec la France à la veille de 1789, et ce tableau peut intéresser encore, à cent ans de distance. Si l'histoire ne se répète jamais, elle offre souvent, sur un même théâtre, à des dates différentes, des analogies de situations propres à inspirer des retours salutaires ou tout au moins des réflexions utiles.

INTRODUCTION

LA QUESTION D'ORIENT AU XVIIIe SIÈCLE

I

Pour bien comprendre ce que devinrent, sous le règne de Louis XVI et par l'intermédiaire de Choiseul-Gouffier, les relations de la France avec l'Orient musulman, il faut se rappeler l'origine de ces relations et leur caractère complexe, contradictoire, sous les premiers Bourbons comme sous les derniers Valois.

Dès le premier temps de leur établissement en Europe, les Turcs avaient été introduits, et par la France elle-même, dans les querelles des Etats chrétiens. François Ier s'était résigné à faire échec, avec leur concours, à la toute-puissance de Charles-Quint sur le Danube et dans la Méditerranée. Comme gage de cette entente, les célèbres Capitulations — on n'eût point voulu de part et d'autre parler d'alliance — furent conclues en 1536, et solennellement renouvelées et augmentées en 1569, 1581, 1597, 1604, 1673 et 1740. Par ces traités, les plus durables du monde moderne, l'empire latin d'Asie, tombé avec les derniers croisés, s'était reconstitué au profit exclusif de la France, sous la forme de quatre-vingts maisons de commerce, dispersées d'Alep à Tunis et de Constantinople à Alexandrie. Le successeur de saint Louis demeurait le protecteur des chrétiens d'Orient et des établissements religieux de la terre sainte ; dans les principaux ports ottomans, nos consuls acquéraient une juridiction régulière, nos négociants un domicile stable et le monopole du commerce (1). A Versailles, l'ambassadeur près la Porte prenait rang immédiatement après ceux de Rome et de Vienne, et à Constantinople il avait la préséance sur ceux des autres nations.

Toutefois cette liaison ne s'appuyait que sur une

---

(1) On peut lire l'énoncé (le texte original n'existe plus) des premières Capitulations dans FLASSAN, *Histoire de la diplomatie française*, t. Ier, p. 360-362. Les dernières, en 85 articles, ont eu une édition officielle à Paris, en 1770, et ont été insérées dans WENCKIUS, *Codex juris gentium*, t. Ier, p. 538-584.

communauté passagère d'intérêts. La Turquie entrait malgré elle et malgré l'Europe dans le concert européen ; le roi-chevalier voyait en elle non une puissance civilisée, mais une armée et une flotte attachées aux flancs de la maison d'Autriche ; il méprisait du fond du cœur ces Infidèles, contre lesquels il eût volontiers tiré, tout comme Charles VIII, l'épée de Fornoue et de Marignan. Durant les guerres de religion, la haine du Turc est commune aux Français armés les uns contre les autres. La Noue eût voulu conduire catholiques et huguenots sur le Danube, comme Coligny songeait à les réconcilier sur la grande route des Pays-Bas espagnols. A cet égard, Henri IV ne heurta ni ne subit complètement l'opinion publique. Les Turcs étaient pour lui, à l'autre bout de l'Europe, un allié utile contre la puissance prépondérante du temps ; ce qui ne l'empêchait ni d'autoriser le dernier des ligueurs, Mercœur, à les combattre, ni d'envier à don Juan d'Autriche la gloire de Lépante, et Sully, traçant d'après sa pensée le *Grand Dessein,* excluait ces barbares, au même titre que les Moscovites, de la république européenne (1).

Louis XIV fut à son tour partagé entre la nécessité d'opposer les Infidèles à la maison d'Autriche et le désir de justifier son titre de roi très chrétien : se rappelant peut-être que le Père Joseph avait prêché la croisade — en vers latins, il est vrai, dans son poème de la *Turciade,*

---

(1) *Œconomies royales,* ch. cxcxix.

— et que Mazarin avait constitué par testament un fonds pour soutenir la guerre contre les maîtres du Saint-Sépulcre, il envoya ses troupes verser le sang ottoman au Saint-Gothard et à Candie. Son fils fut élevé par Bossuet dans la haine du Turc ; ses cousins, le comte de Charolais, les princes de Conti et de Dombes, combattirent en volontaires dans les armées impériales, et il paraît même avoir agité un instant le dessein de démembrer l'héritage d'Othman (1). Dès cette époque, un grand vizir pouvait dire : Nous rencontrons partout, dans les rangs de nos ennemis, les Français, qui se disent pourtant nos amis.

La fin du xviie siècle marque le dernier terme de l'expansion des Turcs. Ils apparaissent encore sur le Danube en 1683, et ils déconcertent les desseins ambitieux des tsars en infligeant à Pierre Ier, sur le Pruth, une paix humiliante. Au xviiie siècle, la fortune leur devient contraire ; une coalition s'ourdit contre eux dans toute l'Europe, où s'unissent les vieux ressentiments et les convoitises récentes. Dès le lendemain du dernier siège de Vienne, l'Autriche avait fait appel aux Russes contre son ennemi héréditaire (2), et, la première, l'avait fait trembler par les victoires d'Eugène de Savoie et les traités de Carlowitz et de Passarowitz. Quelques années

---

(1) L. Drapeyron, *Un projet francais de conquête et de partage de l'empire ottoman au xvie et au xviie siècles.* (*Revue des Deux Mondes,* 1er nov. 1876.)

(2) *L'Antiquité russe* a publié (juillet 1878) un appel à la Russie contre les Turcs, fait en 1684 par l'ambassadeur Blumberg ; on y traite déjà la Turquie de « malade » et de « cadavre. »

après, malgré le concours de la Russie, elle fut moins heureuse, et le traité de Belgrade, qui ne procura à aucune des deux puissances le moindre avantage sérieux, les unit dans le désir d'une revanche commune.

La France avait présidé à ce dernier traité comme médiatrice, et, pendant près de trente ans, elle en vit respecter les clauses (1). Elle profita de ce succès diplomatique pour obtenir de ses protégés un renouvellement avantageux des Capitulations, et sut néanmoins se garder avec eux de toute alliance, même défensive. Elle rejeta formellement, en invoquant les différences de religion, les ouvertures que la Porte, sur les conseils du fameux comte-pacha de Bonneval, lui fit à ce sujet en 1745 (2). Au moment où elle avait à disputer les Indes à l'Angleterre, et la suprématie militaire du continent à la Prusse, elle ne pouvait songer à disputer l'Orient aux ambitions russe et autrichienne.

Elle fit plus; elle le livra, sans paraître s'en douter, par les traités de 1756 avec Marie-Thérèse, qui changèrent le système des alliances et les conditions de l'équilibre européen. Après trois siècles de lutte, les maisons de Bourbon et de Hapsbourg se réconciliaient, s'unissaient même pour une politique active. L'une songeait alors exclusivement à l'Angleterre, et l'autre à

---

(1) A. VANDAL, *Une médiation française au* XVIIIe *siècle.* (*Revue de France*, 1er novembre 1880.)

(2) *Mémoires de Noailles*, par l'abbé MILLOT, IIIe partie, liv. VI.

la Prusse; l'Orient fut oublié. Elles devaient cependant
se retrouver là en présence, l'Autriche reprenant à la
suite de la Russie le « chemin de Byzance, » la France
défendant sur le Bosphore son empire de la Méditerranée. Comment faire à la fois bon visage, au moment
inévitable d'une nouvelle guerre, au sultan et à l'empereur?

L'avènement de Catherine II précipita la crise. Cette
princesse, colorant de desseins philosophiques et généreux son désir de dominer sur la mer Noire, se fit
attaquer par la Porte en 1768, et la France, de son côté,
poussa au conflit pour secourir ainsi, par une puissante
diversion, la Pologne sur le penchant de sa ruine. Turcs
et Polonais, même réunis, étaient désormais incapables
de tenir tête aux Russes, et la France, affaiblie elle-
même, ne put qu'assister de loin les uns et les autres,
en leur envoyant quelques ingénieurs, quelques officiers,
chargés d'améliorer leur discipline, leur tactique, leurs
moyens de défense.

On vit alors paraître à Constantinople, sous la protection de l'ambassadeur Saint-Priest, une mission militaire semblable à celle conduite alors par Dumouriez en
Pologne, ou mieux encore à celles qui, de nos jours, au
Maroc ou au Japon, perfectionnent l'art de la destruction
chez les barbares. Le baron de Tott, gentilhomme hon-
grois à notre service, en était l'âme, et son œuvre est
attestée par de curieux Mémoires. Sous prétexte de
visiter les Échelles du Levant, il vint à Constantinople,

et là, pendant plusieurs années, en pleine guerre, il s'efforça de mettre aux mains des Turcs des armes égales à celles de leurs adversaires. Marine, artillerie, fortifications, il avait tout à renouveler ou à transformer. Ses cours de mathématiques appliquées, ses travaux aux châteaux des Dardanelles ou à l'arsenal de Constantinople, frappèrent certains esprits, et il raconte avec émotion comment ses élèves, en le quittant, l'entouraient avec de vives démonstrations de regret, chacun son livre ou quelque instrument de travail à la main, sollicitant un dernier éclaircissement, une dernière leçon (1). Mais à côté de quelques jeunes gens instruits, combien de vieux Turcs obstinés à repousser les innovations les plus urgentes, les plus salutaires! Leurs objections puériles cachaient des préjugés insurmontables. Comme eux, les Russes, barbares de la veille, étaient à la merci des instituteurs étrangers; seulement leur ignorance était, au dire de leur souveraine, celle de la première jeunesse, involontaire et diminuant chaque jour, et l'ignorance des Turcs était celle d'une vieillesse imbécile et incurable. Frédéric de Prusse avait déjà d'un mot jugé les uns et les autres : « Ce sont des borgnes combattant des aveugles. »

---

(1) *Mémoires* de Torr, III⁰ partie, p. 251. Ces mémoires, qui parurent en 1784, obtinrent une grande vogue et furent aussitôt traduits dans la plupart des langues européennes. Ils offraient en effet un tableau sans précédent des mœurs et de la politique ottomanes, et les traits exagérés qu'on y rencontrait çà et là ne les rendaient que plus intéressants.

Les aveugles succombèrent. En 1771, les affaires de Pologne aidant, on put croire un instant que Vienne et Versailles resserreraient leur union à Constantinople contre les ambitions coalisées du roi de Prusse et de Catherine II; mais Kaunitz, le principal conseiller de Marie-Thérèse, manœuvra avec assez de dextérité et assez peu de scrupules pour abandonner au dernier moment et la Pologne et la Turquie (1). La première une fois partagée, la seconde ne tarda pas à subir, après une guerre de six ans, la paix « perpétuelle » de Roustchouk-Kainardji. Les Russes obtinrent Kinburn, Iénikalé, Kertch, Azof, Taganrog, la langue de terre comprise entre le Dniéper et le Bug, et, de plus, un droit de protectorat sur les Principautés danubiennes. Heureux encore l'empire turc d'avoir conservé, grâce à la médiation austro-prussienne, des territoires dont Catherine II avait par avance trouvé l'équivalent dans le premier démembrement de la Pologne!

En France, un nouveau ministre recevait alors du nouveau roi Louis XVI le portefeuille des affaires étrangères. C'était le comte de Vergennes, récemment encore ambassadeur à Constantinople; il y avait été l'interprète de Choiseul et de cette politique inconséquente qui, en vertu des traités de 1756, subordonnait tout à l'alliance autrichienne, et qui, conformément aux traditions d'une politique antérieure, se servait des Turcs contre la

---

(1) SOREL, *La Question d'Orient au* XVIIIe *siècle*, ch. XII et XIII.

Russie. Cette pensée contradictoire allait le poursuivre durant toute sa vie publique, et lui mériter le reproche très fondé d'indécision et de timidité. Son ambition ne visait guère qu'à tirer parti des événements, et il se mit, en définitive, à leur merci. « A tout ce qu'on lui raconte des projets ambitieux de l'empereur et de l'impératrice, écrit un contemporain, il répond toujours par un *non*, comme s'il voulait se faire illusion à soi-même (1). »

Il était difficile de prendre au sérieux la fidélité de Joseph II à l'alliance de 1756. Marie-Thérèse la subissait par répugnance pour l'alliance prussienne; son fils au contraire admirait malgré lui Frédéric, et ne perdait aucune occasion de manifester son antipathie pour la France (2). A l'exemple de son héros, il se préoccupait peu des engagements pris dès qu'il s'agissait d'agrandir n'importe où, n'importe à quel prix, un empire inférieur par son étendue aux souvenirs qu'il représentait. A toutes les frontières de la monarchie autrichienne, l'empereur guettait, à l'encontre de la Russie, de la Prusse ou de la France, quelque avantage, la conquête des Principautés danubiennes, la succession de Bavière,

---

(1) *Correspondance du baron de Staël-Holstein*, publiée par Léouzon-Leduc, 30 juin 1785.

(2) « J'ai passé à Vienne l'hiver de 1777 à 1778, et j'ai fréquemment eu l'honneur de voir l'empereur…. Il était rare qu'il négligeât l'occasion de lancer quelque sarcasme contre la nation française. » (COXE, *Histoire de la maison d'Autriche*, t. V, p. 378, en note.) Cf. les lettres de Joseph II à son frère Léopold, pendant son voyage en France. (ARNETH, *Maria Theresia und Joseph II*.) Léopold appellera à son tour les Français « ennemis naturels travestis en alliés. » (Déc. 1784.)

l'ouverture des bouches de l'Escaut. Or, en 1774, la France avait à prévenir de la part de la Russie une interprétation léonine du traité de Kaïnardji. « La politique de M. de Kaunitz, écrivait Louis XVI à son ministre, est une chose bien incompréhensible.... Il paraît qu'il se croit absolument lié avec la Russie, et qu'il n'a pas contribué au traité de paix; du moins, l'a-t-il approuvé. De l'autre côté, il nous fait dire qu'il en craint fort les suites.... Il faut conclure de cela que sa politique est d'être bien avec tout le monde pour y trouver son intérêt particulier (1). »

Catherine II s'était appuyée principalement sur la Prusse pour partager la Pologne; elle avait besoin désormais de l'Autriche pour partager la Turquie, et elle poursuivit son dessein avec une impatience et une hardiesse accrues par ses récents avantages. Joseph II succomba tout aussitôt à la tentation; en 1775, il réussit à arracher aux vaincus de Kaïnardji un lambeau de territoire, la Bukovine; puis il parut vouloir entraîner Louis XVI dans une ligue défensive contre la Russie pour le maintien du *statu quo* sur le Danube; car au fond il était jaloux de sa redoutable voisine, et en lui faisant des avances, il se préoccupait surtout d'enlever à la Prusse le profit d'une aussi heureuse alliance. Nous étions alors en guerre avec les Anglais en Amérique; ce

---

(1) Octobre 1774. Lettre à Vergennes, citée par SOULAVIE, *Mém. hist. et polit. du règne de Louis XVI*, t. IV.

fut au tour de Vergennes d'hésiter. Il se persuadait avoir fait la part du lion, et croyait tenir le dernier mot des convoitises russes; aussi, de peur de se lier les mains, déclina-t-il constamment ces ouvertures. L'impératrice, à l'en croire, était satisfaite et n'avait aucune vue d'ambition ultérieure. Cette réponse dénonçait au fond les convoitises autrichiennes, que son auteur redoutait avant toutes les autres, car « il n'est point d'équivalent, disait-il à Louis XVI, qui puisse compenser le préjudice que causerait à Votre Majesté tout accroissement de puissance de cette maison. » L'empereur se retourna alors vers Catherine II, et bientôt l'épée russe, dont Vergennes s'imaginait avoir émoussé la pointe, reparut plus menaçante sur la gorge des sultans dégénérés. La « Convention explicatoire » d'Aïnali-Cavac (10/21 mars 1779) aggrava, sous prétexte de le compléter, le traité de Kaïnardji, et fit reconnaître l'indépendance des Tartares de la Crimée et du Kouban. La France avait dû recourir à la Russie pour contrecarrer en Bavière les desseins de l'empereur, et elle paya cet appui à Constantinople par une médiation au détriment des Turcs.

L'intérêt commercial, qui balançait, dans la pensée de ses hommes d'Etat, l'intérêt politique, va nous servir ici à expliquer sa conduite.

II

Sous le règne de Louis XVI, à la veille de sa ruine,
la France orientale ne jouissait plus sans conteste de sa
situation privilégiée. Les marines vénitienne, génoise
et espagnole s'étaient soustraites les premières aux effets
du monopole primitivement réservé à la nôtre; et, au
xviiᵉ siècle, l'Angleterre et la Hollande étaient venues
puiser à leur tour dans ce vaste et inépuisable réceptacle
de richesses. Au xviiiᵉ siècle, c'est le tour de l'Autriche
et de la Russie. Il ne suffit pas à l'une de s'étendre sur
le Danube, à l'autre de conquérir les bords de la mer
Noire. Par l'article 11 du traité de Kaïnardji, la première
obtient la liberté de commerce et de navigation dans ·
des parages jusque-là absolument interdits aux chrétiens, et opère ainsi une révolution complète dans le
commerce de l'Orient. Par l'article 6 de la convention
d'Aïnali-Cavac, elle obtient pour ses navires le libre
passage du Bosphore et des Dardanelles, et elle couronne
ces avantages par le traité de commerce du 10/21 juin
1783, qui définit et développa en 81 articles les privilèges arrachés par Catherine II, en pleine paix, à ses
ennemis abattus. Nos Capitulations — nous dirions
aujourd'hui le traitement de la nation la plus favorisée —
devenaient la loi du commerce et des commerçants
russes. Les vainqueurs se hâtèrent de déclarer leurs

ports, Caffa, Kherson et Sébastopol, ouverts aux navires des autres nations (1).

Joseph II fut le premier à exploiter ce succès. Il demanda impérieusement aux Turcs le passage libre pour son pavillon du Bosphore dans la Méditerranée, et son ultimatum, appuyé sur une puissante démonstration militaire, réussit (février 1784). Dès lors, la Russie et l'Autriche, par l'Archipel ou par l'Adriatique, eurent une voie facile vers les régions où notre commerce prédominait avec notre influence. Leurs vaisseaux se donnèrent rendez-vous dans les eaux de la Grèce, comme leurs armées sur le Danube. Joseph II ouvre le port de Fiume et étend sur la péninsule hellénique le réseau de ses intrigues, tandis que les consuls russes multiplient, en face des consuls français, leurs défis audacieux ou leurs sourdes menées.

C'étaient là cependant des conquêtes pacifiques, dont la France ne pouvait s'effaroucher, sauf à constater ensuite la perte de son ancienne prépondérance. En 1739, médiatrice entre les Turcs et les Russes, elle avait écarté nettement et avec un plein succès les prétentions de ces derniers à la navigation de la mer Noire. En 1774, elle n'osa même pas les combattre, et, après les avoir transformées en droits acquis, elle chercha timidement, par voie indirecte, à en partager le bénéfice. Soit désir de

---

(1) Ukase du 11/22 février 1784. (Dans LECLERC, *Atlas du commerce*, p. 250-252.)

compenser ainsi le poids perdu dans la balance des intérêts politiques, soit condescendance pour la doctrine nouvelle du *laissez-passer*, les ministres de Louis XVI s'efforcèrent d'achever sur le même terrain, à leur profit, la défaite des Turcs. Ils venaient d'abolir la surtaxe imposée aux importations du Levant à destination de l'étranger (1), et si la guerre d'Amérique avait profité à Marseille en éloignant les Anglais de ces parages, la caravane, c'est-à-dire le cabotage d'Echelle à Echelle, continuait à souffrir de la concurrence des marins de Raguse, devenus comme les Hollandais de la Méditerranée. Il leur importait d'autant plus de favoriser le travail national, en lui ouvrant des débouchés nouveaux. Il faut attribuer à cette préoccupation la double mission confiée à deux officiers de marine, Bonneval et La Prévalaye, qui, en 1783 et 1784, relevèrent, le premier en Asie Mineure et en Syrie, le second en Egypte, les informations les plus détaillées sur la navigation et le commerce.

Quant à la mer Noire, en droit elle était soumise, tout comme l'Archipel, au régime des Capitulations ; mais l'inexpérience des Turcs y accroissant pour eux les difficultés de la navigation, la France avait jugé inutile de s'ouvrir une route vers des parages redoutés, et, étant

---

(1) Ordonnance du 3 mars 1781, tit. III, art. 15. — Cette ordonnance, qui résume les ordonnances antérieures sur la matière, règle avec détails tout ce qui concerne les consulats, la résidence, le commerce et la navigation des Français dans le Levant.

séparée de cette mer par les détroits sur lesquels la puissance ottomane avait son principal siège, elle eût paru, en sollicitant pour ses navires un passage sous les fenêtres du sérail, arracher un privilège qui eût toujours semblé aux vieux Turcs un outrage. Il y avait cependant pour elle un intérêt évident à aller chercher sur place les blés de Pologne, les chanvres et bois de mâture de Russie, qui ne lui arrivaient que par intermédiaire, avec des frais énormes de commission. Le vieux Pont-Euxin pouvait encore devenir le chemin d'une autre Toison d'or.

Malgré tout, en dépit de la double barrière élevée aux Dardanelles et au Bosphore, la culture française avait fini par prendre pied au delà. Dès 1750, Peyssonel, consul à Smyrne, avait commencé à distance une enquête sur les ressources du pays; il la compléta sur place, pendant une mission auprès du khan de Crimée, sauf à n'en publier que postérieurement les résultats. Tott, qu'on retrouve ici encore à l'avant-garde, loue beaucoup, dans ses Mémoires, le khan Krim-Geraï, ami des lettres et grand lecteur de Molière (1). En 1766, il conseilla à Choiseul d'entrer en relations avec ce souverain, plus accessible que le sultan de Stamboul, au moins en apparence, à la civilisation européenne; l'année suivante, une société, formée au capital de 2,500,000 livres, lui soumettait un projet d'établis-

---

(1) *Mémoires,* IIe partie, p. 178 et suiv.

sement en Crimée, que la guerre rallumée entre les Russes et les Turcs devait rendre inutile (1). Cependant, en 1770, nous trouvons plusieurs négociants français installés à Caffa, et, en 1772, le géographe Bellin dresse, par ordre du ministre de la marine, une carte de la mer Noire pour le service des vaisseaux du roi.

Toutefois, pour en user, il fallait arracher aux Turcs la clef du Bosphore. Or, l'ambassadeur français Saint-Priest n'avait pas, comme Joseph II, d'armée à déployer sur le Danube, et, de plus, sa seule présence évoquait le souvenir tout récent d'une médiation politique peu heureuse. Les Turcs, souples devant un ennemi, se raidissaient devant un ami dont ils n'avaient pas éprouvé la force. La France, répétaient-ils, n'est pas notre amie, elle nous sourit pour mieux masquer son inimitié ; et on venait de voir Louis XVI arrêter sur le chemin de l'Orient son cousin, le duc de Chartres, craignant pour lui les insultes de la population musulmane (2). Saint-Priest n'obtint donc qu'une réponse dilatoire à ses demandes.

De concert avec l'ambassadeur russe, il avait déjà essayé de tourner l'obstacle. En 1781, sur leurs indications communes, un négociant marseillais établi depuis dix ans à Constantinople, Anthoine, avait porté ses vues sur les ports de la Crimée : il rédigea à leur usage un

---

(1) KLEEMAN, cité par LECLERC, *Atlas du commerce*, p. 153.
(2) *Correspondance secrète inédite*, publiée par de Lescure, 16 février 1782, t. Ier, p. 460.

mémoire concernant les relations commerciales à établir
entre la Méditerranée et la mer Noire; puis il alla, aux
frais du roi, étudier sur place les productions et les voies
de transport de la Russie méridionale. Il passa ensuite à
Pétersbourg, où il demeura plus d'une année, occupé à
vaincre les préjugés intéressés d'une cour moins sou-
cieuse d'ouvrir des débouchés sur ses nouvelles frontières aux importations françaises que d'en ouvrir aux
exportations russes sur la Méditerranée. Quant à lui,
son but était double : faciliter les échanges entre les
deux nations par des relations directes, et attirer vers la
mer Noire les produits du sol polonais jusque-là dirigés
vers Dantzig. Il vint donc de Pétersbourg à Varsovie, où
il reçut aussi bon accueil; puis, après son retour en
France, sûr de l'appui ministériel, il établit sous son
nom une maison de commerce à Kherson. Là passèrent
bientôt plusieurs radeaux de mâtures rassemblés en
Lithuanie, ayant descendu le Dniéper à destination de
l'arsenal de Toulon, et les draps languedociens assurés
désormais d'un nouveau débouché en Russie et en
Pologne (1). Quatre navires frétés par Anthoine abordè-
rent à Kherson en 1784; mais tandis que les bâtiments
russes passaient librement le Bosphore, les nôtres, en
route pour la Crimée, devaient rompre charge au seuil
de la mer Noire, et se couvrir du pavillon de leurs rivaux.

---

(1) ANTHOINE, *Essai historique sur le commerce et la navigation de la mer
Noire.*

2

III

La perspective d'une revanche commerciale suffisait
aux diplomates; les beaux esprits qui formaient l'opinion en entrevoyaient une autre bien plus chimérique.
Les yeux étaient tournés vers les États-Unis, où une
nouvelle conception de la liberté politique naissait avec
un nouveau peuple; c'était de là comme du Nord, et
non plus du Levant, que venait la lumière. Malgré leur
penchant instinctif pour quiconque n'était pas chrétien,
pour le Chinois ou le naturel d'Otaïti, les philosophes
s'intéressaient peu aux Turcs, « propres, avait dit Montesquieu, à posséder inutilement un grand empire (1). »
En ceci, ils étaient involontairement d'accord avec les
siècles précédents; seulement, au lieu de capucins rêvant
tout haut de la croisade et de l'extinction du schisme
grec, on entendait de beaux esprits souhaiter, sans trop
l'espérer, le triomphe des idées régnantes sur le Bosphore.
Aux malheurs des Turcs il y a, dit-on alors, des remèdes
sûrs, ceux qui ont fait de la Russie une puissance européenne : ce sont les sciences et les mœurs de l'Occident.
Les philosophes ajoutent : la lecture, en français, de la
Pucelle et de l'*Encyclopédie*. Les nouvellistes du temps
notent avec empressement des bruits tels que ceux-ci :

______

(1) *Grandeur et décadence des Romains*, ch. xxiii.

le sultan a laissé pénétrer une gazette étrangère, et fait traduire l'*Histoire philosophique* de Raynal; l'imprimerie, la comédie française, vont être introduites à Constantinople; l'athéisme y compte des partisans. Krim-Geraï, ce khan de Crimée qui voudrait se faire traduire *Tartufe*, passe pour un disciple éclairé des philosophes. Quelle portée, en définitive, les hommes éclairés attribuaient-ils à cette civilisation toute matérielle qu'on se proposait d'inoculer aux Ottomans? Le principal auxiliaire de Vergennes s'en expliquait en ces termes avec le plus éclairé des Turcs d'alors : « Quoique vous disiez peut-être avec raison que nos arts, nos sciences, nos mathématiques, ne nous rendent ni plus heureux ni plus sages que les autres nations, ils nous rendent plus forts, et comme la morale n'est pas aujourd'hui la maîtresse du monde, il faut être fort pour dégoûter les amateurs du bien d'autrui, qui ne laissent pas d'être nombreux (1). »

Il n'est pas même bien sûr qu'on tint à fortifier les Turcs de façon à les rendre invincibles. En effet, le partage de leur empire était annoncé comme prochain et inévitable dès 1777, dans l'*Essai politique* d'un publiciste qui avait vu l'Orient, le futur conventionnel Carra. Laharpe, innocent complice de Potemkine, lisait en séance publique de l'Académie des vers où il invitait

---

(1) Hennin à Isaac Bey, 17 mai 1790. — La correspondance de Hennin, fort intéressante pour l'histoire politique et littéraire de la fin du dernier siècle *(Bibliothèque de l'Institut)*, contrôle utilement, par certaines de ses séries, les correspondances officielles.

chaleureusement Catherine II à en finir avec eux, et à transporter sa capitale dans l'antique Byzance, devenue la Tsargrad du monde slave (1).

Deux autres sentiments nourrissaient cette antipathie universelle : un enthousiasme aveugle pour la Russie et sa souveraine, un amour, fait de regrets et d'espérance, pour la Grèce, son génie et ses malheurs tant de fois séculaires. Voltaire correspondant avec la « Sémiramis du Nord » est un courtisan intéressé tantôt à lui extorquer des compliments, tantôt à lui vendre avantageusement des bijoux et des montres payés sur place au prix de fabrique ; mais s'agit-il des héros de Sparte et d'Athènes, des Turcs et de leur ridicule sultan Mustapha, il écrit en faveur des premiers contre les seconds son *Tocsin des rois,* et semble animé d'une passion sincère dans ses éloges et ses épigrammes. Il a affaire à une femme plus habile que le roi de Prusse, qui, au lieu de lui communiquer de mauvais vers, lui envoie de petits présents propres à le flatter, une pelisse de martre zibeline ou une tabatière tournée de ses propres mains.

(1) Ainsi parle Laharpe, l'ami de Choiseul-Gouffier, dans son *Discours sur les Grecs anciens et modernes.* Le Grec doit, selon lui,

.... la flûte à la main, le bonnet sur le front,
Attendre que le Russe ait conquis l'Hellespont.

Les petits poètes de l'*Almanach des Muses* lui font écho. Voir dans le volume de 1774 la pièce commençant par ces mots :

Messieurs les Turcs, je vous déteste.

Puis viendra André Chénier, saluant avec la nymphe du Bosphore la chute prochaine du croissant. *(Élégie orientale, 1784.)*

Sous ce couvert, elle fait passer avec succès les bulletins de ses victoires ottomanes, et Voltaire réplique par des stances sur la prise de Choczim, et par l'épître de 1771, développement du vers célèbre :

C'est du Nord aujourd'hui que nous vient la lumière.

Sa correspondance confirme à chaque page ses éloges officiels. La présence de nos officiers à Constantinople l'afflige « en qualité de Français.... Que dirait Godefroy de Bouillon (1) ? » Cet étrange interprète de la pensée des croisés se vante d'avoir gourmandé un colonel de ses amis tenté de prendre du service en Turquie. Il espère que les canons mis en batterie par Tott crèveront à la première décharge, et voit déjà se dresser en face de Sainte-Sophie la statue triomphale de Catherine II, pendant de la statue de Pierre Iᵉʳ sur la place de l'Amirauté : « La France envoie une flotte contre Tunis, va-t-il jusqu'à dire ; j'aimerais encore mieux qu'elle envoyât trente vaisseaux de ligne contre Constantinople (2). »

C'était la cause de la « philosophie » que Voltaire avait surtout en vue dans ses appels belliqueux à son illustre disciple. Une pensée plus désintéressée animait les érudits, qui, suivant la tradition déjà lointaine de la Renaissance, perpétuaient et propageaient le culte des lettres et des arts de l'ancienne Grèce. Depuis le XVIᵉ siècle, c'est-à-dire depuis le temps même où elle

---

(1) Lettre du 20 novembre 1770.
(2) Lettre du 4 juillet 1770.

avait subi le joug des Turcs, la Grèce était redevenue en
Occident un des principaux éléments de la Renaissance
intellectuelle. Plus que jamais, au temps de Voltaire, on
traduisait, sans bien connaître sa langue, ses chefs-
d'œuvre, et on l'acceptait comme une des grandes édu-
catrices de l'humanité. Je ne parle pas des publicistes
comme Mably, qui demandaient aux républicains
d'Athènes des leçons de morale et de politique, ou prê-
chaient, par mépris du christianisme, le culte des mœurs
et des arts antiques. Avec moins de prétentions, Camus,
la Porte du Theil, Larcher, Lévesque, Ricard, Auger,
publiaient ou préparaient leurs estimables essais de traduction et de critique. Au théâtre, Gluck, dans son *Orphée*
et son *Alceste*, ressuscitait, avec plus de vérité peut-être
que les tragiques, l'image du drame antique; Ducis
faisait trève à ses imitations d'outre-Manche pour
peindre, d'après Sophocle, *Œdipe chez Admète*, et Laharpe allait faire paraître, sous le nom de *Philoctète*, une
étude dramatique restée la première de ses pièces. L'esprit classique, tout-puissant dans la littérature, rendait
permanente cette apothéose des Grecs : « Nous leur
devons tout, » avait dit le maître (1); et un de ses disciples, Condorcet, recevant Choiseul-Gouffier à l'Aca-

----

(1) Voltaire, Épitre à la duchesse du Maine, en tête de la tragédie d'O-
reste. — *Orphée* est de 1774; *Alceste*, de 1776; *Œdipe chez Admète*, de 1778;
Philoctète, de 1781. On lit dans la préface de ce dernier ouvrage : « Je sais
que dans le moment où j'écris, un certain nombre d'amateurs s'occupent
à ranimer l'étude de l'antiquité, etc. »

démie française, saluera en termes identiques « ce peuple si aimable et si grand, à qui nous devons tout, puisque nous lui devons nos lumières. »

Quoi de plus mal connu pourtant que cette Grèce vue à distance, si lointaine dans le temps et dans l'espace? La lecture et l'imitation de ses chefs-d'œuvre historiques et tragiques n'en avaient donné qu'une idée inexacte aux Français modernes; et ceux-ci, disciples maladroits, en défiguraient trop souvent ou en rapetissaient le génie à leur image. Il leur eût fallu, pour le pénétrer, voir face à face la Grèce elle-même, et chercher sur son sol, sous son ciel, l'intelligence de cette civilisation disparue. L'Anglais Wood fut, vers 1750, un initiateur en cette matière; ses voyages aux lieux chantés par Homère, ses descriptions de Balbeck et de Palmyre, présentées au public français par Barthélemy, étaient des modèles sans précédents pour les modernes, et cependant, avant lui, le plus aimable disciple des anciens parmi nous, Fénelon, avait compris que c'est principalement sur place qu'on peut admirer avec fruit les débris du passé; près de partir pour les Missions du Levant, il écrivait : « La Grèce entière s'ouvre à moi.... Je me sens transporté dans ces beaux lieux et parmi ces ruines présentes pour y recueillir, avec les plus curieux monuments, l'esprit même de l'antiquité.... Je monte au double sommet du Parnasse; je cueille les lauriers de Delphes, et je goûte les délices de Tempé. » Puis, comme pour remercier d'avance, par un vœu généreux,

le peuple auquel son aimable génie allait tant devoir :
« Quand est-ce que le sang des Turcs se mêlera avec
celui des Perses sur les plaines de Marathon, pour laisser
la Grèce entière à la religion, à la philosophie et aux
beaux-arts, qui la regardent comme leur patrie (1) ? »

En attendant que la politique s'intéressât aux fils de
Miltiade, l'archéologie naissante allait ressusciter sur
place les témoignages de leur goût ou de leur grandeur.
Déjà, de 1670 à 1679, le marquis de Nointel, ambassadeur du roi près la Porte, avait eu à ses côtés une
véritable mission scientifique. Galland, le traducteur des
Mille et une Nuits, qui le suivait d'Echelle en Echelle,
copiant les inscriptions, esquissant les monuments,
collectionnant les débris sculptés, dressant tant bien que
mal une première nomenclature des antiquités grecques ;
Jacques Carrey, qu'il avait chargé spécialement de repro-
duire avec le crayon les bas-reliefs du Parthénon ; Pétis
de la Croix, qui achetait des manuscrits orientaux pour
Colbert ; Grelot, qui dessinait les principaux édifices de
Constantinople ; Antoine des Barres, l'auteur de l'*Estat
présent de l'Archipel* ; Spon, le célèbre érudit lyonnais, et
son ami, le chanoine Pécoil ; Chardin, le voyageur longtemps populaire, passèrent alors ou séjournèrent avec
fruit à l'ambassade française (2).

---

(1) Lettre citée par BAUSSET, *Histoire de Fénelon*, t. I, p. 34.

(2) Voir le *Journal* d'Ant. GALLAND, publié par M. Ch. Schefer en 1881,
Introduction. L'app. vi du t. II contient un Mémoire de lui : *Des antiquités
qui restent encore de notre temps dans l'Archipel et dans la Grèce.*

Pendant la période suivante, un gentilhomme sans mission officielle, le comte de Caylus, se distingua à son tour dans cette étude sur place des monuments. A la suite de l'envoyé de France, il visita la Grèce et le Levant, explora en particulier les ruines d'Ephèse, et se partagea à son retour entre l'étude des beaux-arts et celle des inscriptions (1). Puis vinrent les deux Peyssonel, qui aux travaux diplomatiques joignirent la poursuite, en Asie Mineure, des médailles et des marbres précieux. Après eux, en 1770, Le Roy publie ses *Ruines des plus beaux monuments de la Grèce;* Guys, son *Voyage littéraire,* auquel une Levantine renommée par son esprit, la mère des deux Chénier, fournit quelques pages. Hennin, le premier commis des affaires étrangères, se fait expédier par ses agents des dépêches pour le ministère, des médailles et des antiques pour son cabinet. Cependant les Anglais, avec leur esprit d'initiative et d'aventure, nous avaient déjà devancés et dépassés; témoin les expéditions de Pococke, Stuart, Chandler, et les relations de ces voyageurs furent pour la plupart traduites en français. La route vers l'Orient était donc frayée, au prix d'explorations coûteuses et difficiles.

Entrevue ainsi dans son plus lointain passé, rendue à l'existence par une érudition encore peu sûre d'elle-même, la Grèce ne pouvait ne pas fournir matière aux spéculations des politiques. On se plaisait à penser que

---

(1) Voir son portrait dans GONCOURT, *Portraits intimes.*

ce pays, jadis libre et prospère, pourrait le redevenir, chasser ses tyrans, ressusciter les jeux isthmiques et les représentations de Sophocle, achever enfin, avec notre concours, cette renaissance dont les symptômes se révélaient déjà en lui (1). L'autonomie des Maïnotes, reconnue en 1777 par un firman solennel, devenait le premier présage d'un nouvel avenir. Certains rêvaient de la restauration de l'empire grec entre les mains du courtisan à la mode, le prince de Nassau-Siegen; d'autres parlaient d'un royaume de Candie, ou induisaient de l'accueil fait par Louis XVI à un Comnène, officier dans notre armée, que cet exilé allait devenir, de par nous, le souverain des populations chrétiennes délivrées. Voltaire proposait à l'aventurier italien Gorani d'être, auprès de Catherine II, l'agent officieux de ce descendant des Césars byzantins (2). Encore un peu, et le *Jeune Anacharsis* allait achever d'enflammer les imaginations et les espérances.

Telles étaient, il y a un siècle, les pensées des politiques et les tendances de l'opinion dominante au sujet de l'Orient musulman et chrétien. Choiseul-Gouffier, comme nous allons le voir, personnifie à souhait les unes et les autres, dans sa vie et dans ses œuvres.

---

(1) Voltaire à Catherine II, lettres des 20 juillet 1770 et 13 février 1773.

(2) Marc Monnier, *le comte Gorani*. — *Correspondance de Métra*, 1ᵉʳ septembre 1784. — Yémeniz, *le Magne et les Maïnotes*. (*Revue des Deux Mondes*, 1ᵉʳ mars 1863.)

On attribue à Mirabeau un *Précis historique de la maison des Comnènes*, qui parut à Amsterdam en 1784.

CHAPITRE PREMIER

PREMIÈRES ANNÉES

I. La maison de Choiseul. — Jeunesse et mariage de Choiseul-Gouffier (1752-1771. — L'homme de cour. Ses amis : Narbonne et Talleyrand. — L'homme d'esprit. Ses relations avec Chamfort. — L'homme d'étude. Ses recherches sur la Grèce.

II. — Départ de Choiseul-Gouffier pour l'Orient (1776); son itinéraire. — Ses impressions sur les habitants, les monuments. — Le *Voyage pittoresque*; les illustrations, le récit. — Nomination de l'auteur à l'Académie des Inscriptions et à l'Académie française.

III. Le *Discours préliminaire*. — Nouveaux progrès des Russes et des Autrichiens en Orient. — Candidature de Choiseul-Gouffier à l'ambassade de Constantinople; ses vicissitudes, son succès. — Réception à l'Académie française. — Départ et arrivée en Orient (1784).

I

Vers la fin du règne de Louis XV, la maison de Choiseul était la plus puissante et la plus populaire de France. Son chef occupait deux ministères importants, celui de la guerre et celui des affaires étrangères; il dirigeait à son gré l'administration intérieure et la politique générale, sans oublier d'attirer les siens à lui, par toutes les avenues ouvertes vers le trône. Son cousin Choiseul-Praslin le secondait au ministère de la marine; un autre représentait le roi à Naples; un Choiseul-Meuse faisait partie de la maison du prince de Condé; un Choiseul la Baume était investi d'une lieutenance générale en Champagne; l'abbé de Choiseul-Stainville avait obtenu l'opulent archevêché de Cambrai; l'abbé de Choiseul-Beaupré, le siège de Besançon et la pourpre romaine. Bientôt Maurepas aura beau jeu à dire, preuves en main : Aucune famille de France ne coûte à l'Etat le quart de celle-ci.

L'éclatante disgrâce du duc de Choiseul en 1770 lui fut, en définitive, un accident heureux; la faveur du maître s'éloignait, mais l'opinion publique, celle du moins que représentaient les gens de lettres et les mondains de tout ordre, le consolait par ses hommages; tout Paris, tout Versailles, vinrent à Chanteloup. Or, dans cette foule, il y avait un jeune homme de dix-huit ans, qui portait aussi le nom de Choiseul, et qui semblait destiné, avant la chute de son brillant cousin, à de précoces honneurs; les circonstances et le tour particulier de son esprit l'obligèrent à se frayer accès, par un chemin nouveau et détourné, vers la réputation et la fortune : c'était Marie-Gabriel-Auguste-Florent, issu de la branche cadette des Daillecourt, connu plus tard sous le nom que lui valut son mariage, de Choiseul-Gouffier. Jusque-là sa maison avait brillé dans le gouvernement, dans l'armée et dans l'Eglise ; mais il lui manquait cette gloire, prisée alors entre toutes, que donne le culte des lettres, que consacrait un fauteuil à l'Académie française : Choiseul-Gouffier la lui donna.

Il était né à Paris, le 28 septembre 1752, et perdit son père en bas âge. Sa mère, qui l'éleva, ainsi que son jeune frère Choiseul-Daillecourt, était une femme aussi pieuse que charmante ; tout en protégeant un des beaux esprits les plus médisants de l'époque, Chamfort, elle avait mérité d'être surnommée la *petite sainte*, dans ce monde frivole où elle brillait sans péril pour sa vertu, et les yeux, les esprits, au dire d'un de ses admirateurs, se reposaient doucement sur elle. Mme du Deffand venait souvent, pour se désennuyer, souper en sa compagnie, et l'estime qu'elle lui inspirait rejaillit sur ses enfants : « Ils me plaisent, écrit-elle à la duchesse de Choiseul ; je leur trouve de l'esprit, et l'esprit de leur âge (1). » Chez l'aîné, de brillantes études avaient éveillé de bonne heure ce goût raisonné pour les beaux-arts qui ne le quitta nulle part ni jamais. Un an environ après la disgrâce du chef de sa famille, il épousait Marie de Gouffier d'Heylli, dernière héritière d'une grande famille du Poitou, et ce fut Collé qui rima l'épithalame (2). Le nouveau ménage pouvait faire bonne figure dans le

----

(1) *Correspondance de Mme du Deffand* (publiée par Sainte-Aulaire), lettre du 3 février 1773. Cf. la note du tome Ier, p. 213.

(2) 22 septembre 1771. *Journal historique* de COLLÉ, t. III, p. 541.

monde ; car je trouve au contrat, rien qu'en faveur du marié, une donation de 770,000 livres (1).

Choiseul-Gouffier céda d'abord à ce qu'on appelait les devoirs imposés par sa naissance ; il fit l'apprentissage de la vie militaire comme capitaine dans un régiment de cuirassiers, puis comme colonel aux régiments Mestre de camp général et de la Reine ; mais, à l'inverse de ses ancêtres du moyen âge, pour qui la guerre était la seule science valable, il avait peut-être toutes les vocations, hormis celle-là.

Après l'avènement de Louis XVI, les Choiseul étaient rentrés en faveur ; l'exilé de Chanteloup, par les souvenirs de son ministère comme par le tour et les séductions de son esprit, redevint en quelque façon une puissance ; et son jeune parent, délivré des fastidieux loisirs des garnisons, se révéla à la fois homme de cour, de plaisirs et d'étude. Pendant les premières années du nouveau règne, nous allons le voir un des personnages à la mode ; et il n'en est guère d'ailleurs qui ait mieux mérité et soutenu par son esprit et ses manières la réputation légitime de son nom.

Ce nom le désignait à l'attention de Marie-Antoinette, car c'était celui de l'auteur de l'alliance entre les maisons de France et d'Autriche. Il fut donc agréé au cercle de la jeune reine, et y demeura constamment en faveur, ce qui ne l'empêchait pas d'être bien vu de Mesdames, filles

---

(1) *Archives de famille*. De ce mariage naquirent deux fils et six filles.

de Louis XV, et ce qui lui valut l'amitié de la princesse
de Lamballe, amitié dont certaine cassette, à lui léguée
plus tard, contenait sans doute les témoignages perdus
pour nous (1). D'autres amis qu'il s'attacha étroitement,
et dont la fidélité ne se démentit jamais, étaient le comte
Louis de Narbonne et l'abbé de Périgord, le futur
Talleyrand. Ce dernier, alors agent général du clergé,
lui voua une affection aussi surprenante de sa part
qu'honorable pour celui qui en était l'objet ; car il lui
écrivit un jour, de cette plume qui a contresigné depuis
tant de mensonges diplomatiques : « C'est de toute mon
âme et dans tous les moments de ma vie heureuse ou
malheureuse que je t'aime plus que tout au monde (2). »

Entre Narbonne et Talleyrand, attiré de Paris à
Versailles et de Versailles à Paris, le jeune Choiseul
vécut plusieurs années de la vie du courtisan et de
l'homme de société, un sourire ou un bon mot sans cesse
aux lèvres, la main et la bourse généreusement ouvertes,
la pensée toujours en éveil. Ses mœurs étaient celles de
son temps ; on ne voit pas cependant qu'il ait fourni
d'épisodes marquants à la chronique scandaleuse. La
guerre d'Amérique ne le tenta point ; tandis que ses
nobles amis faisaient de la chevalerie pour les *Droits de
l'homme*, il armait, de compte à demi avec l'abbé de
Périgord, un corsaire contre les Anglais ; le ministre de

---

(1) De Lescure, *la Princesse de Lamballe*, p. 282.
(2) Lettre du 17 octobre 1787, publiée dans le *Bibliophile français,* août 1868.

la marine leur fournit les canons; mais l'histoire ne dit
pas si, à défaut de la médaille de Cincinnati, ils récol-
tèrent de bonnes prises (1). Qu'on ne voie point là un
accident ou une fantaisie de désœuvrés; ces mondains
étaient gens pratiques, ou du moins cherchaient à
regagner en grands seigneurs l'argent semé au hasard.
Ils faisaient courir des chevaux, nouaient des relations
d'un genre particulier avec Beaumarchais (2), et étaient
mêlés aux révolutions de certaines sociétés financières
patronnées par le gouvernement, témoin leurs noms
inscrits comme un prospectus en tête du conseil d'administration de la Banque d'escompte, après sa réorganisation. C'était devancer leur temps, et de loin.

Malgré ces préoccupations d'un ordre inférieur, Choiseul-Gouffier réservait la meilleure partie de ses facultés
et de son temps à la poursuite d'un idéal noble et élevé;
en cela encore il payait tribut à l'esprit de son époque.
C'était un philanthrope épris du bien-être de ses vassaux,
et nous savons que lorsqu'il voulut faire recouvrir en
tuiles leurs toits de chaume, ils déclinèrent ce bienfait,
crainte d'en voir résulter une augmentation de tailles (3).
C'était un disciple des théoriciens et des réformateurs
en vogue, et on entendra un jour dire, à la tribune de la
Convention, qu'il était, « à la cour, le plus avancé peut-
être dans les idées philosophiques, à cette époque digne

---

(1) MIGNET, *Notice sur Talleyrand*.
(2) Talleyrand à Choiseul-Gouffier, 16 juillet 1782. (*Archives de famille.*)
(3) CHAMFORT, *Caractères et Anecdotes.*

du souvenir de l'histoire où les courtisans les plus spiri-
tuels se montraient à l'envi les amis de la liberté (1). »
Epris de l'inconnu sous toutes ses formes, il s'approcha,
et en bonne compagnie, du baquet magnétique de Mesmer,
pendant que Mme de Choiseul, cédant à la mode de la
franc-maçonnerie, contribuait avec les plus grandes
dames du temps à fonder la loge féminine de la Candeur (2). Enfin, dans la république des lettres, où il
aspirait à se faire place, il dédaignait les succès faciles et
les frivolités à la mode; on n'a pas à lui reprocher même
un quatrain. Là surtout il voulait être un citoyen utile,
et il protégeait, avec une bonne grâce qui faisait oublier
son nom, ceux que leur esprit avait faits ses égaux.

« Je n'oublierai jamais, écrit Ségur, ces conversations
au Mont-Parnasse, chez le comte de Choiseul-Gouffier,
où brillaient tour à tour Boufflers, Delille, Rulhière,
Saint-Lambert, Chamfort, Laharpe, Marmontel, Pan-
chaud, Raynal, l'abbé de Périgord, depuis prince de
Talleyrand, mon frère, l'un des plus aimables hommes de
son temps, M. de Saisseval, le prince de Ligne, le duc
de Lauzun (3).... » La liste est brillante et sans doute
incomplète ; elle suffit à montrer quelle cour de gens
titrés ou célèbres se reformait, dix ans après les voyages
de Chanteloup, autour du nom de Choiseul. Là et

---

(1) Rapport d'Hérault de Séchelles, 22 octobre 1792.
(2) A. Dinaux, *les Sociétés badines*, t. Ier.
(3) *Souvenirs et Anecdotes.*

ailleurs, les gentilshommes les plus fiers de leurs aïeux frayaient, sans croire déroger, avec des écrivains qui, comme Chamfort ou Delille, n'auraient pu , nommer leur père ; les uns et les autres se sentaient attirés, soit par le goût de la popularité, soit par l'appât des honneurs, vers cette familiarité réciproque. Chacun la payait des trésors de son esprit ou des ressources de sa plume ; on dépensait en commun les idées ingénieuses et les bons mots. Plus d'un grand seigneur accueillait ainsi chez lui les parvenus de la littérature, dont il était à la fois le disciple et le protecteur, et qui le suivaient, partagés entre la reconnaissance et l'envie (1).

Tel était le cas de Choiseul-Gouffier en face d'un des beaux esprits les plus originaux de l'époque, de Chamfort. Cet écrivain était né jaloux de toute distinction, de toute supériorité autre que celle de l'intelligence ; se sentant sûr de l'impunité, il exhalait sa misanthropie en froides impertinences, il prodiguait à ses nobles amis les allusions malveillantes, les traits de satire ou les déclamations ; il les entreprenait tantôt sur l'égalité, tantôt sur le mépris des richesses : « Si nous le jetions par la fenêtre ! » finit par s'écrier l'abbé de Périgord exaspéré. Plus indulgents, Choiseul-Gouffier et Narbonne crurent

---

(1) « On ne peut nier qu'en général la société des grands ne soit la véritable école de cette politesse fine et délicate, de cette élégante urbanité, de ce tact des convenances qui sera toujours un des caractères dominants de l'esprit français, et qui passe des mœurs jusque dans les écrits. » (LAHARPE, *Discours de réception à l'Académie française.*)

guérir l'irritable écrivain en l'emmenant avec eux en Hollande; et ce fut au contraire pour Chamfort l'occasion de nouvelles incartades : « Qu'est-ce qu'un gentilhomme français, leur disait-il brusquement à la vue des portefaix d'Amsterdam, en comparaison de ces gens-là ? »

En tête à tête avec Choiseul-Gouffier, il ne se montrait d'ordinaire guère plus traitable. Un jour il vient le consulter en vue d'une alliance qu'on lui proposait; la personne était de naissance illégitime comme lui, mais ses qualités étaient telles que Choiseul-Gouffier crut de son devoir de l'encourager à poursuivre. L'autre aussitôt, stupéfait de n'être pas entretenu dans ses scrupules : « Vous êtes facile à contenter pour mon compte, » lui dit-il, et il le quitta sans autre remerciement. De même, un jour qu'ils avaient versé ensemble sur la grande route, le premier mot du poète en se relevant fut celui-ci : « Cela vous serait indifférent que j'eusse été tué. — Nous avons couru, je crois, le même danger, » répliqua doucement le gentilhomme (1).

Peut-être Chamfort, comme Delille, devait-il à Choiseul-Gouffier une part aux bienfaits de la reine ; en tous cas il subissait dans son protecteur, sans trop d'amertume, cette supériorité du rang encore impossible à contester ou à détruire. Il s'est défendu de lui avoir répliqué

---

(1) Recueil manuscrit d'anecdotes sur Choiseul-Gouffier, rédigé par sa veuve, sans doute en vue de l'éloge prononcé par Dacier à l'Académie des inscriptions. (Appartient à M. le prince de Bauffremont-Courtenay).

comme au comte de Vaudreuil, lorsque l'un et l'autre lui ouvraient leur bourse : « Je vous promets de vous emprunter cent louis quand vous aurez payé vos dettes (1). »

Bien mieux, il a gardé à son égard, dans ses impitoyables *Anecdotes,* un silence caractéristique, et un jour, à demi-voix, mais spontanément, il lui a accordé cet éloge précieux, sortant d'une telle bouche : « C'est un des êtres qui ont contribué, par leurs vertus et leur commerce, à me réconcilier avec l'espèce humaine (2). »

L'homme qui arrachait un tel aveu à l'atrabilaire Chamfort ne vivait pas seulement dans le présent; il goûtait encore plus que la verve sarcastique de son ami les entretiens d'un commensal de sa famille, l'abbé Barthélemy. Sous sa direction, il interprétait un à un, avec une passion toujours plus vive, les chefs-d'œuvre de la littérature et de l'art helléniques; on l'appelait le *Grec* chez Mme du Deffand, et dans ses salons il accueillait, à côté des faiseurs de petits vers, l'abbé Auger, venant soumettre à un auditoire mondain sa traduction de Démosthène (3). C'était le temps où la France, déjà politiquement déchue, reconquérait l'univers par le talent et le prestige de ses écrivains. Grand seigneur ou fils de ses œuvres, le lettré d'alors, tantôt en esprit, sur le théâtre

---

(1) ROEDERER, *Œuvres,* t. IV, p. 212.
(2) Lettre à l'abbé Roman. *Œuvres,* t. V, p. 283.
(3) *Correspondance de Métra,* t. XV, p. 423.

et dans les livres, tantôt en réalité, par devoir ou par goût, parcourait en tous sens la terre habitée. Il consolait la France des Indes perdues avec la *Veuve du Malabar* et *Aline, reine de Golconde*, avec les *Incas* de Marmontel et les Tahitiens de Bougainville. Il se créait sur quelque point du globe un domaine familier à sa pensée ; tel est le cas de Chastellux aux Etats-Unis ou de Bernardin de Saint-Pierre à l'Ile de France. Choiseul-Gouffier se choisit la Grèce comme un champ d'études sans limites ; puis il s'aperçut que, pour la bien connaître, il ne suffisait pas de l'étudier dans Hérodote et dans Pausanias. Le jeune nourrisson de la philosophie se prit à penser comme Fénelon sortant du séminaire ; mais, plus heureux que lui, il put accomplir son voyage.

II

Choiseul-Gouffier avait, selon son propre aveu, plus d'enthousiasme que de connaissances, lorsqu'il s'embarqua pour l'Orient au printemps de 1776. Il emmenait avec lui, entre autres compagnons, l'architecte Foucherot, le dessinateur Hilair, et Kauffer, qui lui servit longtemps et à la fois d'intendant, de secrétaire intime et de collaborateur [1]. Le marquis de Chabert allait, sur la frégate *l'Atalante*, faire des observations astronomiques dans l'Archipel ; il prit à son bord la

---

[1] Voir, sur Kauffer BÉGIN, *Biographie de la Moselle*, t. IV. (Supplément.)

petite troupe, et la conduisit sur la côte occidentale de
la Morée, à Coron. Dès cette première étape, le jeune
voyageur vit la Grèce sous un jour que la lecture des
historiens et des poëtes lui avait laissé ignorer : « Tout
fut oublié, dit-il, comme par un enchantement soudain;
j'éprouvais le même sentiment que si, après avoir été
témoin de son ancien état, je fusse revenu tout à coup
contempler sa ruine récente (1). »

Telle était, autant qu'on en peut juger par sa relation
inachevée, la pensée qui, sans cesse entretenue par de
nouveaux spectacles, l'accompagna d'île en île et de
rivage en rivage à travers le vieil Orient. Lafayette et
Ségur saluant, sur le rivage américain, l'aurore d'un
monde nouveau, n'étaient pas plus enthousiastes que
cet amant du passé errant au travers des ruines. Il visita
d'abord, monté sur une méchante barque de louage, la
plupart des Cyclades, et à son arrivée à Smyrne, le
consul français lui facilita les moyens de parcourir une
partie du littoral de l'Asie Mineure. Après avoir pris une
vue rapide de l'Ionie, de la Carie, entre Rhodes et Milet,
il traversa la Troade à pied, franchit ensuite les Dardanelles et visita les bords de la mer de Marmara jusques
et y compris Constantinople. Puis, cinglant droit à
Athènes, il accomplit son pèlerinage aux lieux les plus
mémorables de la péninsule hellénique, tels que le
Parnasse et Olympie, et rentra enfin en France par

----

(1) *Voyage pittoresque de la Grèce*, Discours préliminaire, p. iv.

Salonique, la Bosnie et les Etats vénitiens. Cette excursion avait duré plus d'une année, non sans dangers et sans épreuves.

A l'en croire, le jeune explorateur fut généralement bien accueilli par les habitants des pays qu'il visitait, surtout par ces Grecs dont il plaignait les tristes destinées. En leur présence, il se reportait un peu trop complaisamment à vingt siècles en arrière. Ainsi, dans l'île de Siphanto, il voit les paysans se rassembler autour de lui et l'interroger avec une curiosité naïve sur ce qui se passe à l'ouest de la Méditerranée : « Je me crus transporté, a-t-il écrit depuis, aux beaux jours de la Grèce ; ces portiques, cette assemblée populaire...., tout me rappelait Athènes ou Corinthe, et ces places publiques où un peuple avide de nouvelles interrogeait les étrangers et les voyageurs (1). » Ailleurs, chez les habitants de l'île d'Io, il s'imagine avoir retrouvé la simplicité et la naïveté des temps homériques. D'autre part, il lui faut bien constater qu'en Morée il a échappé avec peine aux brigands du Magne, ces soi-disant descendants des Spartiates ; plus loin, en face d'une île où il voulait débarquer, les indigènes l'ont couché en joue, et il n'a pu s'arrêter que le temps strictement nécessaire pour prendre un croquis du paysage. En Asie Mineure, au milieu des musulmans, l'accès du pays lui fut, en somme, plus facile ; on le prenait souvent pour un fou, et cette

____

(1) *Voyage pittoresque*, t. Ier, p. 14.

humiliation, qui le rendait sacré aux yeux des fidèles du
Koran, le mettait à l'abri de la captivité et des mauvais
traitements. Aussi oubliait-il les maladies qui, sur ce sol
malsain, l'avaient successivement séparé de tous ses
compagnons, excepté un seul, pour ne penser qu'aux
heureux épisodes de cette excursion : « Lorsque les
chemins et nos travaux nous le permettaient, nous
marchions la nuit, et nous passions la journée dans le
plus épais d'un bois et souvent plongés dans un ruis-
seau. Les vivres nous ont rarement manqué.... Cette
partie de mon voyage ne me paraît plus que comme
une promenade agréable, quand je la compare à toutes
les misères réunies que j'éprouvai quelques mois après
dans la haute Grèce, et dans la route de Salonique à
Spalatro, par la Servie, la Bosnie et la Morlaquie (1). »

Au milieu de ces épreuves, qu'un récit demeuré inachevé ne nous a pas fait connaître, ce que Choiseul-
Gouffier recherchait et recueillait avec passion, c'étaient
les détails de mœurs, d'histoire et de géographie con-
temporaines; c'étaient aussi et surtout les souvenirs et
les monuments de l'antiquité la plus reculée. Les premiers
devaient être un aliment pour la curiosité de ses lecteurs; en exhumant les seconds, il satisfaisait sa passion
pour les beaux-arts. On sait si ses contemporains
étaient peu tendres pour les pèlerins conquérants du
moyen âge : Vous êtes revenu, lui dira-t-on plus tard,

____

(1) *Voyage pittoresque*, t. Ier, p. 129.

chargé de dépouilles plus précieuses aux yeux de la raison que celles qu'ils ont obtenues pour prix de leurs exploits (1). Aussi faut-il savoir gré à ce fils des croisés d'avoir loué comme il convenait les chevaliers de Saint-Jean sur le théâtre de leur gloire, sauf à les accuser ensuite d'avoir violé et détruit un tombeau plus ou moins authentique du roi Mausole. Il s'arrêtait en revanche avec prédilection devant les ruines fumantes de l'insurrection de 1770, à Coron, à Paros, à Chio, à Tchesmé, là où il suivait la trace victorieuse mais passagère des aigles russes. En Troade, distrait sans doute par sa curiosité vagabonde, il ne paraît pas s'être préoccupé, comme il le fit si ardemment plus tard, du véritable emplacement d'Ilion. Son amour pour la Grèce n'en avait point fait ce qu'on appelle de nos jours un archéologue; il demandait à la pierre les témoignages d'un art exquis et non l'histoire fragmentaire d'une civilisation. Aussi remuait-il d'une main infatigable les innombrables débris épars sur ce sol dévasté, entablements, frises, corniches, fragments de statues; il interrogeait même les débris sculptés perdus au fond des étables ou maçonnés dans les murailles. Cette poursuite ardente de tant de chefs-d'œuvre mutilés constituait, avec leur reproduction par le crayon, le principal intérêt de son œuvre.

---

(1) CONDORCET, *Réponse au discours de réception de Choiseul-Gouffier à l'Académie française.*

En rentrant en France, Choiseul-Gouffier laissait
derrière lui des collaborateurs, Foucherot et Fauvel, qui
continuèrent ses recherches, protégés, malgré la guerre
d'Amérique, par la neutralité bienveillante des vaisseaux
anglais. Quant à lui, il s'empressa de mettre en ordre
ses notes et ses croquis, riche matière pour la publication de son *Voyage pittoresque de la Grèce,* annoncée
dès le printemps de 1778, et commencée la même
année.

Ce mot de *pittoresque* était une nouveauté, ou peu
s'en faut : il séduisait les imaginations, car il promettait satisfaction à la fois aux yeux et à l'esprit; il
annonçait quelque chose autre que la beauté et mieux
que la grâce (1). Choiseul-Gouffier eut l'art de rendre
célèbre, avant son apparition, le double tableau qu'il
préparait. La cour et la ville s'en entretenaient comme
d'un événement prochain, même au temps où il n'était
bruit à Versailles que du duel de MM. d'Artois et de
Bourbon, à Paris que du voyage triomphal de Voltaire.
Des fragments furent communiqués à plusieurs membres
de l'Académie des inscriptions; puis l'ouvrage, assuré
de nombreux souscripteurs, commença à paraître en
1778, par livraisons ou cahiers contenant chacun sept à
huit feuilles d'estampes. Il devait y en avoir vingt-

______

(1) Le *Voyage pittoresque des environs de Paris,* par d'Argenville fils, date
de 1749; celui de Descamps en Flandre est de 1770. — « J'étais pittoresque et beau. » a écrit Diderot *(Regrets sur une vieille robe de chambre).*

quatre constituant deux volumes, l'un consacré aux Cyclades et à l'Asie Mineure, l'autre à Constantinople et à la Grèce. Elles se succédèrent assez régulièrement jusqu'en 1783, et à l'achèvement du premier volume, qui devait longtemps demeurer unique. Elles trouvèrent à l'étranger d'illustres lecteurs : Mme du Deffand s'en entretenait par lettres avec Walpole; Barthélemy, avec l'Italien Paciaudi; elles étaient traduites en allemand par Reichard dès 1782, et adressées régulièrement par Grimm à l'impératrice Catherine, avec ce commentaire malveillant, il est vrai : « L'auteur est un jeune homme, et il est connu qu'en France on est plus longtemps enfant qu'ailleurs (1). »

Il y a encore profit et plaisir à parcourir, sous la conduite d'un guide aussi compétent, un pays qui, même depuis la chute de la domination turque, reste surtout vivant pour nous par ses souvenirs. On n'ouvre plus guère cet in-folio magnifique, déjà centenaire, et c'est dommage; le texte n'est pas trop au-dessous de la beauté de l'impression, de la variété et du fini des gravures. Une preuve de son succès est la série d'ouvrages semblables qu'il provoqua, depuis le *Voyage en Italie*, de Richard de Saint-Non, jusqu'au *Voyage en Espagne*, d'Alexandre de Laborde. Les illustrations parlaient à chacun son langage préféré : c'étaient des paysages, des

---

(1) Lettre du 21 juillet 1780 (dans le recueil publié par la *Société d'histoire de Russie*).

panoramas de villes et de ports, des types d'Orientaux, des épisodes personnels à l'auteur ; le tout enrichi, pour les esprits plus sérieux, de cartes géographiques, de plans, de coupes architecturales, de frontispices ingénieusement composés, de culs-de-lampe où le fac-similé de médailles authentiques se mêlait à de gracieuses fantaisies. Choiseul-Gouffier avait signé un certain nombre de planches, telles que les vues des îles de Santorin et de Naxos, dont la perspective est si heureusement ménagée, et la composition intitulée *Vestiges d'un temple de Cybèle*, où, dans un étroit espace, l'artiste a réuni sous nos regards toute la nature et aussi toute l'histoire de la Grèce ; celle-ci, symbolisée dans quelques décombres dominés par un minaret turc, la montagne nue les ombrageant d'un côté, la mer transparente les éclairant de l'autre, et le ciel couronnant tout ce paysage, les beautés que Dieu y a semées et les ruines que l'homme y a faites, de sa lumière indifférente. Parmi les souscripteurs, les uns appréciaient surtout ces figures de soldats albanais, héros de la dernière guerre, ou cette vignette allégorique qui représentait Bellone suivie de soldats russes et montrant aux Grecs esclaves le symbole de la liberté. D'autres, d'une curiosité moins frivole, s'attachaient à la carte de Délos, à certains relevés géométriques de temples et de tombeaux. A côté de ces images de sévère apparence, les dames découvraient un splendide album de modes ; elles pouvaient contempler successivement les femmes de l'Argentière dans leur négligé sans grâce, celles de Nio dans leur galant déshabillé, celles de Naxos avec leurs paniers et leurs mouches, celles de Ténos, dames, bourgeoises ou servantes, en un mot la Grèce entière attestant, même par ses costumes, ses éternelles divisions. N'était-ce pas encore un hommage ingénieux aux lectrices que ce dessin où l'on voyait la ville de Milet personnifiée et tenant une balance? Les médaillons de ses enfants les plus célèbres remplissaient un des plateaux; le seul médaillon d'Aspasie, c'est-à-dire de la beauté unie à l'esprit, suffisait à faire pencher de son côté l'autre.

Le récit, comme l'illustration, était accommodé aux goûts les plus divers. Les lecteurs mondains n'avaient point lieu de se rebuter. Lisez par exemple cette description, écho lointain du *Télémaque* tempéré par des accents qui rappellent Bernardin de Saint-Pierre ou Florian : « Les femmes de l'île de Tino ont toutes les plus belles proportions dans les formes, de la régularité dans les traits et une physionomie piquante, qui supplée souvent à la beauté et s'y ajoute toujours. L'habillement le plus voluptueux couvre leurs charmes sans les cacher.... Dès que la chaleur tombe et que le soleil sur son déclin peut encore éclairer leurs travaux sans pouvoir nuire à leurs charmes, elles sortent de leurs maisons, s'asseyent devant leurs portes, filent la soie ou la dévident; d'autres la tricotent, ou préparent les feuilles de mûrier, pendant que leur vieille mère leur fait des contes, souvent interrompus par les chansons des jeunes filles. Je crus alors pour la première fois que les tableaux délicieux que nous offrent les auteurs grecs étaient moins l'ouvrage de leur imagination qu'une fidèle imitation de la nature (1). »

Ailleurs, c'est un fragment du *Voyage du jeune Anacharsis*, encore inédit, qui sert à Choiseul-Gouffier pour raconter les fêtes de Délos : bon moyen de piquer la curiosité, de recommander son livre, et d'ajouter un élément au succès (2). C'est, à propos des Cariens, un trait contre ces souverains que chacun nommait alors tout haut et qui spéculent sur le sang de leurs sujets versé dans un autre hémisphère. C'est, en passant à Rhodes, l'esquisse d'un roman à l'adresse des âmes « sensibles. » Puis c'est l'agréable relation du séjour chez Hassan-Tchaousch-Oglou en Asie Mineure. Le gentilhomme européen a songé à l'Acomat de Racine devant ce pacha octogénaire, qui fait étrangler ses ennemis sur le moindre soupçon, sous prétexte que ce qui est nécessaire est juste ; et il eût pu se rappeler Molière devant ce médecin arabe qui prétend avoir étudié à Padoue, et qui distribue au hasard à ses malades son remède unique, la rhubarbe. Lui-même a eu un mot digne du *Médecin malgré lui*, lorsqu'à cette question du Turc : « Les princes chrétiens ont-ils des fous dans

---

(1) *Voyage pittoresque*, t. Ier, p. 44.

(2) Ce fragment, qui est au chapitre III, est devenu le chapitre LXXVI du *Voyage du jeune Anacharsis*.

leurs palais ? » il répond : « Ils en ont eu autrefois, mais ils n'en ont plus d'attitrés, et à cet égard s'abandonnent avec confiance aux hasards de la société (1). »

Les savants (on commençait à avoir le culte aveugle de la science) y découvraient de leur côté des pages écrites à leur intention sur les tombeaux de Telmissus, les volcans de Santorin, ou sur la grotte d'Antiparos, déjà visitée par Tournefort. Les négociants y trouvaient des renseignements précis sur les exportations de Smyrne ; les philosophes enfin devaient applaudir aux allures dégagées de l'auteur à l'égard des traditions religieuses, de la superstition, comme on disait alors. Choiseul-Gouffier avait cherché en Grèce ce que Bougainville avait cru trouver à Tahiti, l'homme idéal, c'est-à-dire l'homme de la nature, raisonnable et sensible, traduisez raisonneur et sensuel. Il a lu Voltaire, l'écrivain qui lance cavalièrement au passage ce tranchant aphorisme : « Le temps détruit les monuments et consacre les préjugés (2) ; » le voyageur qui, à Paros, s'irrite de ne pouvoir faire un pas sans rencontrer une église ou une chapelle ; qui, à Syra, constate avec une joie maligne que l'unité religieuse au profit des Latins n'y a pas établi la concorde, bien au contraire ; qui compare les moines orientaux aux brahmes indiens, aux

---

(1) Cf. Rica dans les *Lettres persanes :* « Les Français, extrêmement décriés chez leurs voisins, enferment quelques fous dans une maison, persuadés que ceux qui sont dehors ne le sont pas. » (Lettre LXXVIII.)

(2) *Voyage pittoresque*, t. Ier, p. 80.

lamas du Thibet et aux prêtres lapons, et ajoute en forme de conclusion : « L'imposture et la crédulité sont de tous les pays. » A Pathmos, il s'enquiert des vestiges de je ne sais quel temple de Junon, sans rechercher les traces de l'Évangile, et il relève avec complaisance l'ignorance des moines, leur fiscalité sacrilège, leur indulgence intéressée à l'égard des pirates : « Je fus reçu, dit-il, par le supérieur, qui me parut dans l'abrutissement le plus complet. Je voulus tirer de lui quelques éclaircissements sur les manuscrits qui pouvaient se trouver dans cet ancien monastère ; il me répondit avec fierté qu'il ne savait pas lire, et il me fut absolument impossible d'en tirer une autre réponse (1). » A ce personnage il peut heureusement opposer un simple caloyer qui, digne émule du *Vicaire savoyard*, s'est précipité au-devant de lui à son arrivée, et ayant appris qu'il était Français : « Dites-moi, Voltaire et Rousseau, ces deux bienfaiteurs du genre humain, vivent-ils encore ? » Puis il lui a raconté ses aventures, ses épreuves en pays étranger, la solitude désespérée dans laquelle il vit. C'est l'éternelle histoire de *Mélanie* et des *Victimes cloîtrées*, chère au XVIIIe siècle, transportée en Orient, et occupant justement la page où l'on s'attendait à voir apparaître la figure de saint Jean et les visions de l'Apocalypse. Notre voyageur, il l'avoue pourtant, ressentit devant ces étranges confidences plus d'étonne-

---

(1) *Voyage pittoresque*, t. Ier, p. 104.

ment que de sympathie ; il s'avisa qu'il avait peut-être
affaire à quelque cerveau dérangé, et se borna à lui
adresser, comme à un passant importun, de banales et
rapides paroles de consolation.

On voit par cette anecdote que Choiseul-Gouffier ne
s'inspirait pas, pour railler le fanatisme grec, d'un
dévouement trop prononcé à l'Eglise romaine. Malgré
un hommage piquant dans sa bouche aux jésuites qui,
bien que supprimés, continuent leur œuvre apostolique à Paros, il accuse le prosélytisme maladroit des
missionnaires latins. L'église chrétienne élevée sur les
ruines des temples homériques le choque comme une
misérable chaumière qui lui cacherait la trace de quelque
demeure divine ou royale.

Pour ces divers motifs, l'applaudissement donné au
Voyage pittoresque de Grèce fut général. On discuta bien sur
la part plus ou moins grande de collaboration demandée
par l'auteur à ses amis, écrivains ou dessinateurs, et
certains l'accusèrent à voix basse, comme on l'a fait
depuis tout haut, de n'avoir donné au livre que son
nom (1). Quant au fond de l'ouvrage, quelques critiques de détail se produisirent; Walpole déclara de
mauvais goût la description des fêtes de Délos empruntée à Barthélemy. D'Anville maugréa contre le
téméraire qui avait rectifié plusieurs points de ses cartes,

---

(1) Voir une courte dissertation, plus mordante que probante, de QUÉ-
RARD, dans les *Supercheries littéraires*, t. Ier, p. 720.

4

et reporté plus au nord l'embouchure du Pénée. Le
vieux géographe, pour avoir parcouru l'Orient du fond
de son cabinet, n'entendait pas être contredit dans ses
affirmations; il en voulait à cette jeunesse irrévéren-
cieuse qui en prenait à son aise avec l'antiquité;
aussi, pour soutenir contre elle son autorité ébranlée,
il fit distribuer contre Choiseul-Gouffier un mémoire
en règle à l'Académie des inscriptions. Celui-ci lui
envoya d'abord inutilement Barthélemy en messager
de paix; puis il vint lui-même le trouver, et après
un exorde des plus insinuants, lui fit connaître, avec
preuves à l'appui, l'emplacement de certain *Latinicus
sinus*, dont on connaissait, sans avoir jamais pu la
justifier, l'existence. D'Anville alors de s'écrier avec
l'accent d'un converti : « Ce jeune homme est fait
pour parvenir à tout, » et il ne lui reparla plus jamais
du Pénée (1).

De telles chicanes s'effaçaient devant l'approbation
unanime. Barthélemy, dont l'avis était prépondérant en
ces matières, manifestait la sienne sans réserve (2). Les
voyageurs qui avaient précédé Choiseul-Gouffier,
comme Tott, rendaient publiquement hommage à son
exactitude; et peut-être André Chénier, en le lisant,
sentit se raviver en lui le souvenir de sa première pa-

---

(1) *Voyage pittoresque*, t. II, p. 115 (en note).
(2) Lettre à Paciaudi (25 juillet 1779), dans le recueil des *Lettres de Paciaudi*. t. II, p. 309.

trie (1). On sait qu'allant en Suisse vers 1784, il songeait
à pousser bien plus loin et à visiter

> Athènes qui n'est plus, et Byzance ma mère.

Les corps savants récompensèrent le jeune auteur de
la façon la plus flatteuse pour son amour-propre. Dès
1779, l'Académie des inscriptions lui accordait une place
de membre titulaire; puis ce fut l'Académie des beaux-
arts qui le nomma associé honoraire libre (26 octobre
1782), et peu après (26 décembre), il fut appelé à remplacer d'Alembert à l'Académie française. Nul mieux que
lui ne personnifiait cette double aristocratie du nom et
du talent placée par Richelieu au premier rang dans le
sénat de la république des lettres. Un incident curieux
marqua sa nomination. Entre l'Académie des inscriptions
et l'Académie française, les relations étaient peu cor-
diales, et les membres de la première, qui eussent volontiers absorbé la seconde comme inutile, supportaient
avec humeur les railleries de leurs brillants confrères sur
l'indifférence du public à leur endroit, lors des séances
solennelles. Leur secrétaire perpétuel, Anquetil-Duperron, avec cette raideur propre aux érudits comme
aux sectaires, voulut protester contre l'abaissement de

---

(1) *Mémoires* de Torr, IV⁰ partie, p. 167. Dans *l'Épître aux Français* du
Russe Béloselsky, publiée en 1789, on lit :

> Le vrai seul cependant distingue aux yeux du sage
> Et le faquin qui juge et bronche à chaque pas,
> Et le bon Guys, Choiseul ou Pagès qui voyage.

la science devant la rhétorique, et il demanda qu'un
membre de sa compagnie ne pût, sous peine de dé-
chéance, prendre place à l'Académie française. Dès lors,
on raconta — et Grimm s'est fait l'écho de ce bruit
dans sa correspondance — qu'Anquetil était intervenu
auprès des membres de la famille de Choiseul, et les
avait menacés de citer leur parent, comme ayant forfait
à l'honneur, devant le tribunal des maréchaux de France.
Les choses n'en vinrent pas là, au dire du principal
intéressé. La proposition d'Anquetil-Duperron, appuyée
par quatorze membres, était générale dans sa forme, et
elle fut néanmoins repoussée après une réfutation en
règle de Turgot; tout au plus l'ombrageux secrétaire put
faire triompher à une faible majorité un amendement
qui reléguait dans la classe des vétérans les membres de
la compagnie coupables de s'être laissé introduire à
l'Académie française; et encore la délibération, n'ayant
pas été approuvée par le gouvernement, resta-t-elle
comme non avenue (1).

III

C'est à ce moment où il se faisait place parmi les
lettrés que Choiseul-Gouffier fit paraître (janvier 1783)
le *Discours préliminaire* de son *Voyage*, à la fois complé-
ment et préface de son premier volume. Était-ce une

---

(1) Lettre de Choiseul-Gouffier publiée dans le *Moniteur*, 1ᵉʳ août 1813.

fantaisie romanesque ou un manifeste politique? Les deux appréciations étaient permises, et l'auteur devait porter longtemps la peine de l'équivoque inévitable attachée à cette publication. Dès la première page, au-dessus du titre, une gravure symbolique montrait un Grec, assis les fers aux mains au milieu des ruines, et tendant les mains au ciel en signe de prière et d'espoir. Sur un rocher voisin on lisait ces mots : *Exoriare aliquis*, appel discret à un vengeur dont tout le monde prononçait le nom, l'impératrice Catherine. Suivait une dissertation politique écrite, disait-on, ou tout au moins corrigée par Chamfort, et dont le rédacteur posait, ainsi qu'on dirait aujourd'hui, la question grecque : « Comment voir sans indignation le stupide musulman, appuyé sur les ruines de Sparte et d'Athènes, imposer tranquillement les tributs de la servitude? » Le souvenir de la prise d'armes des Grecs en 1770, soutenue par les Russes, mais sans vigueur ni sincérité, était encore vivant; aussi Choiseul-Gouffier, après quelques compliments à la grande souveraine qui avait fait flotter son pavillon sur l'Archipel, tempérait-il ses éloges par des conseils propres à en détruire l'effet. Dédaignez donc, disait-il à Catherine II, le dessein et l'espoir de conquérir la Grèce; faites une œuvre vraiment politique en assurant, sur les débris de l'empire turc, l'existence d'un Etat hellénique, allié de la Russie. Ce pays deviendrait une colonie de l'Europe civilisée, l'étape nécessaire des vaisseaux de Marseille vers la mer Noire. Ce n'est pas, ajoute l'ingénieux publiciste avec une préoccupation très naturelle à un homme de son nom, l'empereur Joseph (et ici un éloge de la maison dont la reine Marie-Antoinette est issue) qui pourrait s'opposer à ce projet; ce n'est pas non plus la France : « Oublierait-elle que, maîtresse de la Méditerranée, elle tirera plus facilement par cette voie toutes les productions du Nord, et ces bois de construction, et ces mâts qui, abattus dans les forêts de la Pologne, et traînés avec tant de peine vers les rivages de la mer Baltique, viennent à si grands frais remplir nos chantiers : heureux quand ils ne tombent pas entre les mains de nos ennemis, maîtres de la Manche, et trop souvent de la mer du Nord ?.... Par là se partagerait entre les différentes puissances de l'Europe l'empire du commerce, trop déclaré en faveur d'une nation superbe.... »

Catherine II, qui visait à la suprématie, n'était pas plus disposée à partager avec autrui la richesse que la gloire; elle trouvait de semblables propositions, émanées d'un particulier, trop différentes du *projet grec* de Potemkine; aussi déclara-t-elle le *Discours préliminaire* « ennuyeux et bavard, » et révélant « l'animosité des Choiseul et compagnie contre la Russie (1). »

L'homme d'imagination s'était imprudemment découvert par la publication de ce roman politique; il en

---

(1) Lettres à Grimm. *(Société d'histoire de Russie*, t. XXIII, p. 180 et 267.) Cf. p. 207.

oublia au moins une bonne partie lorsque, peu après, les circonstances lui permirent de le faire passer dans la réalité. Un personnage bien en cour, qui se reposait de ses nombreuses ambassades dans les fonctions de ministre d'Etat, le baron de Breteuil, l'exhortait à suivre à son exemple la carrière diplomatique. L'abbé de Périgord mettait en commun avec lui sur la politique des idées utiles, à l'accomplissement desquelles leur intérêt personnel pouvait trouver son compte. Les circonstances étaient favorables, et en cette année 1783, de grands événements paraissaient devoir se produire en Orient.

Dès le mois de juin 1780, Catherine II et Joseph II avaient eu, à Mohilew, une entrevue grosse de périls pour leur voisin du Danube; et l'Europe n'eut pas de peine à deviner ce qui s'y était agité, c'est-à-dire un partage semblable à celui dont la Pologne venait d'être victime. Joseph II, en particulier, délivré de tout scrupule de conscience depuis la mort de sa mère, excusait d'avance à Versailles sa connivence avec Catherine par la nécessité où il était de mesurer ses propres acquisitions en Orient avec celles de la Russie (1). Le droit de convenance, comme l'avoue avec tristesse un diplomate ami de la Russie, se substituait au droit des gens, et le

---

(1) Voir les lettres échangées entre Catherine II et Joseph II en septembre et octobre 1789. (Pièces justificatives du tome VI de HERMANN, *Geschichte Russlands*).

roi Georges d'Angleterre dira bientôt non moins mélancoliquement, à la vue des périls suspendus sur la Porte : L'Europe deviendra comme un bois (1). Ainsi, l'époque où l'on a tant invoqué la justice idéale a vu se perpétrer des iniquités politiques sans précédent; ce qui n'était pas plus étrange que d'entendre sans cesse parler de la nature, et de trouver partout la manière dans les écrits, le convenu dans les mœurs, le fard sur les visages.

Les suites de l'entente austro-russe apparurent bientôt; les Russes envahirent la Crimée et le Kouban, et détruisirent, sous un prétexte frivole, cette indépendance qu'ils avaient récemment revendiquée et établie contre les Turcs. La « Minerve du Nord » disait à ces khans, qui se croyaient civilisés parce qu'ils avaient lu Molière, le mot de Tartufe à Orgon :

> La maison m'appartient; je le ferai connaître.

Puis, se rappelant sans doute La Fontaine et la fable du *Loup* et de l'*Agneau*, elle accusa les Turcs, dans un manifeste solennel (avril 1783), de l'avoir contrainte à cette extrémité par leurs infractions au traité de Kaïnardji. La Porte répliqua par une protestation due, dit-on, à la plume de l'ambassadeur anglais; malgré la bonté de ses

---

(1) Ségur, *Souvenirs et Anecdotes*. — D'Adhémar (ambassadeur en Angleterre) à Vergennes, 18 juillet 1783. (Dépêche citée dans le *Moniteur* du 30 juin 1855.)

arguments, elle dut en outre débattre et signer le traité
du 10/21 juin 1783. Le cabinet de Versailles, malgré
l'éloignement, se sentit directement atteint par cette
concession nouvelle arrachée à la faiblesse du Divan.
Toute l'année fut remplie pour lui par les appréhensions d'une guerre où il craignait d'être entraîné, sans
en prévoir exactement ni les chances, ni le théâtre, ni
l'étendue. L'incendie couvait d'un bout à l'autre de
l'Europe. Au même moment, Joseph II menaçait les
Provinces-Unies, afin d'obtenir d'elles, à l'encontre des
traités de Westphalie, l'ouverture des bouches de l'Escaut. La Hollande forme, disait-on, « l'un des anneaux
de cette fatale chaîne, dont un bout est à Pétersbourg,
et dont l'adroite Catherine cherche à accrocher l'autre
extrémité à Londres (1). » La question hollandaise appelait inévitablement sous la plume des publicistes la
question d'Orient. Mirabeau, s'appliquant à réfuter les
apologistes de Joseph II, affirme que la demande de
la liberté de l'Escaut trahit un vaste plan contre la liberté
de l'Europe, et partant de là, il dresse un long et
vigoureux réquisitoire contre l'ambition de la Russie.
Selon lui, les bouches de l'Escaut conquises vont
devenir, avec l'assentiment de l'Angleterre, une étape
et un abri pour une flotte partie de la Baltique vers la
Méditerranée, en quête d'un nouveau Tchesmé (2).

---

(1) *Correspondance de Métra*, t. XV, p. 60.
(2) *Doutes sur la liberté de l'Escaut. (Œuvres*, t. V.)

Vergennes envisageait en effet avec inquiétude cette éventualité ; il se souvenait des dommages infligés à notre commerce par les vaisseaux russes en 1770, pour lesquels il attendait encore une indemnité vainement promise. Il pouvait devenir nécessaire de faire respecter dans les mêmes parages le pavillon français ; dans cette prévision, un capitaine du génie, Matthieu Dumas, s'en alla visiter les places fortes et les ports de l'Archipel. Sous le nom supposé de Vernon et le prétexte de continuer les recherches de Choiseul-Gouffier, il prit terre à Candie, considérée dès lors comme le prix éventuel de secours fournis à la Turquie, ou d'une neutralité favorable aux Russes ; il réussit à lever la carte de l'île, et revint en France avec une fructueuse moisson de renseignements recueillis à Smyrne, en Morée et jusque sur le Bosphore (1). De brillants aventuriers, le duc de Lauzun, le prince de Nassau, qui se laissait couronner d'avance prince de Candie, annonçaient leur départ pour la Turquie ; des nouvellistes montraient le marquis de Conflans et d'autres officiers près de gagner la Pologne et de là la Crimée, et les Mémoires de Tott, récemment parus, tiraient leur popularité des circonstances. Au fond, on eût peut-être risqué, dans l'intérêt de notre commerce, quelque démonstration militaire ou maritime ; dans l'intérêt de la Turquie on n'eût sacrifié ni un écu, ni un soldat, ni un vaisseau, et tout en armant à

____

(1) Matthieu Dumas, *Souvenirs*, t. Ier, liv. III.

Toulon, on ne prêtait guère l'oreille à ceux qui demandaient l'envoi de quinze mille soldats en Orient, et d'une escadre entre Kertch et Azov, en un mot une expédition semblable à celle qui avait si bien réussi en Amérique. Saint-Priest laissait tomber par ordre les insinuations du grand vizir tendant à une coalition de la France, de l'Espagne et de la Prusse au profit de la Turquie. Vergennes ne variera jamais à cet égard : « Le roi est trop éloigné de la Russie pour faire contre elle une diversion qui puisse être utile aux Turcs, et elle est trop attachée à l'empereur pour entendre à des mesures dont ce prince pourrait être l'objet (1). » C'est la même histoire que celle des Anglais et des Russes au temps d'Ivan le Terrible. Aux sollicitations pressantes d'alliance qui lui viennent de l'autre extrémité de l'Europe : « A quoi bon ? répond Elisabeth. L'alliance ne nous serait d'aucune utilité, sinon pour faire accorder quelques privilèges à nos marchands. »

Une action diplomatique était du moins sans péril, et Vergennes frappa à toutes les portes pour la tenter avec quelque chance de succès. Dès les premiers mois de 1783, il précipita la conclusion de la paix avec l'Angleterre ; puis, feignant de croire l'impératrice isolée dans ses projets, il insinua à Joseph II que le moment était venu de faire valoir l'alliance de 1756, et d'adresser en commun des représentations à Pétersbourg. L'empereur,

---

(1) Vergennes à Choiseul-Gouffier, 26 juin 1785.

fort embarrassé, se déroba par des excuses qui étaient à elles seules des aveux de complicité; suivant lui, la guerre était imminente entre les Russes et les Turcs, lui-même alors se verrait forcé d'y prendre part en occupant la Moldavie et la Valachie. Pourquoi, dans cette éventualité, la France ne mettrait-elle pas la main sur l'Égypte? Cette réponse indiquait qu'il n'y avait rien à espérer de cet étrange allié : on eût pu lui répliquer en faisant des avances à la Prusse ; mais le vieux Fritz mettait pour première condition à son alliance une rupture complète avec l'Autriche ; et Vergennes se tourna en désespoir de cause vers l'ennemi de la veille, vers l'Angleterre. Ne pourrait-on s'entendre avec elle au moins pour ne laisser à Catherine II que le Kouban, ou pour obtenir d'elle la limitation de sa marine dans la mer Noire? Le ministère anglais chercha à son tour des faux-fuyants, puis répondit brutalement par la bouche de Fox : « Nous ne pouvons ni nous mêler des affaires des Turcs ni agir de concert avec la France (1). »

Ainsi isolé, Vergennes recourut à un dernier expédient, destiné tout au plus à masquer sa défaite : puisque l'Angleterre poussait sans le dire le Divan à la guerre, c'en était assez pour qu'il hatât la conclusion d'un nouvel instrument de paix, et il essaya de désunir

---

(1) Le détail de ces négociations est exposé dans une série de dépêches publiées par ordre du gouvernement français, à l'époque de la guerre de Crimée. (*Moniteur* des 30 juin et 1er juillet 1855.)

les deux cours impériales en adhérant à la conquête de
la Crimée, de façon à ne pas laisser à Joseph II le temps
de saisir sa part de l'empire ottoman. Cette concession
nouvelle à la raison du plus fort fut consacrée par le
traité du 8 janvier 1784. Cette fois, la Crimée et le
Kouban devenaient définitivement provinces russes, et
perdaient jusqu'à leur nom pour redevenir la Tauride et
le Caucase. Vergennes parut regarder comme un succès
d'avoir décidé la Russie à se contenter de l'assentiment
tacite de la Porte. C'était néanmoins un grave échec,
qui entraîna le rappel de notre envoyé Saint-Priest :
« Ce n'est pas un ambassadeur de France que nous
avons à Constantinople, disait-on à Versailles, mais un
ambassadeur de Russie. » Saint-Priest, bien que com-
·promis après coup par le cordon de Saint-André dont
il se laissa décorer par Catherine II, avait su donner à
temps l'alarme ; il fut traité comme s'il eût gardé le
silence par ceux qui s'accusaient tout bas de ne l'avoir
pas écouté.

Il nous faut ici, pour mieux comprendre son rappel,
revenir un peu en arrière et retourner en Occident. A
la cour de France, où les deux partis autrichien et anti-
autrichien demeuraient en présence, une influence
grandissait, celle de la reine et de ses amis ; elle avait
déjà fait deux ministres, les maréchaux de Castries et de
Ségur; elle allait aussi désigner des candidats aux ambassades. Le brillant comte d'Adhémar avait été poussé
par elle au poste de Constantinople, et avait obtenu du

moins celui de Londres. Derrière lui surgissait, avec l'espoir d'être plus heureux, l'ami de la princesse de Lamballe et de la comtesse Diane de Polignac, le comte de Choiseul-Gouffier. L'aimable voyageur voulait être acteur, et non plus seulement spectateur désintéressé, dans les événements qui se déroulaient en Orient; il pressentait la disgrâce de Saint-Priest, et il se frayait discrètement les voies à une succession près d'être ouverte. Sa candidature fut posée par un mémoire confidentiel remis par le baron de Breteuil en son nom à Vergennes, au mois de mai 1783, et intitulé *Notions sur l'état actuel de l'empire ottoman* (1). Je ne serais pas étonné que le meilleur de ses amis eût été son collaborateur; car les vues de Choiseul-Gouffier ressemblent singulièrement à celles que Talleyrand, en l'an v, à la veille de l'expédition de Bonaparte en Égypte, exposait devant l'Institut (2).

Dans ce travail, les détails abondent sur la faiblesse

(1) Ce mémoire anonyme (TURQUIE, *Mémoires et Documents*, t. XIV²) porte avec lui sa signature dans les lignes suivantes de sa conclusion : « Un voyage très détaillé dans le Levant m'a mis à portée de prévoir les nouveaux motifs d'intérêt que ce pays offrirait bientôt, et je n'ai cessé d'y multiplier mes relations, dans l'espérance qu'elles me fourniraient des occasions de prouver mon zèle. » De plus Choiseul-Gouffier en certifie lui-même l'existence et indique dans quelles circonstances il fut composé (à Montmorin, 13 octobre 1788).

(2) *Mémoires de l'Institut national, Sciences morales et politiques*, t. II. (Essai sur les avantages à retirer des colonies nouvelles, lu le 15 messidor an v.) On les trouve d'autre part déjà indiquées dans un mémoire de Descorches de Sainte-Croix, remis au ministre dès 1780 (TURQUIE, *Mémoires et Documents*, t. VII^b, pièce 24).

des successeurs de Soliman, les usurpations des pachas, le déplorable état de l'armée, de la marine et des finances, et aussi les indications propres à faire ressortir les desseins et les intrigues de l'Autriche et de la Russie. Il est évident que l'auteur veut se défendre d'avance même de soupçon de partialité envers la cour de Vienne, et ne pas se présenter au ministre comme la créature de la reine. Selon lui, Joseph II, avec son activité brouillonne et sa passion conquérante, aspire à s'étendre vers le Sud, soit en ouvrant à ses sujets (ce qui devint vrai un mois après) le débouché commercial de la mer Noire, soit en accaparant le protectorat des populations chrétiennes de l'empire ; encore un peu, et Constantinople s'approvisionnera autant avec les blés de Hongrie qu'avec ceux de Pologne. Son édit de tolérance à la main, l'empereur attire des Grecs dans ses États ; il fait racoler des Albanais et des Monténégrins pour ses armées ; des officiers et des ingénieurs à son service parcourent la Morée, y lèvent des plans et y travaillent les esprits au détriment de la Russie ; la république de Raguse s'est mise sous sa protection. Pour ruiner son prestige, il faudrait établir entre les Grecs et la Porte un *modus vivendi* qui équivaudrait à l'indépendance, puis lever en Grèce, avec l'assentiment des Turcs, des milices indigènes organisées à la française, appuyées sur des corps d'artillerie étrangers, gardiennes des principaux passages du pays. Si, d'autre part, on considère les préparatifs des Russes, leur attitude menaçante du Danube à la mer Caspienne, et, chez leurs adversaires, une anarchie mal déguisée par le despotisme politique et religieux des sultans, on est en droit de pressentir pour ceux-ci de prochaines catastrophes. Comment les prévenir ? En faisant de l'Orient, par le commerce, une vaste colonie française ; en assurant dans la Méditerranée, de Gibraltar naguère ébranlé par nos boulets jusqu'au Caire, la suprématie de la France. Il faut justifier les prévisions de Catherine II s'écriant : « Il ne saurait être indifférent de voir toute la Méditerranée entre les mains de la maison de Bourbon ; cependant je suis presque persuadée que cela arrivera (1), » et il faut lui montrer à elle-même l'intérêt qu'elle peut avoir à la conservation de l'empire turc : « Quel voisin plus utile qu'un peuple faible, ignorant, mais dont les besoins sont considérables, et qui ne fait jamais qu'un commerce passif ? La Russie devait faire la guerre jusqu'à ce qu'elle eût obtenu la navigation de la mer Noire, puisque c'est par cette voie seule qu'elle peut vivifier toute la partie méridionale de son empire, mais qu'elle.... travaille à exploiter cette mine pour laquelle elle a combattu. Quoi ! elle a une masse immense de productions territoriales à vendre, dont le détail l'enrichira, et elle veut faire la guerre à ses consommateurs ; elle est vendeur, et elle veut chasser, exterminer ses acheteurs !.... L'extension du commerce

----

(1) Lettre au grand-duc Paul. (*Société d'histoire de Russie,* t. IX, p. 154.)

de la mer Noire doit être, en même temps, et la sauvegarde de l'empire turc, dont l'existence nous est si précieuse, et la source d'un nouveau commerce pour nous. On ne saurait trop favoriser à cet égard les vues de la Russie, puisqu'elle ne peut rien gagner qu'elle ne partage avec la France, dont les vins, les étoffes, etc., seront portés avec avantage à Kherson, tandis qu'en retour elle en tirera à bon prix des mâtures, des chanvres, etc., qu'elle n'obtient que bien plus chèrement par la voie de la Baltique. »

On ne pouvait mieux dire à l'adresse des Russes ; mais l'essentiel était de convaincre les Turcs, maîtres du Bosphore, et l'auteur comptait trop, à cet égard, sur l'ascendant de la France et l'empire des « lumières ; » et il envisageait trop aisément le commerce de ces contrées comme l'érudit de Guignes, qui, dix ans auparavant, terminait ainsi une étude rétrospective sur le même sujet : « J'ai considéré en partie ces établissements du Levant comme nos colonies de l'Amérique et des Indes (1). »

Il était de plus l'homme le moins fait pour les accréditer auprès de qui de droit. Autour de Marie-Antoinette, on avait bien pu, à la seule vue de ses albums sur la Grèce, improviser sa candidature à l'ambassade de Constantinople ; au ministère des affaires étrangères, son mémoire à Vergennes n'effaçait pas certaines pages,

---

(1) *Mémoires de l'Académie des inscriptions*, t. XXXVII.

devenues compromettantes, du *Discours préliminaire*.
Comment envoyer au Divan, avec quelque chance de
lui assurer du prestige et de l'autorité, un homme qui
avait publiquement réclamé l'indépendance de la Grèce,
c'est-à-dire le démembrement de l'empire turc ? Il
fallait au moins qu'il désavouât un tel vœu, comme
inspiré par une imagination juvénile, et, dès le mois
d'août 1783, les précautions nécessaires étaient prises.
Un ami de Choiseul, Hennin, premier commis des
affaires étrangères, s'interposa, et, tout en gardant la
réserve commandée par ses fonctions, fit comprendre
au futur ambassadeur qu'il devait sacrifier ses sympathies à ses prochains devoirs; il lui demanda de supprimer dans son œuvre des passages qui avaient l'air d'être
datés de Pétersbourg.

La réponse qu'il reçut révélait un diplomate déjà
exercé, au moins quant au style : « Depuis l'instant où
j'ai voyagé dans le Levant, j'ai prévu ce qui s'y passe
aujourd'hui, et j'ai désiré pouvoir me rendre utile dans
ces conjonctures difficiles. J'ai cru qu'il y aurait à négocier avec la Russie ; je voulais me rendre agréable à
cette cour, ou plutôt lui inspirer de la confiance, et je
lui prodiguais un encens purement littéraire, et que je
croyais sans conséquence, tandis que je multipliais tous
les moyens de découvrir ses projets, que je m'instruisais
par ses propres agents, et que j'essayais de détruire dans
la Grèce toutes leurs opérations.... M. le comte de
Vergennes doit se rappeler la suite avec laquelle je n'ai

cessé de lui donner les indices les plus sûrs et les plus
utiles aux Turcs ; enfin, Monsieur, j'ignore de quelle
commission on pourrait me charger ; mais je crois pouvoir assurer que, dans tous les cas, je serais bien reçu
des Turcs, et que peut-être même je leur inspirerais de la
confiance…. Je vais prendre tous les moyens de réparer
mon imprudence en consacrant, non pas dix mille
francs, mais cent, s'il le faut, à retirer les exemplaires
de mon ouvrage. Il n'a rien passé de la préface dans les
pays étrangers, et je vais vous faire remettre ou brûler
ce qui me reste…. Je puis vous assurer qu'il n'en péné-
trera pas un seul dans le Levant (1). »

Trois jours après, une nouvelle préface était rédigée,
où l'auteur, sacrifiant à ses intérêts ce qu'il appelait un
roman à l'usage des lecteurs frivoles, changeait ses
vœux pour la liberté des Grecs en un simple désir de
les voir plus utiles aux Turcs et plus heureux. Des
émissaires sûrs étaient envoyés à Londres et en Allemagne, pour retirer les exemplaires en vente ou en cir-
culation. Choiseul-Gouffier devait ainsi d'avance payer
son élévation par une palinodie, une sorte de rétracta-
tion partielle et sournoise, dont le « stupide musulman »
ne devait pas être dupe, malgré toutes les précautions
prises.

Enfin, dans les premiers mois de 1784, il recueillit la
succession qu'il convoitait. Ce choix fut accueilli par des

---

(1) Lettre du 30 août 1783.

jugements très divers (1). Quelques-uns accusaient nettement l'influence de Mme de Polignac ; selon d'autres,
en donnant à Choiseul-Gouffier une place qui valait plus
de cent mille livres, sans compter les gratifications, on
fournissait à un courtisan prodigue les moyens de
réparer les brèches faites à sa fortune ; ainsi avait-on
fait, un siècle auparavant, pour un de ses prédécesseurs,
le marquis de Guilleragues (2). Les politiques accusaient
sa jeunesse, ou regardaient comme un apprentissage diplomatique insuffisant un voyage d'amateur à travers les
ruines de Troie et d'Athènes. Peu lui importait ; il avait
pour lui les maîtres du pouvoir et les arbitres de l'opinion, les ministres et les beaux esprits. C'était une
tradition bien française qu'il allait continuer ou plutôt
renouveler. Au plus beau temps de la Renaissance,
François Ier avait choisi volontiers pour le représenter
au loin des « robes longues, » ainsi que le constate
Brantôme avec dépit (3) ; à de braves chevaliers qui
haranguaient les princes étrangers l'épée au flanc et le
gant de bataille à la main, il préférait des érudits non
moins soucieux d'enrichir ses bibliothèques et ses gale-

---

(1) « On est un peu étonné.... Mais le baron de Breteuil l'a demandé et
obtenu de M. de Vergennes, à qui il a prouvé que M. de Montaran, son neveu, qu'il y destinait, convenait peu à cette place. » (*Paris et Versailles,*
journal anecdotique publié par Hippeau, 29 novembre 1783.)

« J'ai vu Madame la comtesse Diane (de Polignac), qui m'a paru fort
attachée à Votre Excellence. » (Hennin à Choiseul-Gouffier, 27 août 1784.)

(2) *Journal de Dangeau,* 1er mars 1687.

(3) Éd. Lalanne, t. III, p. 94-104.

ries que de soutenir ses intérêts ; tels Budée à Rome ou Pellissier à Venise, véritables chefs de missions scientifiques qui comptaient des manuscrits et des tableaux parmi leurs plus précieux trophées. C'était à leur successeur légitime que s'adressaient les hommages des lettrés et les applaudissements du public, lorsque, le 26 février 1784, Choiseul-Gouffier lut, en même temps que l'astronome Bailly, son discours de réception à l'Académie française. La séance avait attiré la cour et la ville. Vingt femmes, selon un nouvelliste du temps, qui ont un tabouret entier chez la reine, y assistèrent sur le pommeau d'une chaise ou le bras d'un fauteuil. Le prince de Ligne, n'ayant pu entrer, se hissa, dit-on, sur une grande échelle, jusqu'à une des fenêtres ouvertes, et passa sa tête à l'intérieur, pour ne pas perdre, disait-il, l'occasion de *se montrer* dans une si imposante assemblée.

Choiseul-Gouffier, qui succédait à d'Alembert, ne fit pas regretter son incompétence sur les études spéciales abordées par son prédécesseur. En quelques phrases délicatement tournées, il rappela la naissance malheureuse de d'Alembert, ses travaux scientifiques, ses qualités privées, les encouragements qu'il avait reçus de lui ; puis il s'étendit sur ses Eloges académiques et sur le *Discours préliminaire* de l'*Encyclopédie*, vantée elle-même comme le plus beau monument littéraire du siècle ! Bref, il jugea d'Alembert en mondain, avec un accent sympathique et une sobriété de termes que chacun pouvait taxer à son gré de bon goût ou de prudence. On reconnaissait déjà le diplomate à la façon dont il rappelait les relations du philosophe avec les souverains étrangers ; il fut aimable envers Frédéric de Prusse, et se tint quitte envers Catherine II par une phrase assez froide.

Condorcet, qui répondait aux deux nouveaux académiciens, rappela à Choiseul-Gouffier le lien qui les avait unis dans la personne de d'Alembert, et qui devait survivre à leur ami commun ; il ne pensait guère alors que huit ans plus tard, devenu membre de la Convention, il décréterait d'accusation Choiseul-Gouffier et périrait avant Bailly, frappé avec eux par cette Révolution si prompte à dévorer ses enfants comme ses ennemis. En ce moment, pour mieux marquer son accord avec le récipiendaire, il releva soigneusement les gages donnés par lui au parti philosophique ; il loua en lui, plus encore que le style, le sentiment de l'égalité primitive des hommes, puis, rappelant la situation qui l'attendait en Orient : « L'art des négociations, lui dit-il, qui a été si souvent l'art de tromper les hommes, sera, dans vos mains, celui de les instruire et de leur montrer leurs véritables intérêts. » Et il ajoutait gravement, selon le lieu commun à la mode : « Les lumières sont le secours le plus efficace que cet empire puisse recevoir de ses alliés. » Plus d'un auditeur, au témoignage d'un contemporain, ne put s'empêcher de sourire ; au fond, on ne croyait guère à l'efficacité de ce singulier secours, et à ce que Saint-Priest appelait en ce moment même la « restauration d'une masure par des sourds et des aveugles (1) ; » et plus sincères ou plus clairvoyants étaient ceux qui appelaient Choiseul-Gouffier un confesseur chargé d'exhorter convenablement à la mort un malade désespéré (2). Il était, en tous cas, un avocat d'office, chargé de plaider les circonstances atténuantes en faveur d'un condamné, et disposé à transiger à cet effet avec les juges.

La fin de la séance fut encore pour Choiseul-Gouffier un triomphe. Un poète alors en possession d'une réputation européenne, dont les vers étaient lus avec passion jusqu'à Varsovie et Bucharest, Delille, lut un fragment de son poème inédit de l'*Imagination*, où il le mettait en scène, face à face avec le génie éploré de la Grèce antique, entouré de monuments en ruine : Hâte-toi, lui disait celui-ci,

> .... rends la vie à leur gloire éclipsée ;
> Pour prix de tes travaux, dans un nouveau Lycée,
> Un jour je te promets la couronne des arts.
> Il dit, et dans le fond de leurs tombeaux épars,
> Des Platon, des Solon les ombres l'entendirent ;
> Du jeune voyageur tous les sens tressaillirent.
> Aussitôt dans ces murs, berceau des arts naissants,
> Accourent à sa voix les arts reconnaissants.

---

(1) Lettre à Hennin, 14 mars 1784.

(2) « L'arrivée de M. de Choiseul-Gouffier fera époque dans l'empire ottoman.... On veut à tel prix que ce soit que les Turcs s'éclairent. » (*Correspondance de Métra*, t. XV, p. 359.) Le *Mercure de France* du 3 février 1787 contient des vers adressés à Choiseul-Gouffier par un certain abbé Ferrand, qui le proclame d'avance le « phare de la Propontide. »

. . . .

> Et belle encor, malgré les injures de l'âge,
> Avec ses monuments, ses héros et ses Dieux,
> La Grèce reparaît tout entière à nos yeux (1).

Pendant les derniers temps de son séjour à Paris, Choiseul-Gouffier disait de son mieux adieu à cette civilisation occidentale, loin de laquelle il allait vivre pendant huit années. Il donnait au public un avant-goût de son second volume en lisant à l'Académie des inscriptions un mémoire sur l'Hippodrome d'Olympie (2). Mais cette suite de son grand ouvrage ne devait jamais paraître, au moins selon le plan primitif. Dans une séance publique de l'Académie (15 juin 1784), il se laissait aller à écouter Laharpe déclamant une pièce de vers où Catherine II était vivement sollicitée de renverser les grilles du sérail, et de rétablir en Grèce l'empire des arts et de la beauté. C'était oublier qu'il n'avait plus le droit d'être impunément philhellène. Tandis que la foule élégante courait admirer au Palais-Royal les bijoux, les étoffes et les armes de prix destinés par Louis XVI au sultan, il consacrait à Chamfort ses dernières journées, et s'aguerrissait, non sans de secrets combats, à la pensée de l'exil : « Ah ! mon ami, écrivait-il à Chamfort avant de s'embarquer, quand dinerons-nous ensemble au restaurant ? »

---

(1) *L'Imagination*, chant IV.

(2) Ce mémoire ne fut imprimé qu'en 1809 (*Mémoires de l'Académie des inscriptions*, t. XLIX), avec des modifications importantes.

Après avoir visité le port de Toulon et interrogé, à
son passage à Marseille, la chambre de commerce, cette
grande puissance méditerranéenne d'alors, sur les relations à entretenir ou à nouer, il prit la mer le 4 août 1784.
Les images chères à sa pensée lui apparurent bientôt au
passage : Athènes, où il fit relâche ; le mont Ida, qu'il
salua sur l'horizon, et le 23 septembre il entrait dans la
Corne d'Or. Quoi qu'il fît, il était désormais à la merci
de la politique ; il devait rédiger plus de dépêches que de
mémoires académiques, et c'est surtout à l'aide de ces
documents d'un nouveau genre que nous allons le voir
à l'œuvre, pendant les huit années les mieux remplies
de sa carrière.

CHAPITRE II

L'AMBASSADE DE CONSTANTINOPLE. — AFFAIRES POLITIQUES
(1784-1787)

I. Choiseul-Gouffier ; son premier entretien avec le grand vizir. — Causes
de son impuissance : son philhellénisme, nature du gouvernement ottoman, caractère des Turcs. — Un *Occidental*. Isaac-Bey. — Le capitan-
pacha Hassan. — L'héritier de l'empire Sélim.
II. Relations avec l'ambassadeur russe, avec l'internonce d'Autriche. (Affaire
des limites de Bosnie.)
III. La mission militaire française. — Lafitte et Le Roy. — L'artillerie et la
marine. — Ce qu'en pensent les Turcs et les Russes.

I

Un des premiers entretiens de Choiseul-Gouffier avec
le grand vizir Halil-Amid est caractéristique. Tout ce
qui unissait, tout ce qui divisait les deux États fut passé
en revue, et les positions prises de part et d'autre. Après
les préliminaires d'usage : « Permettez-moi, dit le vizir,
d'exiger de vous un engagement sacré de me dire la
vérité ; ce n'est pas à l'ambassadeur que je demande

cette parole. Dépouillez un instant ce caractère, ajouta-
t-il, en faisant le geste d'ôter sa pelisse ; c'est au seul
gentilhomme français que je m'adresse. — En ce moment, repartit Choiseul-Gouffier, je regarde ces deux
titres comme inséparables. — Eh bien ! j'exige que
vous me déclariez si la Porte peut véritablement compter sur l'amitié de la France, si vos instructions sont
dictées sans réserve par ce sentiment, et si la déférence
que l'on a déjà montrée pour nos ennemis ne l'em-
portera pas sur une alliance de plusieurs siècles, la
seule, je crois, dans le monde, qui soit restée inalté-
rable. » Et comme son interlocuteur protestait en
termes généraux des bonnes intentions de Louis XVI :
« L'intervention française au traité de Kainardji, qu'il
vous plaît d'appeler médiation, n'a rien pu conserver
de ce que les Russes ont exigé. — N'accusez que vous-
mêmes de vos malheurs, lui fut-il répliqué ; accusez
votre inertie, votre ignorance, le désordre de votre
marine, l'indiscipline de vos troupes. — C'est la première fois que j'entends un semblable langage, mais je
veux bien y reconnaître un zèle amical, et d'avance
nous nous sommes efforcés d'y répondre. Nous avons
ordonné la construction de nouvelles batteries sur le
Bosphore ; un de vos ingénieurs nous a fourni les plans
de deux forts à élever près d'ici ; quarante chaloupes
canonnières vont être mises sur le chantier. — Soit,
mais ces batteries ne sont pas commencées, l'emplacement de ces forts n'est pas même fixé, et vos janissaires

se mutinent quand il s'agit d'apprendre l'escrime à la
baïonnette.... » L'éventualité de l'introduction des navires français dans la mer Noire reparaît, à la grande
surprise du Turc, et il affecte de ne pas comprendre
l'importance que son bon ami de Paris attache à une
semblable concession ; l'entretien, sans cesse détourné,
aboutit de part et d'autre à des aveux contraints ou à
des reproches plus ou moins mérités. Il se renouvellera
souvent, sous la forme d'une conversation aigre-douce
et à bâtons rompus, les deux interlocuteurs se préoccu-
pant l'un et l'autre de conquérir gratuitement quelque
avantage politique ou commercial (1).

C'était vraiment, sans parler des questions délicates à
introduire, une tâche ardue pour Choiseul-Gouffier que
la conduite des relations avec un gouvernement despotique entre tous, capricieux, soumis à de brusques
révolutions et pourtant voué à l'immobilité. Les vieux
Turcs se figuraient volontiers la Porte comme aussi
redoutable qu'au temps de Soliman et de Barberousse ;
nous les entendons de nos jours blâmer notre prise de
possession de la Tunisie et nous accuser d'ingratitude,
à cause des avantages que depuis plusieurs siècles l'alliance ottomane a procurés à la France. Ceux mêmes
que le fanatisme religieux ou l'orgueil national n'aveu-
glaient pas ne croyaient guère à l'amitié du roi très
chrétien, amitié attestée tout au plus par des médiations

---

(1) Choiseul-Gouffier à Vergennes, 18 décembre 1784.

impuissantes, par des exhortations alternatives à l'action et à la résignation. L'auteur du *Voyage de Grèce*, malgré son titre diplomatique, ne devait pas compter sur un accueil fort empressé ; et à Pétersbourg on escomptait déjà malignement les effets de la mauvaise humeur des Turcs : « Ce n'est pas, affirmait Catherine II à son allié de Vienne, l'homme auquel ils se confieront (1). » A la défiance inspirée par la politique de sa cour se joignaient les préjugés du Divan contre sa personne. Il eut beau, à son arrivée, marquer à Saint-Priest, durant le peu de temps qu'ils passèrent ensemble, une certaine réserve : moyen sûr, selon lui, de faire oublier l'attitude équivoque de la France lors des dernières négociations ; les Turcs parurent peu sensibles à ce manège, et par une indiscrétion de source russe ou anglaise, les passages les plus hardis de son manifeste littéraire en faveur des Grecs furent traduits et présentés au grand vizir (2). Pour parer ce coup imprévu, il usa, dit-on, du subterfuge employé par l'auteur des *Lettres persanes* afin de fléchir le cardinal de Fleury et de forcer les portes de l'Académie française ; il fit tirer à l'imprimerie de l'ambassade un carton où ces passages avaient disparu, et ce fut une traduction ainsi amendée, con-

---

(1) *Joseph II und Catharina von Russland, ihr Briefwechsel.* (Lettre du 3 février 1785.)

(2) *Mémoires tirés des papiers d'un homme d'État,* t. VI, p. 238. — ZINKEISEN, *Geschichte des Osmanischen Reichs,* t. VI, p. 507. L'auteur s'appuie surtout, dans cette partie de son ouvrage, sur les dépêches de Diez, envoyé de Prusse à Constantinople.

forme à la seconde édition de Paris, qui fut mise sous les yeux du sultan comme le texte original.

Sa situation était sauvée pour quelque temps. Néanmoins, comment cultiver d'une façon régulière les bonnes dispositions du souverain ? En Russie, le chef absolu de l'empire était accessible, et si facilement alors, que notre ministre Ségur s'imaginait avoir tout conquis, étant le bienvenu auprès de l'impératrice. A Constantinople, au contraire, le chef de l'Etat vivait oisif au fond du sérail et invisible pour les étrangers. Choiseul-Gouffier eut de lui cette audience solennelle et humiliante, où l'ambassadeur, sans épée, dans l'attitude d'un prisonnier, cachant ses vêtements d'infidèle sous une pelisse orientale, était admis à lui remettre ses lettres de créance, à lécher, suivant les termes convenus et hyperboliques de sa requête, la poussière des pieds impériaux; il put contempler un instant la pâle figure, rendue plus blême encore par une barbe teinte, d'Abdul-Hamid; puis il n'échangea plus avec lui une parole (1). Il eut successivement en face de lui les vizirs que des révolutions de palais élevaient soudain et renversaient de même. Halil-Hamid disparut d'abord (31 mars 1785), victime de la jalousie du capitan-pacha. Choiseul-Gouffier, qui n'avait pu prévenir cette catastrophe, n'en détruisit point les effets par ses avis secrets au vizir

---

(1) Voir la description de ces audiences dans Le Chevalier, *Voyage de Propontide*, t. II, p. 219.

disgracié. Ce dernier, nommé gouverneur de Djeddah,
devait être rejoint à Ténédos par le cordon de mort,
et sa tête être exposée avec une inscription flétrissante
à la porte du sérail. Ce changement était et fut jugé
une défaite pour l'influence française [1]. Dix mois
après, un nouveau caprice du sultan élève un nouveau
vizir, celui-ci ancien porteur d'eau, soldat de fortune,
non seulement hostile à la civilisation européenne,
mais grossièrement dédaigneux de tout ce qui tenait aux
choses de l'esprit. Au loin, l'ambassadeur pouvait voir
et signaler facilement l'anarchie générale, les pachas
de Trébizonde et de Bagdad indépendants ou suspects;
de Smyrne aux Dardanelles, cet Hassan-Tchaousch-
Oglou, dont il avait reçu jadis l'hospitalité, jouant au
souverain et disposant de quarante mille soldats; autour de lui il marchait à peu près à l'aveugle, et à
chaque révolution de palais, il devait se demander ce
que la France aurait à y gagner ou à y perdre. Quoi
qu'il pensât, il fallait amener les uns après les autres
les détenteurs passagers du pouvoir au point qu'il désirait, c'est-à-dire à un abandon sans réserve à ses conseils.

---

[1] « M. le comte de Choiseul, écrit Hennin à Peyssonel (11 mai 1785),
se donne une peine infinie; il a des succès, mais le changement de vizir
pourrait bien lui faire regretter les beaux jours de son début. Il est impossible de ne pas prendre de l'humeur contre un gouvernement qui punit ceux
qui le servent bien et prend ombrage des talents auxquels les étrangers rendent justice. J'ai grand'peur que tous nos efforts ne puissent pas éloigner la
perte de ce sépulcre d'empire, dont tous les membres sont disjoints, et qui
n'attend pour être renversé qu'une main assez forte pour l'ébranler. »

Tâche ingrate et toujours nouvelle, même en face de chacun d'eux; son barbare interlocuteur avait beau paraître gagné à ses vues; le lendemain, quelque influence inconnue, quelque intrigue ou quelque préjugé renaissant avaient détruit l'effet de ses insinuations les plus habiles.

Introduit malgré lui au milieu des nations européennes, le Turc est resté aussi étranger à leur esprit que le dernier roitelet arabe du Soudan; il se dérobe, il promet, il atermoie sans cesse : Attendez — bientôt — patience — peut-être, composent le vocabulaire de sa diplomatie. Vergennes le savait bien, lui qui avait affronté ces pièges, et qui croyait aussi fermement à l'impossibilité de régénérer l'empire turc qu'à la nécessité de le soutenir. Il prêchait à son tour la patience à son successeur, en le faisant profiter de son expérience : « La manière la plus sûre d'amener les Turcs à faire une chose, lui disait-il, est de ne jamais la leur demander directement.... Insouciants pour tout ce qui intéresse les autres, ils pensent que tout doit céder à leur convenance. S'agit-il du plus léger intérêt pour eux, l'ardeur les emporte, et ils ne mesurent plus ni les distances ni les obstacles.... Les Turcs sont ouverts et très caressants avec les personnes dont ils croient avoir besoin; mais le moment du besoin passé, le service rendu n'est plus qu'un poids onéreux, dont on se presse de se soulager en l'ensevelissant dans l'oubli.... Les Turcs n'aiment pas trop à être pressés; il faut leur donner le temps de mûrir les vérités qu'on leur présente (1). » Vergennes se trompait lui-même, et un diplomate postérieur était bien plus sincère en disant : « Il n'y a qu'un moyen de réformer le Turc, c'est de l'empaler. » La religion inspirait aux fanatiques du Koran une résistance inerte et réfléchie à l'influence européenne, tout imprégnée de christianisme, même alors, sauf aux habiles à ajouter sournoisement : « Ce n'est pas ici comme en France, où le roi est le seul maître ; il faut persuader les ulémas, les gens de loi, les ministres qui sont en place, et ceux qui n'y sont plus (2). » C'est ce que ne comprit pas non plus d'abord un ambassadeur qui jusque-là n'avait guère vu de musulmans que dans *Zaïre*. Imbu d'idées philosophiques sur la perfectibilité humaine, il se figura avoir devant lui, dans chaque vizir, un homme semblable au seigneur russe d'alors, accessible comme lui aux lumières, à l'empire de la raison individuelle ; et quand son éducation eut été faite à cet égard, il ne lui fut plus possible de regagner le temps perdu et de recouvrer son prestige.

Bien rares alors étaient les musulmans qui avaient vu de près le monde occidental. On en citait un, Isaac-Bey,

---

(1) Vergennes à Choiseul-Gouffier, 20 déc. 1784, 6 mai et 20 juin 1785.

(2) Choiseul-Gouffier à Vergennes, 9 septembre 1786. Le grand vizir disait déjà à Villeneuve, en 1738 : « Notre gouvernement est plus républicain que vous ne pensez : à Pétersbourg et à Vienne, la décision des affaires dépend uniquement d'une ou deux têtes. Chez nous, quelque despotique que soit le Grand Seigneur, on ne peut souscrire à un projet de paix sans l'avis du mufti et le consentement des gens de loi. » (A. VANDAL, art. cité.)

issu d'une famille alliée à celle des sultans. Cet ancien
page du sérail, qui avait combattu à Tchesmé, et pris
depuis sa part des enseignements de Tott, s'était trouvé
un jour sous le coup du dernier châtiment pour avoir
introduit sous un déguisement un officier russe dans
une mosquée, et en 1776 il s'était réfugié en France.
Vergennes le recueillit, l'adopta, avec la pensée d'en
faire un drogman, ce qui eût soustrait notre ambassade
à la coopération exclusive et suspecte des Grecs du Pha-
nar. Il comptait sans cette faiblesse qui livre le barbare
sans défense aux tentations d'une vie raffinée, et ne
lui fait goûter de la civilisation que les excès. Ce « pe-
tit homme fort éveillé (1) » prit à son arrivée un costume à l'européenne, et se jeta à corps perdu dans les
plaisirs de Paris. Ce n'était pas le Persan de Montesquieu,
observant et critiquant tout avec l'orgueil naïf des
Orientaux ; bien au contraire. Au lieu de s'instruire, il
négligea même d'apprendre à lire et à écrire correctement
en français, et lorsqu'on put le faire repasser dans son
pays, on espérait à peine en recevoir quelques services.
Son humeur vagabonde, la crainte assez fondée d'être
sous le coup de haines puissantes, l'entraînèrent de nouveau à l'étranger. Il fit cette fois le tour de l'Europe en
passant par Pétersbourg, puis, rentré définitivement chez
lui sur le vaisseau qui portait Choiseul-Gouffier, il dissi-
mula avec un grand soin ce qu'il pensait et ce qu'il

----

(1) CRAVEN (milady). *Voyage en Crimée et à Constantinople.* lettre 59.

savait; bien mieux, il feignait de mépriser les mœurs et les arts des chrétiens, de peur de perdre la considération et peut-être la vie (1). Un projet, concerté entre Choiseul-Gouffier et Halil-Hamid, qui devait amener à Paris trente jeunes Turcs pour s'instruire dans les sciences de l'Occident, ne put recevoir même un commencement d'exécution.

Cependant on attribuait au capitan-pacha Hassan de bonnes dispositions envers la France. C'était un de ces hommes énergiques, mais isolés, dont les talents et le caractère servent à tromper sur son état le peuple dont ils arrêtent un instant la décadence. Il paraissait sympathique à une civilisation où il trouvait des instruments perfectionnés de règne; il n'en était pas moins demeuré barbare de son naturel et en tous sens; en somme, une grosse bête féroce, disait Delille, après l'avoir entretenu. On l'avait vu faire couper les deux mains à une esclave fugitive, précipiter dans les flammes des janissaires trop lents à éteindre un incendie, et tailler en boulets les plus beaux fragments sculptés ramassés aux environs des Dardanelles. Lors de l'insurrection grecque, il avait entassé les têtes coupées aux portes des villes prises d'assaut; à Constantinople, il se faisait suivre partout, soit d'un tigre plus ou moins apprivoisé, dont il faillit devenir la victime, soit d'un lion qui était la terreur de ses interlocuteurs, musulmans ou chrétiens. Un jour il se présenta

---

(1) Turquie, *Mémoires et documents*, t. VII[b], pièce 27.

inopinément au conseil avec son féroce compagnon, si
bien que quelques-uns des ministres effarés sautèrent
par la fenêtre ou pensèrent se rompre le cou dans l'es-
calier, et tous laissèrent le capitan-pacha régler cette fois
les affaires de l'Etat dans cet étrange tête-à-tête (1).

Choiseul-Gouffier eut plus de sang-froid dans une
circonstance semblable, et fut vraiment diplomate, c'est-
à-dire maître de lui jusqu'à l'héroïsme. Au cours d'un
entretien avec Hassan, à un moment où il s'animait
en parlant, il sentit tout à coup quelque chose de lourd
et de chaud s'appuyer sur ses genoux; baissant les yeux,
il aperçut la grosse tête du redoutable lion montrant les
dents; heureusement il réfléchit que tout brusque mouvement lui serait funeste, et, dissimulant son trouble, il
posa la main sur la crinière de l'animal et la caressa en
disant : Il est beau, très beau. Cependant le capitan-
pacha, partagé entre l'effroi et la colère, appelait ses
serviteurs, et jurait d'exterminer ceux qui avaient laissé
entrer ce tiers incommode. Dès que le lion eut été éloigné, l'ambassadeur reçut les félicitations de Hassan pour
son intrépide présence d'esprit, et avec une satisfaction
d'autant plus grande, que son succès personnel pouvait
en procurer d'autres à son pays. D'ailleurs, un mois
après, le lion s'étant montré moins réservé envers son
maître qu'envers le *giaour* d'Occident, on dut le tuer,
et Choiseul-Gouffier n'eut plus à redouter le renou-

---

(1) Craven (milady). *Voyage en Crimée et à Constantinople*, lettre 46.

vellement de ces rencontres sans précédents dans le
monde diplomatique (1). Ce lion fasciné par un regard
ferme, mais vigoureux et dangereux encore, est bien
un peu l'image de cette puissance ottomane, énervée
par les langueurs du sérail, mais n'ayant perdu ni sa
barbarie native ni le goût du sang, et frémissant à
chaque instant sous les liens dont l'avaient enlacée ses
voisins d'Europe, amis ou ennemis.

Au milieu de ces Orientaux frappés de vertige, un
homme, alors condamné à vivre à l'écart, cachait une
double ambition guerrière et réformatrice, et eût, en
apparence, mieux répondu aux vues de la France :
c'était Sélim, neveu du sultan et héritier de l'empire. Il
avait grandi, voué selon l'usage à une ignorance qui le
protégeait, en le faisant supposer inoffensif. Toutefois, les
murs de son palais n'étaient pas si bien clos qu'il n'en-
trevît le lamentable état de la Turquie. On n'avait pu
lui cacher un écrit de son père, le sultan Mustapha, une
sorte de testament politique où il était question d'abus
à supprimer, de réformes à accomplir, et le jeune prince
était porté à établir d'avance une certaine corrélation
entre cette œuvre d'administration intérieure et la pré-
paration d'une guerre de revanche contre les Russes. Il
osait parler de la nécessité de rétablir, par la victoire,
l'intégrité de l'empire, et aux flatteurs qui s'inquiétaient
des traces que la petite vérole avait laissées sur son

----

(1) Recueil manuscrit d'anecdotes sur Choiseul-Gouffier.

visage : « Qu'importe, répondait-il, la figure d'un soldat qui doit passer sa vie à la guerre ? » Sa mère faisait adroitement répandre des prophéties où les plus brillantes destinées lui étaient prédites. D'un autre côté, des armes neuves s'offraient à lui, celles d'une civilisation que des entretiens fortuits lui avaient fait connaître, et que sa précoce intelligence ne lui permettait pas de mépriser. Isaac-Bey, revenu de Paris, et le médecin italien Lorenzo, attaché à sa personne, étaient les bienvenus à lui en parler ; mais sa situation lui commandait la défiance envers tous, et par conséquent une réserve attentive, un souci continuel de ne se compromettre avec personne et de rester maître de son secret. Ce secret, c'était une alliance éventuelle avec la France, où il entendait jouer cartes sur table, et ne ménager ni ses demandes ni ses concessions.

Il lui fallait pourtant s'assurer un appui efficace auprès de Louis XVI, aborder et convaincre son représentant à l'insu du sultan et du vieux parti turc. Isaac-Bey se chargea des premières démarches. Il se fit adresser par Sélim une lettre explicite, puis vint la mettre et la traduisit sous les yeux de Choiseul-Gouffier. Celui-ci crut d'abord avoir affaire à un mystificateur, à un homme empressé sans motifs sérieux à se faire valoir ; il hésitait à nouer, sans garanties prises, une négociation aussi délicate, aussi incertaine dans ses résultats, dangereuse peut-être. Il se décida pourtant à s'aboucher avec Lorenzo, fit passer au prince un billet conçu en termes aussi vagues que possible, où il l'assurait de son dévouement. De menus présents, gage de loyauté mutuelle, furent échangés ; une nouvelle lettre arriva à l'ambassade, et quelques heures après, à la faveur de la nuit, Lorenzo s'y introduisit : « Je sais, dit-il à Choiseul-Gouffier, quel genre de consultation vous désirez de moi, et ce qui s'est passé jusqu'à présent entre le prince et vous. » Puis après un portrait enthousiaste de Sélim et l'énumération de ses espérances : « Mon maître, ajouta-t-il, ne saurait se fier uniquement aux promesses d'Isaac-Bey, et il m'a prescrit de vous demander, sous le sceau du serment, si le roi de France accueillerait volontiers le témoignage de sa confiance dans la personne d'un agent spécial, accrédité en secret, mais reçu avec honneur, et pourvu de tous les moyens nécessaires à son instruction. » Choiseul-Gouffier promit tout sans hésiter, et fit passer aussitôt en France le détail de ces premiers pourparlers. Sous l'impression d'un sentiment bien naturel, il se reprenait à espérer des jours meilleurs pour la Turquie, et voyait en Sélim comme un second Pierre le Grand, destiné à arrêter les successeurs du premier dans leur marche conquérante.

On devine avec quelle stupéfaction et quel empressement mêlé de curiosité Vergennes accueillit cette singulière ouverture. Il n'aurait donc plus affaire à ces vizirs dont la parole s'envolait avec leur autorité passagère ; il obtenait pour l'avenir accès auprès du maître véritable, et, mieux que cela, une influence sérieuse sur sa volonté. Isaac-Bey était tout désigné pour porter à Versailles les promesses et les espérances du futur chef de l'Islam ; seulement il dut promettre de renoncer à ses anciennes liaisons de Paris, et garder le secret le plus absolu sur sa mission nouvelle. Le 31 juillet 1786, Isaac partit de Constantinople avec tout l'incognito nécessaire ; il s'embarqua la nuit au delà des Sept-Tours, sur un bâtiment de guerre chargé de protéger contre de soi-disant pirates un navire à destination de Marseille. A sa sortie de l'Archipel, il passa sur ce navire, et après diverses vicissitudes arriva enfin à Toulon, puis à Versailles (1). Il était porteur, pour Louis XVI, d'une lettre de Sélim, pleine d'éloges hyperboliques et de vagues promesses ; après l'avoir remise, il reprit, en gardant son costume étranger, son apprentissage de la vie occidentale. On verra combien peu cette démarche de l'héritier de l'empire devait répondre aux espérances du gouvernement français. Demeurant furtive, elle devait être probablement stérile, et son influence sur les événements ne dépassa guère en effet celle de la diplomatie secrète de Louis XV sur les destinées de la Pologne. Elle valut quelques instants d'illusion à ceux qui la provoquèrent comme à ceux qui l'accueillirent ; rien de plus (2).

---

(1) « Je suis devenu homme grave, réfléchi, et j'ose dire sage et sensé, » écrivait-il à Hennin à son arrivée en France (18 octobre 1786).

(2) Sur cette affaire, voir une longue lettre de Choiseul-Gouffier à Vergennes, 10 avril 1786, et plusieurs autres lettres de la même année, surtout celles des 13 et 30 juillet, 20 octobre et 6 décembre. Louis XVI écrivit à Sélim le 23 mai 1787.

En attendant un nouveau règne, Choiseul-Gouffier se sentait condamné à l'impuissance : « Je gémis, écrivait-il à Vergennes, au moment où il recevait les avances de Sélim, de ne pouvoir exécuter vos ordres comme je le voudrais ; j'en suis malade de chagrin, et si je n'ai pas les talents et les lumières nécessaires dans des circonstances si difficiles, je n'ai pas au moins à me reprocher de manquer de zèle, d'activité. J'ai vainement tenté tous les moyens de réveiller ceux qui dirigent ou plutôt qui croient diriger cet empire; ils sont tous frappés d'aveuglement. La nation, ignorante et toujours présomptueuse, ne croit point aux dangers qui la menacent ; ceux qui, plus éclairés, commencent à les prévoir, semblent déjà s'y être résignés. Enfin il ne reste plus d'espoir pour la conservation de cet empire que dans le prompt avènement du sultan Sélim, et encore lui faudrait-il pour le sauver une réunion de qualités qu'il est bien difficile de lui supposer (1). »

II

Si Choiseul-Gouffier devait ruser avec le Turc, cet allié incommode, à qui on ne voulait pas se livrer entièrement, et qui ne se livrait lui-même qu'à son corps défendant, combien plus avec le Russe, fier des succès confirmés et en quelque sorte consacrés par

(1) Choiseul-Gouffier à Vergennes, 2 juin 1786.

nous, et semblant se considérer toujours à la veille
d'une rupture! Bulgakov, l'envoyé de la tzarine, déployait
en toute circonstance cette aisance hardie, facile aux
victorieux, qui non seulement ne croient pas possible
une revanche fatale à leurs intérêts, mais espèrent et
voudraient précipiter de nouveaux avantages. Il épiait
sans cesse l'occasion de provoquer un conflit; le
moindre débat servait de prétexte à des notes enve-
nimées ou à des paroles menaçantes. C'était un
diplomate incapable de feindre, d'autant plus qu'il
lui arrivait de se montrer en public « dans un état qui
n'admettait guère la dissimulation (1). » Dès le premier
jour, il fit observer toutes les démarches de Choiseul-
Gouffier; ses drogmans évitaient les nôtres, ses espions
rôdaient journellement autour du palais de France; ses
dénonciations allaient, en passant par Pétersbourg, desservir son collègue jusqu'à Versailles; et à Pétersbourg
du moins, il avait grande chance d'être écouté.

Catherine II n'agréait guère ce nom de Choiseul,
placé sous son regard, au delà de la Crimée, comme
un avertissement importun; c'était celui du ministre
qui l'avait jadis contrecarrée en Pologne et en Turquie,
et ce nom avait excité de nouveau son humeur lors de
l'apparition du *Voyage de Grèce*. Choiseul-Gouffier avait
donc fort à faire pour dissiper de ce côté les défiances.
Il était tenté de regarder l'impératrice comme publique-

---

(1) Choiseul-Gouffier à Montmorin, 3 août 1787.

ment engagée à ne plus rien demander aux Turcs ; et
avec son envoyé il devait avoir une conduite « simple
et honnête et éloignée de toute malveillance (1). » Ses
avances furent prises sans distinction pour des actes de
faiblesse, et tandis qu'à Vienne l'ambassadeur russe
Galitsine disputait la préséance à son collègue de
France, à Constantinople Bulgakov s'en allait répétant
que Louis XVI n'oserait jamais rien faire qui déplût
à sa toute-puissante souveraine. De tous côtés les
consuls russes transformaient insensiblement leurs maisons en forteresses, et continuaient ou rouvraient à
leur façon les hostilités. La plupart étaient des trans-
fuges de la domination ottomane, revêtus d'un titre
militaire, c'est-à-dire hommes d'action, et quelques-
uns portant les noms chers à la Grèce des Lascaris et
des Comnène (2).

En face des autres puissances, la situation de l'ambassadeur français n'était guère moins délicate ; il lui fallait
surveiller ses amis et amadouer ses rivaux. L'Espagne
et Naples, bien que liées par le Pacte de famille, étaient
à craindre sur ce lointain théâtre, la première à cause de
ses prétentions au protectorat des lieux saints, la seconde
à cause de son commerce. Certes il y avait lieu de se

---

(1) Instructions données à Choiseul-Gouffier.

(2) « Il n'existe pas un rocher dans l'Archipel, où l'on ne trouve un Grec
revêtu de l'uniforme russe, qui y exerce une autorité despotique sur les chefs
turcs, et insultante pour les agents même des grandes puissances. » (Le
Chevalier, *Voyage de Propontide*, t. II, p. 328.)

tenir en garde contre les intrigues anglaises ; mais il n'était pas indifférent d'avoir pour soi, à l'occasion, le ministre de Prusse, et enfin aux mauvais procédés incessants de l'alliée officielle, l'Autriche, il devait être répondu par les « liaisons extérieures les plus marquées. » Les termes employés par Vergennes pour caractériser ces liaisons en déterminent la valeur : « Si le personnel des ministres impériaux, ou une affectation de leur part à s'éloigner de ceux du roi pour rechercher ceux d'Angleterre, met obstacle à l'intimité, ceux de Sa Majesté devront toujours se tenir en mesure de pouvoir traiter d'affaires avec eux avec l'apparence de la confiance (1). » Or la confiance était tellement absente des relations entre les deux cours, que Choiseul-Gouffier avait l'ordre formel de n'envoyer jamais par la route de Vienne les dépêches secrètes et importantes (2).

A peine à son poste, il eut à éprouver les procédés égoïstes et sans façon de Joseph II. Ce prince exigeait en Bosnie une nouvelle démarcation de frontières, sous prétexte d'assurer la paix, en réalité pour enlever au sultan, en attendant mieux, quelques lambeaux de territoire. La Russie appuyait vivement les prétentions autrichiennes ; car elle trouvait un prétexte, si les Turcs

(1) C'est donc à tort que Zinkeisen (t. VI, p. 506) l'accuse d'avoir, sans instructions officielles (*ohne förmlichen Auftrag*), trop soutenu les intérêts de l'empereur.

(2) Hennin à Mme de Choiseul-Gouffier, 2 septembre 1784.

résistaient, pour reprendre les hostilités; et s'ils cédaient, elle devait se prévaloir auprès de l'empereur du service rendu, payant ainsi d'avance « l'empire de la mer Noire par l'abandon de quelques districts de Bosnie (1). » Si minime qu'elle fût, cette demande devait inquiéter la Porte; car elle lui prouvait avec quelle subtilité malveillante on cherchait à interpréter contre elle les clauses équivoques des derniers traités; mais elle lui permettait aussi de juger la bonne volonté et l'influence françaises. En cette affaire, Vergennes fut, selon l'usage, timide au détriment de la Turquie, sous prétexte de bienveillance due à l'Autriche et de courtoisie sans conséquence envers la Russie. Son premier mouvement fut d'engager la Porte à céder. Joseph II tint bon d'abord, alléguant la sécurité de ses sujets, qui, selon lui, était en cause; puis, comme s'il eût voulu éprouver la constante bonne volonté de son allié, il finit par renoncer à ce qu'il lui était permis de prendre, se réservant, disait-il, en cas de nouvelles incursions des Turcs, toute liberté pour agir.

Une prompte expérience avait donc instruit Choiseul-Gouffier des embarras et des surprises qui l'attendaient de ce côté. A Paris même, on n'était point dupe : « Je suis toujours surpris, lui écrivait Hennin, que cette cour puisse conserver des amis; elle ne sait qu'exiger, bouder, desservir. Il faut faire toutes ses fantaisies ou s'attendre à des atteintes personnelles de sa part.

---

(1) Choiseul-Gouffier à Vergennes, 26 mars 1785.

Cependant, si on faisait du premier mot ce qu'elle demande et comme elle le demande, on lui mettrait tout l'univers à dos. Pour la bien servir, il faut souvent lui tenir tête (1). »

Bon conseil, qu'auraient dû suivre ceux qui le donnaient. Malheureusement l'empereur était plus habitué à notre condescendance qu'à notre fermeté, et il se laissait d'autant plus volontiers aller à écouter Catherine II lui disant : « Tout ce que les Français font là-bas se fait directement contre nous et nos intérêts, et ne peut que nous démontrer l'énergie de leurs intentions (2). »

III

On va voir jusqu'où allait cette énergie ; elle consistait en une initiation des Turcs à la civilisation européenne, représentée par les méthodes et les engins de guerre jugés les plus efficaces. La Russie enrôlant de son côté sur terre et sur mer des Anglais et des Allemands, ses adversaires étaient strictement dans leur droit en recourant à l'expérience militaire de l'étranger. Constantinople vit donc, durant les années 1783 et 1784, arriver la *monnaie* du baron de Tott, les ingé-

---

(1) Lettre du 29 août 1785. — « La nation, écrit encore Hennin le 3 décembre 1784, est fort animée contre l'empereur, mais s'il fallait payer quatre campagnes, elle oublierait qu'elle a désiré la guerre. »

(2) Lettre du 3 février 1785.

nieurs Chabaud, Le Roy, Durest, Monnier, des officiers
de diverses armes, Laffitte, Saint-Remy, Dumarest, et
des ouvriers sortis de nos arsenaux, artilleurs, constructeurs, fondeurs, charpentiers ou calfats (1). Leur nombre
était fort restreint, leur tâche immense et multiple ;
fortifications, marine, armement, tout était à créer ou
à refaire.

Il était bien difficile, sinon impossible, de faire prévaloir dans la masse de l'armée la discipline et la tactique
européennes ; l'orgueil de leur réputation chez les janissaires, l'enthousiasme religieux chez les autres, devaient
suppléer à tout. Le successeur de Tott à l'arsenal, un
renégat anglais, témoignait d'une ignorance égale à la
crédulité et à l'insouciance des Turcs ; les pièces d'artillerie sorties de ses mains, lourdes, mal forées,
montées sur des affûts informes, n'eussent pas sup-
porté trois journées de marche ou de bataille. A la
frontière comme sur les détroits, les ouvrages de
défense tombaient en ruine ou faisaient défaut. Les
six châteaux délabrés qui commandaient le Bosphore
n'avaient ni casemates ni murailles terrassées, et leurs
canons sans affûts étaient simplement posés sur un lit
de briques. La flotte demeurait sous l'effet du coup de
foudre de Tchesmé. Vingt navires mal gréés et mal
armés, destinés à sombrer au premier coup de vent à

---

(1) Sur leur organisation et leur nombre, voir TURQUIE, *Mémoires et documents*, t. XXVIII, pièce 23.

travers les courants de la mer Noire, composaient
toute la flotte. Des bâtiments restaient des années
entières en construction, faute d'argent : en 1784, les
moyens de l'empire se réduisaient à la mise en chantier d'une corvette, et encore les ouvriers, mal payés,
s'enfuyaient-ils ou se payaient-ils eux mêmes avec les
matériaux mis à leur disposition (1).

Pendant ce temps, à Kherson, une flotte entière rem-
plissait la rade, prête à prendre la mer, et pouvant en
quarante-huit heures, par le vent du nord, montrer ses
voiles et ses canons en vue de la Corne d'Or. En janvier 1785, une frégate russe, trompant la surveillance
des châteaux d'Europe et d'Asie, pénétra à la faveur
de la nuit dans le Bosphore, et le sultan derrière les
jalousies du sérail, et l'ambassadeur français du haut
de sa terrasse de Péra, aperçurent un matin, au centre
du port, le pavillon russe aux mâts d'un vaisseau de
guerre. Le capitaine eut beau affirmer que le brouil-
lard lui avait dérobé la vue du rivage et que le courant
l'avait entraîné malgré lui; Bulgakov eut beau imposer
ses excuses et Choiseul-Gouffier paraître les croire sincères; après cette pointe audacieuse, cette reconnaissance
militaire à peine déguisée, Constantinople ne pouvait se
croire en sûreté (2).

---

(1) Choiseul-Gouffier à Vergennes, 20 novembre et 8 décembre 1784. Au
maréchal de Ségur, 10 novembre.

(2) Choiseul-Gouffier à Vergennes, 27 janvier 1786. — *Mémoires* de FER-
RIÈRES-SAUVEBŒUF, ch. VI.

La·mission militaire française se mit à l'œuvre, Choiseul-Gouffier dirigeant et pressant ses travaux, comme
si lui-même eût été à la veille de sa première campagne.
Il était arrivé à son poste avec des modèles de forteresses à la Vauban et de chaloupes canonnières qu'il
offrit incontinent au grand vizir. Le cadeau fut bien
reçu, et les ingénieurs Le Roy et Durest introduits à
l'arsenal. Lafitte, arrivé avant eux, se rendait déjà
compte des défenses avancées de l'empire, et visitait
la place d'Otchakov et la côte des Abases. A son retour,
il s'occupa de la protection de la capitale, et sur les
instances du capitan-pacha, de concert avec Monnier et
Dumarest, dressa un plan d'ouvrages qui fut soumis,
avec les résultats de son inspection, aux bureaux de la
guerre à Paris. Des batteries nouvelles s'ajoutèrent à
celles que Tott avait construites entre Thérapia et la
mer Noire, et l'on se mit à fondre des canons et des
mortiers sur des modèles empruntés à nos arsenaux. Le
grand vizir procura à Lafitte, dans les jardins d'Aïnali-
Cavac, un lieu clos où celui-ci pût élever des réductions
de fronts de fortifications et de retranchements de campagne. Une douzaine d'élèves se réunirent là deux fois
par semaine, pour recevoir l'instruction pratique sur le
terrain ; le capitan-bey (vice-amiral), Géorgien élevé à
Alger, qui savait l'italien et le français, assistait à chaque
leçon : c'était une sorte de maître d'études improvisé
pour les uns, pour les autres un élève studieux et à
l'occasion l'interprète de leurs pensées. Non loin de là,

une centaine de bas officiers d'artillerie s'exerçaient à la
manœuvre du canon, sous la direction du lieutenant
Aubert et d'une dizaine de soldats français. Enfin, sur
les chantiers de l'arsenal, Le Roy put radouber ou mettre
sur pied quelques felouques et quelques bombardes, et
Choiseul-Gouffier parvint — ce qu'il considérait comme
un grand succès — à obtenir un firman autorisant la
construction d'un vaisseau de soixante-quatorze (1).

Ces enseignements fussent restés lettre morte, si l'on
n'eût pris soin d'en fixer la théorie et d'en perpétuer
ainsi l'intelligence. Lafitte avait rédigé ses leçons sur
la castramétation et la fortification passagère ; le lieutenant Truguet avait composé à son exemple un traité
sur les manœuvres navales et l'art des signaux, et un
jeune astronome attaché à l'ambassade, Tondu, faisait
traduire pour le capitan-bey des notions succinctes de
pilotage et de navigation. Il fallait ensuite les imprimer
et les répandre, et c'étaient à chaque pas des difficultés
nouvelles ; la principale était la mauvaise volonté de
ceux à qui cette instruction variée était libéralement
offerte (2). Les Turcs continuaient à subir avec colère

---

(1) Lettres de Choiseul-Gouffier, 8 décembre 1784 ; de Lafitte, 9 novembre
1784 et 19 février 1785 ; de Le Roy, 13 mai 1785.

(2) « J'ai fait venir à grands frais des imprimeurs de Paris et de prétendus
caractères arabes ; il se trouve que votre protégé Caussin, auquel on s'est
malheureusement adressé, ne connait pas ces lettres ; il n'y a pas un caractère
qui puisse servir, et, puisqu'il faut avouer mon peu de courage, j'en ai depuis quatre jours la fièvre de chagrin. » (Choiseul-Gouffier à Barthélemy,
15 novembre 1785.)

l'humiliation de devoir aux chrétiens d'aussi grands services, et bien loin de paraître reconnaissants, ils semblaient, à force de vexations, nous reprocher de ne point l'être à leur endroit. Le grand vizir, par gratitude bien entendue, comblait Lafitte de félicitations et de présents ; le capitan-pacha lui accordait de loin et sans suite sa protection ; mais derrière eux mufti et ulémas dénonçaient le scandale de la présence de guerriers infidèles et ne cessaient de demander leur renvoi; le mépris jeté inconsidérément sur leur personne s'étendait à leurs leçons et à leurs ouvrages. Aussi, contrairement aux intentions des ministres français, ils avaient dû dépouiller leurs uniformes et se cacher sous des vêtements gris, au milieu des rues de la ville musulmane, afin de se soustraire aux insultes (1). Les Turcs, pliés malgré eux, sous des maîtres suspects, à des lois étrangères, acquéraient tout au plus une expérience machinale, dont ils devaient, une fois sur le terrain, rejeter volontairement le bienfait.

Leur hostilité se manifestait déjà bien haut. Les constructeurs indigènes regardant toute amélioration due à un chrétien comme un sacrilège, le plan de forteresse à l'européenne fut écarté comme trop coûteux, le modèle de chaloupe canonnière livré à un constructeur indigène qui se hâta de le modifier, c'est-à-dire de le défigurer. Nos ouvriers devaient se faire pardonner leur

---

(1) Choiseul-Gouffier à Vergennes, 25 novembre 1784.

présence à l'arsenal par une obéissance aveugle, et à toute heure, pour la moindre vétille, Le Roy avait à intervenir en faveur des siens : « Chaque pièce de bois, écrivait-il avec désespoir, chaque livre de clous dont ils ont besoin est pour moi l'objet d'une négociation (1). » Il lui fallut trois ans, plusieurs voyages pénibles en Asie Mineure, à la recherche des bois de construction, afin d'achever le vaisseau de ligne qui devait servir de type à la future marine ottomane. Un de ses auxiliaires, le capitaine Saint-Remy, fut la victime de ces contrariétés incessantes. Chargé de la fonte des canons et des mortiers, il ne trouva à son service en arrivant ni une forge, ni un marteau, ni un instrument quelconque. Un fourneau à boulets, qu'il parvint à établir, fut presque aussitôt hors d'usage. Troublé par cet accident et par les obstacles quotidiens qu'il avait à vaincre, Saint-Remy s'échappa en paroles imprudentes ; « son extérieur très apprêté et ses prétentions au bel esprit (2) » lui nuisirent auprès de l'ambassadeur, et son insubordination comme son inexpérience servirent de prétexte à son renvoi. Un officier, à qui un roman trop célèbre avait valu une heure de réputation malsaine, Choderlos de Laclos, l'eût remplacé sans les événements qui interrompirent prématurément l'œuvre de la mission française.

Ainsi le fanatisme, l'esprit de servilité et de routine,

---

(1) Choiseul-Gouffier à Vergennes, 10 mars 1786. Cf. les lettres du même, 15 novembre 1785, et de Le Roy, 28 juin.

(2) Choiseul-Gouffier à Hennin, 12 novembre 1786.

se coalisaient contre nos officiers à toute heure, en toute
occasion. S'agissait-il d'obtenir d'eux, au lieu d'armes
perfectionnées, des pièces d'artifice pour la récréation de
Sa Hautesse ? ils devenaient alors, et seulement dans ce
cas, des auxiliaires utiles. Il n'eût point fallu parler au
sultan des fortifications nécessaires à la protection de
sa capitale ; il eût pu s'imaginer que celle-ci était devenue ville frontière. Passait-on outre ? certain pacha,
qui entendait bénéficier des frais de transport, plaçait
loin du rivage les canons destinés à le défendre, et
disait aux Français, stupéfaits d'une pareille conduite :
« Tout dépend d'Allah, et s'il le veut, votre artillerie
tuera aussi bien l'ennemi d'ici que d'un autre endroit (1). »

Tolérée à grand'peine par les Turcs, notre mission
militaire n'eut donc qu'une existence éphémère et une
action contestée ; elle relie dans l'histoire celle de Tott,
contemporaine de Louis XV, à celle d'Aubert-Dubayet,
contemporaine de la Convention et du Directoire. Les
Turcs lui durent les moyens de prolonger leur résistance
sans que l'issue de la guerre pût être changée, et malgré
tout elle excitait plus qu'ils ne voulaient l'avouer les
appréhensions des Russes. L'envoyé prussien affirmait à
sa cour, avec une exagération née du dépit, qu'il n'y

---

(1) Ségur, *Souvenirs et Anecdotes*. — Vergennes jugeait bien tout le
premier la valeur des moyens de défense fournis aux Turcs. « Plus ils s'ins-
truiront, écrivait-il à Ségur (24 août 1785), plus ils verront qu'ils sont hors
d'état de tenir tête aux troupes russes. »

avait pas moins de trois cents officiers ou ingénieurs français employés à la défense de l'empire. Du fond de son palais, Catherine II ne perdait pas de vue ceux qu'elle appelait avec dépit des « disciplinateurs » et des « faiseurs, » et Joseph II, confident de ses inquiétudes, ne supportait les « instituteurs parisiens » qu'avec le secret espoir de les voir enlever aux Turcs leur vieille tactique, sans les plier à la discipline européenne (1). Bulgakov épiait l'occasion de les atteindre sous leur prudent incognito, et tandis qu'il les accusait auprès de sa cour de rodomontades déplacées, il demandait raison au grand vizir des honneurs accordés à Lafitte, honneurs réservés, disait-il, aux personnes en place et aux représentants des souverains. Il y a, lui fut-il répondu, une troisième catégorie, celle des sujets d'un allié héréditaire de la Porte, ayant rendu et pouvant rendre encore de grands services à l'empire. D'ailleurs, si de pareilles questions pouvaient se faire entre souverains, le Grand Seigneur eût pu prévenir l'impératrice et lui demander pourquoi elle allait recrutant des officiers et des soldats par toute l'Europe, et de nouveaux sujets jusque dans Constantinople (2). La réplique portait coup deux fois, et contre le Russe, qui remuait ciel et terre à l'endroit des Turcs, et contre le Français, l'allié hypocrite qui commençait à offrir à Catherine II les épées de sa no-

---

(1) *Joseph II und Catharina von Russland, ihr Briefwechsel.* (Lettres des 18 octobre 1784 et 22 janvier 1785.)

(2) Choiseul-Gouffier à Vergennes, 9 mars 1785.

blesse oisive. On disait autour du sérail, sous toutes les formes que peut fournir l'imagination orientale, ce que Méhémet-Ali, le fameux pacha d'Egypte, fit un jour entendre à un consul par cet apologue : « Un musulman tombé dans un puits en fut retiré par un chrétien, son voisin ; mais il se vit bientôt demander, au nom de la reconnaissance, aujourd'hui son cheval, demain sa bourse, jusqu'à sa maison. Exaspéré, il conduisit son sauveur au bord du puits : Je vais, lui dit-il, me rejeter dedans, mais pour Dieu ne me sauvez plus (1). »

Et en effet, en 1787, les Turcs, accusant nos exigences comme celles de leurs ennemis, allaient se jeter de gaieté de cœur dans l'abîme où la Russie, sans perdre une occasion ni une heure, les poussait pas à pas.

---

(1) Cette anecdote fut racontée à un dîner diplomatique donné le 18 juillet 1870, par le ministre de Prusse à Constantinople, où le grand vizir et tous les envoyés des puissances, sauf celui de France, étaient présents. *(Le Dernier des Napoléon, p. 115.)*

CHAPITRE III

I

Il ne devait pas suffire à Choiseul-Gouffier d'apporter
aux Turcs une garantie plus ou moins durable contre
les entreprises de la Russie ; il devait assurer aux chrétiens du Levant la sécurité et la liberté, au commerce
français un champ d'exploitation étendu à l'Egypte, au
golfe Persique et à la mer Noire.

Certes, l'esprit des croisades était bien mort, et la
pensée des chrétiens opprimés ne tourmentait guère les
politiques du dernier siècle. Il y a encore à cette époque
des missionnaires au Levant; mais ils subissent la surveillance rigoureuse des consuls, comme leurs confrères
de France celle des intendants, et la loi qui leur impose
la « décence » et l'obligation stricte des devoirs de leur état
va jusqu'à fixer l'heure de la messe nationale, qui, soit
en hiver, soit en été, ne peut être changée sous aucun
prétexte. Louis XVI se souvient qu'il est le successeur
de saint Louis, mais avec quelle timidité! S'il y a lieu
pour lui de conserver aux lieux saints un protectorat
garanti par les traités, il veut éviter toute extension de
ces droits qui ferait croire à des idées de domination
exclusive. A Jérusalem, il veillera sur quelques récollets,
qui représentent le clergé français, et à l'occasion sur
les Pères de terre sainte, la plupart d'origine italienne
ou espagnole; il protégera même, s'il le faut, à Bethléem,
les catholiques persécutés (1); à Péra, à Smyrne, à la
Canée, il soutiendra les capucins, naguère encore
chargés de dettes, et dont le crédit a besoin d'être
relevé de toute manière; à Galata et ailleurs, les lazaristes, substitués en Orient aux biens et aux fonctions
des jésuites, et il les protégera contre les amis de la
Compagnie dépossédée; partout il maintiendra l'union
entre les religieux des divers ordres, puisqu'on n'a pu

---

(1) Vergennes à Choiseul-Gouffier, 27 octobre 1785.

obtenir les services d'un seul ; il empêchera enfin tout recours direct au pape, en ce qui touche les Eglises orientales. Le blâme est acquis d'avance à tous les missionnaires, pour leur zèle inconsidéré, pour la répugnance qu'ils inspirent aux Grecs, et l'éloge va exclusivement à ces bons Turcs, peu estimés au fond, mais tolérants — lisez indifférents — à souhait, ennemis de toute dispute et de tout prosélytisme (1). En vérité Choiseul-Gouffier n'avait pas besoin de relire, sous la plume ministérielle, des avis que l'esprit du temps avait multipliés sous mille formes, et qu'il avait lui-même formulés dans maint passage de son livre. Les affaires religieuses restent donc reléguées au dernier rang d'un commun accord ; il n'en sera presque jamais question dans ses dépêches. Des demandes de secours pour les ursulines de Naxos ou les capucins de Constantinople, quelques mots sur un conflit entre les lazaristes et l'archevêque de Naxos, et sur la prééminence à garder au Saint-Sépulcre, constituent à peu près tout le dossier des communautés et des Eglises d'Orient dans leurs rapports avec la France, de 1784 à 1792.

Un démêlé de l'ambassadeur avec le vicaire patriarcal (c'était un Italien) et le supérieur de la mission française des lazaristes préoccupa un moment les esprits ; le clergé latin avait cru devoir rappeler les préceptes

---

(1) Instructions du ministre des affaires étrangères. — Etat des missions du Levant, dans la *Correspondance consulaire*. — Ordonnance du 3 mars 1781, tit. I, art. 134-143.

stricts du droit canon sur le prêt à intérêt, et, devant
l'agitation des commerçants, avait consulté directement
la cour de Rome. Le gouvernement français, blessé de
ce procédé, insista pour obtenir par la même voie un
désaveu de l'imprudence commise, et l'incident parut
clos à l'honneur de ce qu'on appelait, même à Constantinople, les libertés de l'Eglise gallicane (1).

II

Les intérêts du commerce prédominaient alors en
effet tous les autres (2). Depuis deux siècles, chaque
marché ouvert aux Européens, ou Echelle, dépendait
des Turcs par son territoire, et demeurait néanmoins
français par ses habitants et sa législation. C'était une
république assez turbulente, surveillée de loin par l'ambassadeur du roi, « une coterie, affirme Volney, où
règnent les dissensions, les jalousies, les haines, d'autant plus vives qu'elles sont sans distractions (3). » Ses
membres, venus sous la caution d'une maison de
Marseille et liés par un engagement conclu d'ordinaire
pour dix ans, étaient soumis à une police sévère, et ne
pouvaient, sans permission, ni se marier ni même visiter

---

(1) Le ministre de la marine à Choiseul-Gouffier, 10 avril 1785.

(2) La question des intérêts commerciaux français en Egypte et dans la
mer Noire a été exposée avec détail par ZINKEISEN, t. VI, p. 506-508
553 *et seq.*, 563 *et seq.*

(3) *Considérations sur la guerre des Turks.*

les autorités indigènes. C'était aussi une oasis laborieuse au milieu d'un peuple fier de son oisiveté et incapable de progrès. Là passaient, pour enrichir l'Occident (sans parler des productions classiques d'Athènes et de Corinthe, telles que le miel, les raisins et les olives), les tabacs de Macédoine, les cotons de Chypre et de Salonique, les fils de chèvre d'Angora et de Smyrne, les soies et laines brutes qui rentraient en Turquie après leur transformation en étoffes. Là s'ouvraient des débouchés permanents pour les draperies du Languedoc, pour les cotonnades de Picardie, de Normandie et de Provence, pour les soieries de Lyon et les denrées coloniales, café, indigo, sucre et cochenille; les unes et les autres soumises à un simple droit de 3 %, inférieur à celui que subissaient les propres sujets du Grand Seigneur. En revanche, une surtaxe de 20 % frappait, à leur passage en France, les objets importés sur nos navires pour le compte d'autres pays (1). Marseille, constituée en port franc par Colbert, était le grand entrepôt de ce trafic, et sa chambre de commerce, sous la surveillance du ministre de la marine, centralisait

---

(1) L'état du commerce du Levant en 1784 nous est donné avec détail par VOLNEY (*Œuvres,* t. III, p. 319-340), dans un appendice de son *Voyage en Syrie,* d'après les Registres de la chambre de commerce de Marseille. Les draps *(londrins)* constituent le principal objet d'exportation (environ 8,000 ballots). Un mémoire du ministre de la marine (juin 1783) évalue le commerce européen avec la Porte à 110 millions par an, sur lesquels près de 60 millions passent entre des mains françaises.

Voir encore *Mémoires sur l'ambassade de France en Turquie* (Leroux, 1877), p. 327-344, et FÉLIX-BEAUJOUR, *Tableau du commerce de la Grèce,* lettre XXII.

l'administration de ce singulier empire : « Si les Turcs, écrira Choiseul-Gouffier à la veille de 1789, étaient plus éclairés, ils ne nous vendraient pas leurs soies, leurs cotons, leurs laines, et toutes les riches matières que nos négociants envoient fabriquer en France pour les revendre sur-le-champ avec un bénéfice énorme, et il ne leur faudrait qu'un degré d'ignorance de moins pour défendre l'exportation des huiles de Candie et de Morée, et pour se réserver la fabrication si facile des savons que Marseille leur fournit. Si les Turcs sont les plus incommodes alliés et ceux qui, par leur ingratitude et leurs mauvais procédés de tous genres, méritent le moins de ménagements, ils doivent aussi être considérés comme une des riches colonies de la France; mais Sa Majesté, en se chargeant de la conservation de cette colonie, acquerrait le droit de lui imposer des conditions (1).... »

Ses instructions, il le savait, étaient autant celles d'un consul général que d'un ambassadeur, et le souvenir des Capitulations y tenait plus de place que celui des récentes conquêtes russes; elles se résumaient en un mot : bien garder « le dépôt d'une des plus belles propriétés de la monarchie. » Le cabinet de Versailles voulait se persuader que les Turcs n'étant pas mêlés directement aux affaires européennes, l'activité politique de nos agents était forcément intermittente; le commerce au contraire représentait un intérêt national

---

(1) A Vergennes, 25 janvier 1788.

permanent, digne d'une vigilance constante ; il constituait avec les Turcs un lien que leur ignorance acceptait volontiers, tandis que leur orgueil répugnait à une liaison d'égal à égal, fondée sur des raisons d'ambition et d'équilibre (1). Outre la police générale des Echelles, Choiseul-Gouffier avait à assurer de la part des Turcs l'exécution loyale des Capitulations, et à soutenir contre eux à cet effet une lutte quotidienne.

Tous les croyants, du grand vizir au dernier portefaix de Constantinople, acceptaient nos cargaisons et repoussaient avec horreur notre contact. Devant nos nationaux, au seuil de nos comptoirs, ces prétendus amants des lumières épiaient la moindre occasion de conflit pour infliger, sous forme d'amende personnelle ou d'emprunt collectif, quelque avanie aux infidèles. Les pachas, surtout ceux des provinces éloignées, multipliaient les humiliations accompagnées d'exactions, pour lesquelles ils pouvaient espérer l'impunité ; et les vaisseaux de la station navale française, occupés à promener le pavillon du roi de rivage en rivage, afin d'imposer le respect, devaient courir sus tantôt aux pirates, tantôt aux navires ottomans, émules ou complices des pirates à l'occasion (2).

Du côté des négociants français, Choiseul-Gouffier

---

(1) Saint-Priest, *Mémoires sur l'ambassade de France en Turquie* (Leroux, 1877), p. 269.

(2) *Papiers de la chambre de commerce de Marseille*, t. LXXV, 1er août 1785. (*Archives des affaires étrangères.*)

avait une œuvre de protection à accomplir, et, comme
don de joyeux avènement, il leur procura le rétablissement de l'impôt prélevé dans nos ports sur leurs con-
currents étrangers, et aboli quatre ans auparavant (1).
Peut-être leur laissa-t-il trop la bride sur le cou en ne
contrôlant pas assez rigoureusement, aux termes de la
loi, les draps livrés aux Orientaux : de là une concurrence heureuse faite sur ce marché lointain, à partir de
1789, par les draps allemands (*leipsiks*). Malgré cet
échec partiel, notre navigation continua à compter pour
plus de moitié dans le mouvement maritime de la Méditerranée. « L'intervalle qui s'écoula depuis 1785
jusqu'en 1791 fut l'époque la plus brillante du commerce français dans le Levant. La somme des importations et des exportations s'éleva en 1790 à 70,000,000
de livres ; elle n'avait été en 1782 que de 42,000,000
de livres (2). »

Choiseul-Gouffier ne paraît pas avoir été toujours,
au moins à ses débuts, jugé à l'abri de tout reproche,
chacun de ses subordonnés se plaçant pour l'apprécier
au point de vue étroit de son intérêt personnel : « Je ne
sais pas, disait-il, si je parviendrai à contenter toujours
et parfaitement les négociants qui, sous le nom de
liberté, voudraient introduire la licence la plus dangereuse et détrousseraient leur père en implorant, pour les

---

(1) Ordonnance du 29 avril 1785.
(2) Félix-Beaujour, *Tableau,* etc., t. II, p. 229.

y aider, la protection du gouvernement, mais je sais que
depuis mon arrivée ici ils n'ont pas réclamé la mienne
une seule fois sans un succès complet, et que j'ai même
eu le bonheur de pouvoir aller au-devant de leurs vœux
pour des arrangements dont ils n'avaient osé se flatter
antérieurement (1). »

Il ne lui suffisait pas de bien conduire les affaires du
commerce français, il voulait les accroître. Son action
tendit à deux buts principaux : Ouvrir par la vallée du
Nil et la mer Rouge une route vers l'Inde, et prendre
ainsi contre l'Angleterre une revanche partielle des traités
qui venaient de nous enlever cet empire ; pénétrer par le
Bosphore dans la mer Noire jusque-là inaccessible, et y
livrer pacifiquement bataille aux premières venues dans
ces parages, la Russie et l'Autriche. Ici et là il subit des
déceptions et des échecs qui contribuèrent à amener à
l'extérieur cette faillite de l'ancien régime, proclamée
devant la nation en 1789. Ses tentatives, dont l'honneur
lui reste, demeurent néanmoins dignes d'attention.

III

C'est par l'expédition brillante et stérile de Bonaparte
que l'Egypte est entrée dans la vie européenne. Depuis,
les réformes de Méhémet-Ali, les explorations de Cham-
pollion et de ses émules, le percement de l'isthme de

___

(1) A Hennin, 6 juin 1786.

Suez, l'entrée récente des Anglais au Caire, ont successivement attiré l'attention sur elle. Les origines de cette histoire, presque entièrement française, remontent assez loin. Au moment où Louis XIV se préparait à envahir la Hollande, Leibnitz lui proposait la conquête du Nil. L'Egypte, disait-il, est la Hollande de l'Orient. Maîtresse de ce pays, la France dominera sur la Méditerranée, tiendra la route des Indes orientales, et partagera avec l'Espagne, maîtresse des Indes occidentales, le commerce du monde. Leibnitz décrit ensuite, comme s'il l'avait vue, l'Egypte, en énumère les productions et les défenses naturelles, et discute les difficultés et les chances de l'entreprise. Cet Allemand pense comme maint Français, comme Baret de la Galanderie dans son *Chant du coq français au Roy* (1621), comme le capucin Michel Lefèvre dans les longs développements de son *Théâtre de la Turquie*, dédié à Louvois, comme Boileau attendant le vainqueur du Rhin « aux bords de l'Hellespont (1). » Louis XIV n'écouta ni les philosophes, ni les missionnaires, ni les poètes, et préféra la succession de Charles-Quint à celle d'Othman. Ce qui n'empêcha point les faiseurs de projets, l'abbé de Saint-Pierre, dans sa *Paix perpétuelle*, d'exclure derechef les sultans de la république européenne, et vers 1740, le marquis d'Argenson affirme que la première grande révolution

---

(1) Leibnitz, *Œuvres* (éd. Foucher de Careil), t. V. — Boileau, Épitre iv, au Roi. — Drapeyron, *Un plan de partage de l'empire ottoman* (*Revue des Deux Mondes*, 1er novembre 1876). Cf. *Revue géographique*, juin 1877.

sera le démembrement de la Turquie : « Tous les jours, dit-il, une plume de l'aile est ôtée. » Laquelle saisira la France ? Sans se prononcer bien nettement, il indique l'Egypte, et pressent, comme une conséquence de l'occupation, la grande œuvre accomplie par de Lesseps : « Dans mon projet de croisade…. comptera-t-on pour rien de prodigieux avantages de commerce, par exemple de faire un beau canal de communication de la mer du Levant avec la mer Rouge, et que ce canal appartînt en commun à tout le monde chrétien (1)? »

Ce pouvait être alors une idée en l'air : il n'en fut plus ainsi après la guerre de Sept ans et la perte de l'Inde. L'Egypte, porte des villes saintes pour les musulmans, de l'extrême Orient pour les chrétiens, était devenue, sous la vaine suzeraineté de la Porte, un Etat à peu près indépendant. Elle était gouvernée ou plutôt exploitée par plusieurs beys, dont les principaux, Ibrahim et Mourad, ne payaient plus le tribut annuel ; les provisions qu'ils fournissaient annuellement à la caravane de la Mecque constituaient plutôt un acte de déférence envers le chef des croyants qu'un témoignage d'obéissance au sultan. Le représentant de Sa Hautesse au Caire était révocable au gré des mameluks, et son action toute clandestine consistait à fomenter l'anarchie à l'occasion. Il paraissait dès lors facile aux puissances

---

(1) D'ARGENSON, *Journal et Mémoires*. t. I, p. 361-367 (édition de la Société de l'histoire de France).

maritimes européennes de s’insinuer dans le pays, et de s’y disputer la prépondérance politique et commerciale.

Les Anglais se montrèrent les premiers; ils cherchaient de ce côté une voie inaccessible à leurs rivaux (le Cap appartenait alors aux Hollandais) vers leurs récentes possessions asiatiques. En 1775, leur compagnie du Levant, par l’intermédiaire du fameux Warren Hastings et à l’insu de la Porte, acheta de Mourad, à haut prix, une sauvegarde pour ses convois de Suez au Caire; elle acquit de même la protection des Bédouins pillards du désert, et malgré ces sacrifices, malgré les tributs continuels payés sous forme de présents, elle eût réalisé de sérieux bénéfices, si une compagnie rivale, celle des Indes occidentales, n’eût dénoncé cet arrangement à la Porte. Celle-ci, à deux reprises et à l’instigation des ulémas, déclara passibles des peines les plus sévères les faveurs accordées aux chrétiens, et le chef des douanes, en détroussant lui-même une caravane anglaise, assura d’une façon inattendue l’exécution des ordres donnés (1). La Porte avait tout intérêt à fermer ce nouveau débouché de l’Asie vers l’Europe, elle-même tenant la voie du golfe Persique. Si le chemin de Suez devait s’ouvrir aux Européens, elle en revendiquait d’avance les issues et les profits ; mais ses défenses ne pouvaient rester long-temps efficaces, faute de moyens pour les faire valoir.

---

(1) Choiseul-Gouffier au ministre de la marine, 26 février 1785. — Mémoire du même, 1er octobre 1785.

Aux yeux du cabinet de Versailles, l'Egypte était un nouveau champ de bataille contre l'Angleterre ; occupée par nos marins ou traversée par nos convois, elle devait compenser la perte du Canada, ou du moins ouvrir une route directe, en quarante-huit jours, de Marseille à Bombay. Elle pouvait être aussi une compensation éventuelle à de nouvelles conquêtes de la Russie : « Serait-il donc étonnant, écrit l'auteur de *Considérations politiques* anonymes publiées en 1783, que la Porte se décidât, par reconnaissance, à nous céder un pays déjà démembré de l'empire, ou du moins à nous accorder la libre navigation de la mer Rouge ; dans l'un et l'autre cas, qui peut calculer les avantages qui en résulteraient pour la France ? Et cependant ces avantages, nous les devrions à l'ambition des Russes. »

Le commerce français avec l'Egypte pouvait déjà être évalué à vingt millions par an, malgré les conditions difficiles où il s'exerçait. Là aussi les Capitulations étaient violées en détail, et les avanies incessantes. A Alexandrie, le consul, parqué avec les chrétiens dans le quartier franc, connaissait à peine le chemin du Caire, et eût été fort embarrassé de fournir des renseignements sur le pays. En 1777, il fut tué lâchement, par surprise, sans qu'on pût atteindre, même avec l'intervention turque, les assassins. Au Caire, les négociants français vivaient aussi au jour le jour, sous la garde de leurs ennemis ; ils étaient vêtus à l'orientale, avec une coiffure qui les dénonçait à l'outrage, comme la rouelle des juifs dans les villes catholiques du moyen âge; ils devaient acheter une tranquillité précaire à un prix désastreux pour leur industrie; enfermés chaque soir dans leur quartier, comme dans une prison, s'ils en sortaient timidement le jour, montés sur des ânes, ils devaient mettre pied à terre et s'incliner au passage du premier mameluk venu (1). C'était, ou peu s'en faut, la condition des Hollandais au Japon. Cependant au milieu d'eux passent de temps à autre quelques voyageurs venus de la patrie, et préoccupés d'études scientifiques ou économiques : un savant philanthrope, le duc de Chaulnes, un naturaliste, Sonnini, deux curieux observateurs, Savary et Volney. Derrière eux, plus discrètement, se glissent les agents politiques. En 1778, le baron de Tott, l'instructeur militaire des Turcs, visite les principales Echelles, y compris Alexandrie, et, à son retour à Constantinople, présente au sultan un plan de réouverture de l'ancien canal des califes, entre le Nil et le golfe de Suez (2).

Ce n'était pas à des Turcs qu'il fallait apporter de semblables projets, et celui d'une route ouverte et garantie à travers le désert était encore le seul praticable pour le commerce européen. Aussi Vergennes le signale-t-il à Choiseul-Gouffier comme fort important à reprendre et à mener à bien : « On n'aura jamais assez

----

(1) Sonnini, *Voyage en Egypte*, ch. xxxiii.
(2) *Mémoires*, IV⁰ partie, p. 72.

de lumières, lui dit-il, sur le commerce de l'Inde par la
mer Rouge, malgré les préjugés de la Porte et l'intérêt
des compagnies qui ont des privilèges exclusifs pour le
faire par l'Océan. » C'était lui préciser à la fois le but et
l'obstacle.

Agir discrètement et promptement était une condition essentielle de succès. Un marin déjà au courant des
affaires égyptiennes, La Prévalaye, eut beau jeter l'ancre
à Alexandrie, avec mission de s'aboucher avec qui de
droit ; il suffit de la publicité donnée à sa venue pour
l'empêcher de parvenir au Caire. Heureusement, dans
cette dernière ville, un négociant très habile et très
actif, Magallon, soutenait notre influence. Son dévouement modeste, attesté par de longs services, mais dérobé
par l'éloignement à ses contemporains, ne lui a pas
donné devant l'histoire la réputation qu'il mérite (1). En
1777, le consulat ayant été transféré à Alexandrie, afin
de rendre plus difficiles les entreprises des beys envers
les chrétiens, Magallon, resté seul au Caire, devint sans
titre un personnage écouté et influent. Il fournissait au
harem les étoffes de Lyon et divers autres objets, et sa
femme, son intermédiaire naturel, avait acquis insensiblement un certain crédit sur la principale femme de
Mourad. Au premier signe de Choiseul-Gouffier, ils

______

(1) On trouve un exposé complet de ses services dans la pétition adressée
en sa faveur au comité du commerce de l'Assemblée législative, pour lui
obtenir une indemnité des pertes qu'il avait faites au service du pays. (Correspondance consulaire, année 1792.)

furent prêts à agir. Un jeune officier d'avenir, commandant du brick mis à la disposition de l'ambassadeur, le lieutenant Truguet, prit terre à Alexandrie, déguisé en marchand, à la fin de 1784; il rejoignit au Caire les époux Magallon, et à eux trois ils arrachèrent à Mourad les dix-sept articles d'un traité de commerce et de navigation auquel Ibrahim adhéra un peu plus tard.

Les avantages obtenus étaient considérables. Nos navires de commerce et même de guerre étaient assimilés à ceux des Turcs dans tous les ports ; nos consuls obtenaient la préséance sur ceux des autres pays, et le moindre privilège concédé à l'avenir à une nation européenne nous était d'avance acquis. Nos marchandises devaient passer librement de la Méditerranée à la mer Rouge ; celles venant des Indes, moyennant diverses taxes de transit dont l'ensemble atteignait 9 %, leur possesseur restant maître de l'estimation. Vu l'état d'anarchie du pays, Truguet dut négocier deux autres traités, un avec le directeur des douanes, dont il fallut encore acheter la protection éventuelle, un autre avec un chef arabe, qui s'engagea à escorter les convois attendus à travers le désert (1). Enfin il se renseigna de son mieux sur le trafic de la mer Rouge, et obtint même une carte de cette mer dressée à l'usage des Anglais. Paris pouvait saluer de loin la caravane du Caire, qui

---

(1) Choiseul-Gouffier à Vergennes, 10, 23, 27 janvier 1785. — Truguet au même, 24 février.

venait de se montrer à lui dans un aimable opéra de Grétry (janvier 1784), comme une conquête nationale, et l'éventualité des consulats à établir à Djeddah et à Moka semblait prochaine.

Le bon accueil fait à Suez à quelques officiers venant de Pondichéry autorisa d'abord de sérieuses espérances ; et néanmoins la défiance subsistait si bien, que le premier transport envoyé des Indes se montra dans la mer Rouge accompagné d'un vaisseau de guerre. Sans renier ses engagements, Mourad se disposait à faire payer avec usure les avantages concédés. Il n'est pas téméraire ici de soupçonner derrière lui la main de la Russie, qui, à la veille d'une guerre inévitable, cherchait au Caire un point d'appui contre Constantinople (1). Catherine II favorisait les prétentions des beys à l'indépendance, et ceux-ci paraissent avoir répondu alors à ses avances en doublant, en l'honneur de son représentant à Alexandrie, la valeur des présents de bienvenue offerts aux consuls européens. Un témoin anonyme, que je suppose être Magallon, signale explicitement les intrigues de cette puissance : « Il y a près d'un quart des mameluks des nouvelles maisons qui sont de vrais Russes. Les autres, qui sont Géorgiens ou Circassiens, entretiennent aussi, par le canal du consul russe, des correspondances avec ceux de leurs parents qui sont connus, et leur ont fait passer en dernier lieu des sommes assez

---

(1) Choiseul-Gouffier l'accuse formellement. (A Montmorin, 10 mai 1787.)

considérables.... Ibrahim-Bey, fils d'un prêtre géorgien, se rappelle avoir servi la messe.... (Il) a écrit au baron de Tonus, pour le prier de lui faire venir cinq cents mameluks, et ce consul s'est chargé de faire agréer sa proposition par la cour de Russie. Qui empêcherait qu'au lieu de cinq cents jeunes paysans on ne lui envoyât cinq cents soldats et des officiers pour les commander ? » Certains souhaitaient, provoquaient l'arrivée de navires en partance de Kherson, et la fondation d'une compagnie russo-orientale. Les négociants français devinrent victimes de cette entente. A leur grande surprise, ils furent frappés arbitrairement par Mourad d'une taxe de trois cent mille écus, et, s'étant déclarés hors d'état de payer, le bey ordonna la démolition du couvent des Pères de Terre-Sainte à Alexandrie. Choiseul-Gouffier eût longtemps réclamé sans succès contre cet attentat; ce furent encore Magallon et sa femme qui non seulement suspendirent les rigueurs du bey, mais l'amenèrent, chose sans exemple, à les désavouer, à indemniser les Pères, et à écrire une lettre d'excuses au consul et à l'ambassadeur.

Ce succès eût suffi à rassurer en France les intérêts mis en jeu par le nouveau traité ; mais là, l'opposition de la Compagnie des Indes, « plus redoutable que les mameluks (1), » était à craindre. Cette compagnie, récem-

---

(1) Choiseul-Gouffier à Montmorin, 26 juin 1787. Cette compagnie avait été créée par arrêt du conseil d'État du 14 avril 1785.

ment reconstituée sous la protection du tout-puissant contrôleur général Calonne, avec privilège du commerce sur l'océan Atlantique, crut sa prospérité compromise par l'ouverture d'une route non prévue dans ses statuts. On eut beau lui en offrir le monopole sous certaines conditions, elle se prêta de mauvaise grâce à l'essai qu'elle dut faire par l'entremise du négociant marseillais Seymandi ; elle escompta les difficultés prévues, multiplia les objections et les délais. De là des négociations sans fin, oiseuses à rappeler aujourd'hui, qui maintinrent pendant de longs mois le traité à l'état de lettre morte. Tandis qu'on perdait ainsi du temps à l'interpréter, la Turquie arrivait à l'anéantir.

Par orgueil comme par intérêt, la Porte était nécessairement hostile à une convention conclue directement entre les beys et Louis XVI. Choiseul-Gouffier s'ingénia d'abord à cacher au grand vizir un traité bientôt publié par toutes les gazettes. Il comptait sans les Russes, les Anglais, les Vénitiens, mis au fait, dès le début, par je ne sais quelles indiscrétions, et supposant à l'envi à la France « le dessein de vouloir faire des établissements en Égypte, et occuper à la fin le royaume entier (1). » La Porte, instruite à son tour par leurs dénonciations intéressées, refusa non seulement son approbation officielle, mais son consentement tacite, et il ne servit de rien, pour conjurer les effets de son ressentiment, de décliner des

____

(1) Dépêche de l'envoyé prussien Diez (dans ZINKEISEN, t. VI).

propositions venues du Caire, et ayant pour but de nous assurer le cabotage de la mer Rouge. Choiseul-Gouffier, après avoir cherché à corrompre le grand vizir, après avoir invoqué en vain les Capitulations qui nous donnaient accès, disait-il, dans toutes les mers de la Porte, usa d'un subterfuge : il extorqua au capitan-pacha et au caïmacan des lettres équivoques pour les beys, susceptibles d'être interprétées comme une adhésion du Divan au traité conclu (1). Peine perdue ! Le sultan fit connaître son intention de rétablir en Egypte son autorité effective, et Choiseul-Gouffier hasarda en pure perte des remontrances. Le reis-effendi les écarta d'un mot net et hardi : « Ce n'était pas l'office d'un ambassadeur de s'immiscer dans les affaires intérieures de l'empire. »

Vers la fin de 1786, le capitan-pacha parut aux bouches du Nil avec une flotte et une armée de débarquement. La résistance fut courte ; à la première rencontre, les beys perdirent toute leur artillerie, huit canons envoyés, dit-on, par le gouvernement français, et se réfugièrent dans la haute Egypte. Une demande de médiation, adressée par eux au consul russe, fut interceptée par le vainqueur, et Hassan prouva de toute manière que son expédition était dirigée contre les étrangers autant que contre les rebelles. Une frégate française, qui ignorait ces événements, s'étant présentée devant Suez, Hassan lui enjoignit avec menaces de

---

(1) Choiseul-Gouffier au ministre de la marine, 10 octobre 1785.

rebrousser chemin, lui fit refuser même des vivres, et laissa passer tout au plus quelques dépêches. On eut beau mettre sous ses yeux la lettre favorable aux Européens, signée par lui un an auparavant, il ne parut pas la reconnaître (1). Tout l'effet des conventions obtenues était détruit, et pour longtemps. Ce fut merveille si, pendant les années suivantes, Magallon put, à la dérobée, transborder de Suez à Alexandrie quelque cargaison venue des Indes.

Dans la Turquie d'Asie, Choiseul-Gouffier avait lieu de signaler aussi à sa cour des influences rivales. Toute la région limitrophe de la Perse, et surtout la vallée de l'Euphrate, s'entr'ouvrait aux Anglais arrivant par le golfe Persique, et aux Russes descendant du Caucase. Les premiers amenaient à Bassora les marchandises indiennes, que trois routes de caravanes, aboutissant à Diarbékir, Alep et Damas, introduisaient au cœur de l'empire. Les seconds dirigeaient les leurs d'Astrakhan vers Asterabad et d'autres points de la Caspienne, avec l'appui du prince de Géorgie. Sur ce théâtre lointain, contre cette double invasion, il fallait du moins s'assurer si la lutte était possible, établir la comparaison des deux itinéraires vers l'Inde, par le golfe Persique et par la mer Rouge. En 1783, on trouve déjà à Alep, sur la route d'Ispahan, un aventurier aussi compromettant que hardi, le comte de Ferrières-Sauvebœuf, dont les démêlés avec

---

(1) Lettre de Mure (consul à Alexandrie), avril 1787.

Choiseul-Gouffier devaient faire quelque bruit dans le monde diplomatique. Ce personnage sans caractère et sans prestige, cadet de famille rebelle à la vocation sacerdotale, vint en Perse à la suite de je ne sais·quel aventurier italien, et se donna à la cour du shah comme le précurseur d'un envoyé français. C'était avant la paix de Kaïnardji, et son excuse était dans son désir de prévenir les effets qu'une alliance de la Perse avec la Russie aurait eus pour les Turcs. A son retour, il sut persuader à Vergennes qu'il pourrait être utile au roi en Perse, où il allait tenter de nouveau la fortune. Il reçut, avec six mille livres pour prix anticipé de ses services, l'autorisation de correspondre avec le ministère, mais par occasions sûres et sans jamais aborder la politique proprement dite. Tout en cherchant à s'introduire dans l'armée du shah, il devait former un établissement à Chiraz, s'instruire des voies et des ressources du commerce indigène, et s'efforcer de diriger vers Trébizonde et Smyrne les caravanes qui se portaient du côté du Caucase et de la Caspienne. Sa correspondance parut assez utile pour lui valoir le paiement de ses frais de voyage ; mais sa vanité lui faisant outrepasser ses instructions, il se posa en agent officiel dans certaines lettres qu'il eut l'imprudence d'écrire et qui furent interceptées par les Russes. Il fallut le désavouer à Pétersbourg, interrompre la correspondance qu'il entretenait avec Choiseul-Gouffier, et promettre qu'il ne serait plus jamais employé en Orient. Nous l'y retrouverons ce-

pendant bientôt, en lutte avec le représentant même
de la France (1).

Ferrières-Sauvebœuf n'avait été en Perse qu'un passant aventureux ; Rousseau, négociant et diplomate,
y fut pendant cinquante ans ce qu'était Magallon en
Egypte, un tenant modeste et méritant de l'influence
française. Ce cousin obscur de Jean-Jacques quitte par
ordre, en 1784, la résidence de Bagdad pour celle de
Bassora, et arbore le pavillon du roi sur les bords du
golfe Persique, où il n'avait point encore eu accès.
Pendant les années suivantes, Rousseau se transporte de
l'une à l'autre ville, et se maintient en correspondance
active avec les chefs turcs et persans, et avec l'iman de
Mascate. De là, il tendait une main à la « nation française » d'Orient, et l'autre aux établissements de l'Inde.

IV

La région de la mer Noire attirait aussi alors les
regards des politiques et des économistes : « Ce nouveau
débouché pour le commerce de la France, écrit Ver-

____

(1) Ségur à Vergennes, 28 octobre et 14 novembre 1785 ; Vergennes à
Ségur, 14 décembre 1785 et 18 mars 1786. — Les Mémoires publiés par
Ferrières-Sauvebœuf en 1788, curieux par certains côtés, ne sont en définitive qu'un long pamphlet contre Choiseul-Gouffier, et les nombreuses lettres
de l'auteur, conservées dans la *Corresponpondance de Tarqui*, peuvent en être
considérées comme le canevas. La correspondance d'Hennin (voir surtout la
lettre du 20 juillet 1788 à Choiseul-Gouffier) les commente au contraire fort
utilement, et permet d'envisager sous son vrai jour la vie et le caractère de
ce personnage.

gennes en 1784, peut devenir immense, et tout ce qui
peut contribuer à nous l'assurer mérite d'être traité
avec la plus grande activité. » A ses yeux, la question
de la mer Noire ne formait que la moitié d'un plus
vaste programme. En 1766, les Anglais avaient obtenu
de Catherine II, pour leur commerce, des concessions
telles qu'ils jouissaient dans cet empire, au moins sur
la Baltique, d'un véritable monopole. Deux mille de
leurs bâtiments y apparaissaient chaque année, contre
vingt français, et y amenaient, après avoir passé jusque
par Nantes et par Bordeaux, nos vins et nos denrées coloniales. Leurs largesses habiles, l'adresse qu'ils mettaient
à faire grossir les tableaux d'exportation et à diminuer
les tableaux d'importation, semblaient assurer la longue
durée de leur empire. Or, Vergennes prétendait leur
disputer toutes les avenues de ce grand marché, les rejoindre à Riga comme les devancer à Kherson. Aussitôt
après la paix de Kainardji, un médecin établi en Russie,
Le Clerc, et un peu plus tard (1781) l'ancien consul
Peyssonel, soumettaient au ministre des mémoires con-
cluant à la signature d'un traité de commerce entre la
France et la Russie (1). Ils insistaient sur la nécessité
d'empêcher les Anglais et les Hollandais d' « écrémer »

---

(1) Le travail de Le Clerc, soumis au ministre en 1775, imprimé à Amsterdam en 1777, sans l'aveu de l'auteur, fut refondu et publié par lui en 1788
et servit, avec un tableau des richesses naturelles de la France, d'introduction à son bel *Atlas du commerce* en treize cartes. Cf. PEYSSONEL, *Examen du
livre intitulé Considérations sur la guerre actuelle des Turks*, p. 184-188.

ce trafic, et rappelaient les avances faites par Pierre le
Grand, lors de son voyage à Paris; même venant au bout
de soixante ans, la réponse serait bien accueillie à Pétersbourg. Elle partit en effet avec le comte de Ségur, qui
se mit en route quelques mois après Choiseul-Gouffier,
au commencement de 1785. C'était, comme son collègue,
un amateur des lettres, un nouveau venu dans la carrière diplomatique, un protégé de la reine. On comptait
sur son esprit pour fasciner Catherine II, de même
qu'on supposait l'auteur du *Voyage de Grèce* capable
d'initier les Turcs aux progrès et aux lumières. Ségur
vint : au lieu d'éblouir, il fut ébloui par le prestige de
l'incomparable comédienne qui, depuis vingt-trois ans,
tenait la scène sur un des premiers théâtres de l'univers.
Introduit dans son entourage intime, invité à rimer des
charades et à fournir des comédies au théâtre de l'Ermitage, il se montra « courtisan plutôt que ministre de
France (1). » Non pas qu'il ait voulu borner sa gloire à
des succès mondains; mais les hommages accordés à
son esprit le trompèrent sur la mesure laissée à son
influence. En le caressant, Catherine II n'entendait pas
être dominée par lui. Comme on le verra plus loin,

---

(1) Savary à Talleyrand, 21 octobre 1807 (*Correspondance de Russie*, vol.
CL). — « Je sais que Ségur, quand il a été chez nous, plusieurs autres ministres
après.... ont abusé et abusent encore de la familiarité avec laquelle on les
traite chez nous. Il serait bien à souhaiter que ces messieurs ne vissent
l'impératrice que de la manière que cela se pratique dans toutes les autres
cours, c'est-à-dire publiquement, avec cérémonie. » (S. Woronzov à son
frère, 10 août 1792. *Archives Woronzov*, t. IX, p. 250.)

Ségur devait complètement échouer sur le terrain politique; sur le terrain commercial, il parvint, non sans
peine, à son but. Potemkine fut du moins pour lui un
adversaire moins résolu que les autres conseillers de
l'impératrice, Besborodko et Woronzov. A ses premières ouvertures pour un traité général, il répliqua
par l'offre d'une convention particlle pour la mer Noire;
ce qui eût suffi à prouver à Catherine II l'utilité de ses
récentes conquêtes, et ouvert Marseille aux Russes, sans
ouvrir Riga aux Français. Ségur s'en tint avec fermeté
à sa première proposition, et au bout de deux ans, en
mars 1787, après avoir déjoué les pièges des Anglais et
épuisé les lenteurs d'une diplomatie tout orientale, il
réussit au gré de ses désirs.

Avoir conquis l'accès de la Baltique était un coup
droit porté à l'Angleterre; restait à conquérir sur les
Ottomans le passage du Bosphore, et nul n'était mieux
désigné que Choiseul-Gouffier pour cette entreprise, car
la mer Noire lui semblait le champ clos où la Russie
réconciliée avec la Porte, où la Porte amie de la
France, devaient vider pacifiquement, philosophique-
ment, leurs différends. Mais il avait à convaincre un
vizir autrement obstiné que ne l'avait été le vizir moscovite; les avantages mêmes obtenus par Ségur le
frappaient d'impuissance, les Turcs y voyant l'indice
d'une intimité croissante entre Louis XVI et Catherine II, entre leur allié officiel et leur mortel ennemi.
En effet, c'était le jeu de la Russie de nous compro-

mettre ainsi auprès de ceux qu'elle allait combattre, et tandis qu'elle attirait les vaisseaux d'Anthoine à Kherson, non seulement elle se refusait à nous faire partager ses privilèges, mais elle disputait, après dix ans, à des commerçants de Marseille des indemnités équitablement dues pour des pertes subies pendant la dernière guerre; en Egypte, elle travaillait sourdement contre nous; elle ne réprouvait ni l'attitude uniformément hautaine et obstinément hostile de ses consuls en face des nôtres, ni celle de son ambassadeur, dénonçant comme un *casus belli* l'introduction des Français dans la mer Noire (1).

Choiseul-Gouffier pressentait bien ces difficultés, car après avoir attaché à sa suite Peyssonel, l'homme qui connaissait le mieux les parages à conquérir, il considéra son apparition à Constantinople comme prématurée, et prudemment le fit attendre à Marseille. Pour lui, il ne perdit pas une occasion de rouvrir le débat. Ouvrir le Bosphore aux trafiquants infidèles, s'écriaient les ulémas et les gens de loi, c'est livrer une mer réservée aux musulmans! Et Choiseul-Gouffier de répliquer : « De quelle religion croyez-vous donc les Russes et les Autrichiens? — De la religion du plus fort ; car où la nécessité parle, la loi et le mufti se taisent. Si des brigands nous ont enlevé notre pelisse, ce n'est pas une raison pour que nos amis prétendent nous piller à leur tour (2).

---

(1) Choiseul-Gouffier à Vergennes, 10 janvier 1786.
(2) Choiseul-Gouffier à Hennin, 12 novembre 1786.

Au surplus favoriser votre commerce, c'est favoriser
en même temps le commerce russe. Nous pourrions
être affamés par une exportation excessive des blés de
Pologne. — Et ne comptez-vous pour rien l'avantage
des marchands à vendre leur blé au premier point de
relâche, c'est-à-dire à Constantinople, ou bien l'intérêt
plus élevé que vous auriez à intéresser la France à la
tranquillité de la mer Noire (1)? » Au Divan, les préjugés
nationaux parlaient plus haut que les préjugés politiques :
« Je serais parvenu à obtenir le passage, écrit l'ambassadeur le 2 juin 1787, s'il eût dépendu des ministres de se
relâcher de la loi établie; mais le peuple, beaucoup plus
maître qu'on ne croit en Europe, ne l'eût pas souf-
fert (2). »

Cependant les navires d'Anthoine continuaient, sous
la sauvegarde du pavillon russe, à traverser les détroits.
En 1785, on en vit trente-cinq, dont quinze en route
vers la Crimée. Deux ans après, ce mouvement était
doublé; et dans les six premiers mois de 1787, on
compta dix-huit départs de Marseille et dix-neuf de
Kherson. L'étape de la Corne d'Or n'était pas toujours
franchie sans encombre; une gabare venue de France
y fut arrêtée cinq mois, sous prétexte que sa portée
dépassait celle fixée par les traités, et dut retourner à
Toulon sur son lest. Un moment Vergennes put croire

---

(1) Choiseul-Gouffier à Vergennes, 27 mars 1787.
(2) Au chevalier de Gruyère (*Arch. de famille*). Cf. à Vergennes,
25 août 1786.

qu'une lettre autographe du roi au sultan mettrait un terme à cette situation équivoque, et il attendit en vain de Constantinople un signal qui ne vint pas. Il lui était impossible, comme à Joseph II en semblable circonstance, d'appuyer sa requête par quelque puissante démonstration militaire, bonne tout au plus à porter ombrage aux Russes. Comment d'ailleurs menacer ceux dont le salut lui importait si fort? Un instant Choiseul-Gouffier songea à dire : En vertu des Capitulations qui nous assurent le traitement des nations les plus favorisées, tel jour, deux navires français passeront dans la mer Noire, se conformant d'ailleurs à tout ce qui est prescrit pour les bâtiments russes. C'est à Sa Hautesse à décider si elle fera tirer sur le pavillon de son plus ancien allié. Puis, reculant devant la responsabilité d'un échec probable, il menaça de retirer, si on ne l'écoutait point, nos officiers de l'arsenal et des forteresses, et déclara en termes à peine voilés que ce parti pris blesserait profondément sa cour; l'inertie des Turcs devait avoir raison d'instances qui n'étaient soutenues ni par une franche démonstration d'hostilité ni par une sérieuse promesse d'alliance.

La Porte, avec l'espoir de reprendre à ses voisins le littoral de la mer Noire, devait nourrir celui de redevenir maîtresse absolue, exclusive, sur cette mer, et autour d'elle amis et ennemis s'accordaient, sans s'être entendus, contre la modeste prétention de la France. La Russie et l'Autriche tenaient à garder leur position privilégiée, la

Prusse redoutait d'accroître la concurrence que Kherson faisait à Dantzick ; l'Angleterre voulait se venger du traité franco-russe de 1786, et excitait sous main la Porte à la guerre, certaine alors de voir se fermer devant sa rivale cette voie du Bosphore jusque-là inaccessible pour elle.

Sentant l'explosion imminente, Choiseul-Gouffier ne perdit pas de vue son but. Les Turcs pouvaient se vanter ailleurs de lui avoir opposé une fin de non-recevoir absolue (1) ; à lui, ils laissaient entendre que peut-être ils céderaient, moyennant un bon traité d'alliance offensive et défensive. Alors lui, recourant à son tour aux faux-fuyants : « Pourquoi une union plus étroite ? Ce serait paraître douter de la paix et provoquer la Russie. » Ou bien : « Comment vous défendre sur mer, si nous ne connaissons pas d'avance notre principal champ de bataille ? » Ce qu'il offrait, en vue des hostilités prochaines, ne comptait guère, et était accueilli à contre-cœur par le grand vizir, qui encore eût voulu paraître l'imposer : des cartes de la mer Noire avec des noms en turc pour la flotte, des provisions pour Constantinople, des munitions pour l'armée, des moyens de ravitaillement pour les places maritimes menacées. Ayant réussi à affréter au profit de la Porte trois navires qui firent voile chargés de vivres vers Otchakov, ayant mêlé çà et là quelques matelots français aux équipages ottomans,

---

(1) ZINKEISEN, t. VI (d'après les dépêches du ministre de Prusse).

il se disait tout bas qu'il assurait à une flottille à ses ordres l'accès des parages interdits, et acquérait en fait ce qu'en droit on persistait à lui refuser. D'autre part il sollicitait à Versailles l'envoi d'une escadre dans l'Archipel; moyen possible d'effrayer les Turcs, peut-être aussi d'en imposer aux Russes et de prévenir un conflit. A la veille d'une guerre nouvelle, il écrivait : « La Porte ne peut espérer une guerre heureuse.... Ce ne sont pas les Turcs que le roi voudra défendre, mais les millions de Français que nourrit en Provence et en Languedoc l'indolence des musulmans tributaires de notre industrie. Ce serait en faveur de ses propres sujets que le roi déploierait sa puissance ou plutôt la ferait craindre, par une démonstration énergique qui arrêterait l'ambition insensée des Russes, rétablirait au Levant l'honneur du nom français dans tous ses droits, assurerait à la nation de nouveaux avantages de commerce, et nous ouvrirait la mer Noire, dont nous nous sommes laissé exclure en y introduisant nous-mêmes des rivaux. La seule escadre destinée à l'instruction des marins suffit à remplir ce double objet (1). »

Sous l'impression de ces semblants de succès, le cabinet de Versailles provoquait ou encourageait mainte publication propre à faire connaître, au point de vue de la géographie commerciale, le littoral de la mer Noire.

---

(1) Choiseul-Gouffier à Montmorin, 10 août 1787.

Peyssonel, autorisé à vider enfin ses cartons remplis depuis plus de trente ans, publiait et dédiait au ministre de la marine un traité en forme sur la matière; encore devait-il au dernier moment, par ordre, en supprimer le *Discours préliminaire*, de nature, croyait-on, à blesser les Russes aussi bien que les Turcs. Puis ce sont les *Annales de la Petite-Russie*, où l'Alsacien Schérer, qui a passé d'un des collèges ministériels de Pétersbourg dans les bureaux des affaires étrangères, décrit la fertile Ukraine et ses sauvages habitants. Enfin, sous le double patronage de Vergennes et de Calonne, et avec la collaboration discrète de Louis XVI, un autre hôte de la Russie, Le Clerc, fait paraître son *Atlas du commerce*, collection de cartes représentant l'empire russe et ses abords; mais ce n'est que la moindre partie de l'ouvrage : on lit auparavant une histoire du commerce russe, développement du mémoire adressé au ministre en 1775; la mer Noire y est le sujet d'un important chapitre, et l'auteur en est à espérer encore, comme tout le monde, que Catherine II contribuera à faire obtenir à la France, par la voie diplomatique, ce qu'elle-même a conquis les armes à la main (1).

---

(1) Presque en même temps paraissait à Venise une *Histoire des colonies des anciens dans la mer Noire*, par Formaleoni, protégé de Vergennes, qui fut aussitôt traduite par notre chargé d'affaires d'Hénin de Cuvillers.

CHAPITRE IV

UNE MISSION SCIENTIFIQUE EN ORIENT

———

I. Commensaux, émules, collaborateurs de Choiseul-Gouffier. — Les lettrés :
Delille, d'Hauterive. — Les érudits : Dansse de Villoison, Le Chevalier.
— Les artistes : Cassas. — Beauchamp sur l'Euphrate.

II. Travaux pour la continuation du *Voyage pittoresque*. — Levées de plans
à Constantinople & sur les côtes. — Recherches archéologiques & épi-
graphiques : les sculptures du Parthénon & les ruines de Troie. —
Choiseul-Gouffier au palais de France. Son entourage, ses visiteurs
français & étrangers, ses occupations.

———

I

On vient de voir quels mécomptes apportait avec elle
une mission politique à Constantinople, au temps de
Louis XVI. Comme diplomate, Choiseul-Gouffier se
sentait condamné à l'impuissance ; retrouvait-il du
moins, comme homme d'étude et comme homme privé,
quelque compensation à ses épreuves ?

Par un seul côté, son ambassade s'est nettement dis-
tinguée de celles qui l'ont précédée ou suivie en Orient ;

elle a été, grâce à lui, une véritable mission scientifique. On l'avait vu, en 1776, à la tête d'une petite caravane, parcourant l'empire ottoman à ses risques et périls ; en 1786, il protégeait, comme un roi dans son palais, une élite d'artistes et de savants répandus en Grèce, en Asie et dans les îles. Au milieu de ce monde étrange, où il avait à craindre ses alliés comme ses ennemis, où il devait vivre loin de sa famille, de ses amis et de ses maîtres, une seule chose le soutenait, le consolait, et l'a illustré en définitive ; c'était cette exploration multiple qu'il dirigeait de cette capitale même où il défendait sans succès les intérêts de sa nation, et dont l'Orient entier était le sujet et le théâtre. Essayons de faire connaître, avec les auxiliaires employés, les résultats obtenus.

Parmi ses collaborateurs, les uns, les plus nombreux, étaient attachés par un titre quelconque à sa personne, et partirent à sa suite, sauf à rentrer en France avant lui ; c'étaient le poète Delille, le dessinateur Cassas, l'helléniste Le Chevalier ; Fauvel et Kauffer, ses anciens compagnons de voyage ; le gentilhomme d'ambassade Blanc d'Hauterive ; l'astronome Tondu, qui devait mourir en Orient ; le lieutenant de vaisseau Truguet, destiné aux plus hauts grades de la marine, alors commandant le brick *le Tarleton,* mis en permanence à la disposition de l'ambassade française. D'autres, comme Dansse de Villoison, rejoignirent Choiseul-Gouffier sur le Bosphore, et reçurent de lui une hospitalité et une protection passa-

gères ; d'autres enfin, comme Cousinéry, l'avaient précédé en Turquie, y étaient retenus aussi par leurs fonctions, et travaillèrent plutôt à ses côtés que sous ses
ordres. Les recherches de ces hommes, de talents si divers, constituent un ensemble de travaux dont Choiseul-
Gouffier eût voulu peut-être accaparer la gloire ; il suffit,
ainsi que nous le verrons, que son nom soit associé à
celui de chacun d'eux, comme le nom d'un Mécène trop
volontiers l'émule de ses protégés, mais intelligent,
libéral, digne en somme de gratitude et de respect.

Le premier en date de ses hôtes, le plus célèbre de
son vivant, sinon le plus laborieux, fut l'abbé Delille.
Aussitôt nommé, l'ambassadeur s'était préoccupé d'entraîner à sa suite le poète qui s'était fait son panégyriste, de lui offrir de nouvelles couleurs pour ses
pinceaux dans la patrie d'Homère. Mais il en coûtait
à Delille de quitter les salons dont il était l'enfant
gâté, de rompre les agréables liaisons nées de ses
succès poétiques. Ne pouvant lui arracher son consentement à le suivre, Choiseul-Gouffier se décida à le
traiter en jolie femme qui veut être violentée pour
cesser d'être cruelle.

Le jour fixé pour son départ, il s'arrête en voiture à
la porte de son ami : « Je pars à l'instant, lui dit-il d'un
ton d'autorité, venez avec moi. » Et Delille de le suivre
sans se faire prier davantage, avec la pensée que son
noble protecteur avait pourvu d'avance à ses besoins.
Seulement, arrivé à Marseille, en face de la mer à tra-

verser, ses hésitations le reprennent, il s'épouvante de l'exil qui l'attend : « Non, s'écrie-t-il, je n'irai pas plus loin. » Et il va se cacher au fond d'un cabaret borgne, où il se croit introuvable, où néanmoins l'ambassadeur finit par le découvrir et le décider au départ. En l'emmenant avec lui, Choiseul-Gouffier croyait pouvoir forcer son inspiration, comme il avait forcé sa volonté le jour du départ, et Delille parut donner quelque apparence de raison à ces prévisions bienveillantes, par l'enthousiasme sincère et naïf qu'il manifesta au milieu des ruines d'Athènes. On l'y vit baiser avec respect, au fond d'une cour, un sarcophage romain transformé en fontaine, remplir ses poches de morceaux de pierre sculptée (sauf à s'en débarrasser le lendemain), s'agenouiller sur le seuil du Parthénon et embrasser les colonnes avec des larmes d'attendrissement, sous l'œil stupéfait des sentinelles turques, inscrire enfin, comme un madrigal, le nom de l'artiste à la mode, Mme Vigée-Lebrun, sur le vieux temple de Minerve. On dit même qu'il gémissait et tremblait au bruit des salves tirées en l'honneur de l'ambassadeur, comme si l'ébranlement causé dans l'air par ces détonations eût dû faire autour de lui quelques nouvelles ruines.

Sa bravoure était, comme son enthousiasme, chose passagère. A travers l'Archipel, on signala des pirates en vue, et il fallut se tenir prêt à combattre : « Qu'on me donne une hache d'abordage ! » criait le pauvre poète au milieu du branle-bas ; puis, voyant qu'on ne l'écoutait pas : « Je combattrai autrement, dit-il ; les coquins ne se doutent pas de la bonne épigramme que je leur prépare. » Il se vantait ; son épigramme n'est du moins pas parvenue jusqu'à nous, et ses compagnons de voyage le traitèrent plutôt en bouffon qu'en émule d'Archiloque et d'Homère. En vue de la Troade, ses caprices admiratifs le ressaisirent, et le futur traducteur de l'*Énéide* s'obstina à aller en pèlerinage aux débris d'Ilion. Il partit sous l'escorte de deux officiers, avec promesse de regagner le bord à bref délai et de ne pas communiquer avec les Turcs, à cause de la peste. Il oublia bien entendu l'heure convenue ; la chaloupe qui l'avait mis à terre revint sans lui, mais, sur les instances de Choiseul-Gouffier, on ne leva pas immédiatement l'ancre, en sorte que Delille, à l'aide d'une barque turque, put rallier le vaisseau. Les matelots lui firent payer son retour tardif en le plongeant à trois reprises dans la mer, sous prétexte de le purifier des miasmes pestilentiels qu'il pouvait avoir respirés sur le rivage.

Son séjour sur le Bosphore dura près d'une année, que de séduisantes distractions remplirent plus que les heures de travail. Déjà à demi aveugle, il demeura muet ou peu s'en faut ; à Thérapia, il s'oubliait au spectacle toujours nouveau pour lui des vaisseaux et des barques passant de la côte d'Europe à la côte d'Asie, et de la Corne d'Or à la mer Noire ; à Péra, l'attrait du fruit défendu l'entraînait de l'autre côté du port, au milieu des infidèles :

> Je m'en souviens encor, d'un œil présomptueux,
> Contemplant du sérail les murs voluptueux,
> Ses murs, ses minarets, ses kiosques, ses portiques,
> Et leurs globes dorés et leurs cyprès antiques,
>
> . . . .
>
> Autour de ces sophas où la langueur repose
> J'aspirai le moka, je respirai la rose.
>
> . . . .
>
> Malgré l'affreux cordon, malgré le sabre nu,
> J'entrai, brûlant de voir et tremblant d'avoir vu (1).

Ses ennuis comme ses plaisirs étaient ceux d'un enfant malade et capricieux. Le jeune d'Hauterive s'était constitué son gardien, et par souci, disait-il, de sa santé débile, l'avait malicieusement sevré de café pendant plusieurs mois. Bientôt il s'aperçut que Delille, résigné en apparence, s'esquivait chaque jour après dîner, et, sous l'escorte d'un janissaire de l'ambassade, gagnait Constantinople. Il interrogea ce dernier, obtint l'aveu de sa complicité dans cette évasion quotidienne, et lui ordonna de refuser désormais sa compagnie au poète : « Cela m'est impossible, lui fut-il répondu ; j'irais partout à la suite d'un tel homme. — Et pourquoi ? — Sur ma barque il lève les yeux au ciel, apostrophe le soleil et les étoiles, étend les bras, parle seul. C'est un fou tranquille et inoffensif ; ma religion m'oblige à lui obéir en tout. De plus sa générosité m'en impose ; car elle s'étend aux animaux comme aux hommes ; il fait

____

(1) _L'Imagination,_ chant IV.

l'aumône au premier venu et caresse les chiens les plus méchants (1). »

On ne dit pas que Delille, malgré les inspirations qu'il pouvait puiser dans sa liqueur favorite, et qui lui firent alors ajouter quelques pages à son poëme de l'*Imagination*, ait envoyé des vers à ses amis de Paris; il leur écrivit tout au plus des lettres spirituelles destinées à faire le tour des salons, et où il protestait gaiement contre les bruits sinistres répandus à son endroit. Avant la fin de 1785, il avait dit adieu à cette terre d'Orient, dont la vue n'avait ni exercé ni mûri son talent superficiel. Où retrouver aujourd'hui les fruits de son excursion? Beaucoup sont encore venus après lui, Chateaubriand, Byron, Lamartine, et leurs descriptions ou leurs réflexions, en vers et en prose, témoignent d'une impression forte et d'une admiration féconde. Même des écrivains de second ordre, un Pierre Lebrun ou un Théophile Gautier, ont reçu au passage quelque rayon de cette lumière qui descend depuis vingt siècles du ciel oriental sans s'épuiser jamais. Il semble au contraire que la muse clignotante et fardée de Delille ait perdu le souffle, la voix et la vue loin des salons dorés et des bosquets classiques, théâtre ordinaire de ses triomphes. Les salons de l'ancien régime ont disparu, et l'Orient est toujours

----

(1) Artaud de Montor, *Histoire de la vie et des travaux politiques du comte d'Hauterive,* ch. iii.

vivant par les souvenirs qu'il évoque et les passions qu'il inspire (1).

D'Hauterive n'était pas un poète de profession ; c'était un apprenti diplomate doublé d'un conteur aimable. Échappé de l'Oratoire, il passait alors par Constantinople pour rejoindre un jour l'ancien évêque d'Autun au ministère des relations extérieures. On le voit représenter sur les routes de l'Orient, avec plus de verve que le chantre compassé des *Jardins*, l'esprit français, et même ce qu'on appelait alors la poésie française. Comme Delille, il écrivait des lettres qui se passaient de main en main, où il faisait part de ses impressions ; celle où il raconte sa marche vers Athènes, son séjour dans cette ville, révèle l'homme qui veut ne paraître étonné de rien et étonner les autres. « Pas une ville, point de culture, dix à douze maisons éparses, deux ou trois troupeaux de chèvres, trois puits presque à sec, quelques chapelles démolies, des lentisques, des cyprès, des pins qui usurpent partout le suc des oliviers et des vignes ; tel est le désert qu'il faut traverser en gémissant. » Le Parthénon n'apparaît plus de loin au voyageur fatigué que comme « la chapelle d'une forteresse gothique. » De passage à Athènes, il monte à la citadelle, il salue les Propylées et le Portique ; il replace

---

(1) On peut lire deux lettres de Delille, datées de Constantinople, l'une dans la *Correspondance de Métra*, t. XVI, p. 32 ; l'autre dans les notes du poème de l'*Homme des champs*. Cf. *Mémoires de Bachaumont*, t. XXIX, p. 21 ; t. XXX, p. 18.

par la pensée sous son regard les grands hommes de
l'antiquité, et une boutade nous fait presque aussitôt
secouer avec lui son admiration involontaire : « Trois
à quatre mille Turcs, assis du matin au soir, fumant
sans parler, sans penser et sans étourdir personne, me
semblent encore préférables à ces bandes de stoïciens,
de cyniques, de péripatéticiens, qui conversaient, décla-
maient, mendiaient, ruinant et fatiguant le genre humain,
qu'ils n'étaient pas en état d'instruire (1). »

Les mêmes qualités et les mêmes défauts se retrou-
vent dans le journal de son voyage en Moldavie (2). Un
secrétaire français, jouissant du privilège d'une correspondance directe avec l'ambassadeur, était alors attaché
à la personne de l'hospodar. Appelé à ce poste, d'Hauterive partit pour Jassy au commencement de 1785, fixant
à chaque étape le souvenir de ses épreuves quotidiennes;
logements, repas, honneurs singuliers qui l'accueillaient
au passage, tout l'étonne, le rebute, et en somme, la
première impression surmontée, l'amuse; il admire la
beauté des paysages faisant contraste avec la misère des
habitants. Ce mélange de superstition et d'indifférence
qui caractérise la religion grecque, tantôt le fait sourire,
tantôt lui arrache des éloges. Arrivé à Jassy, il continue
à observer et à décrire de sa plume ironique et légère
la nation dégénérée qu'il a sous les yeux, et qu'exploitent

---

(1) Artaud de Montor, etc., ch. ii.

(2) Ce journal a été publié dans la *Revue de géographie*, août et octobre
1877, janvier et novembre 1880.

à l'envi les Grecs, les Allemands et les juifs; et en la plaignant du bout des lèvres, il finit par s'accoutumer à l'indulgence. Pour oublier ses privations, sa rupture forcée avec les habitudes de la vie occidentale et le tracas de sa correspondance politique, il disserte de loin avec Barthélemy sur des sujets d'érudition et élabore un traité d'économie politique; il distingue enfin, parmi les femmes indolentes de corps et d'esprit qui peuplent la cour de l'hospodar, une séduisante aventurière grecque, Mme de Witt, et avec cette femme qui, au bras d'un mari assez ridicule, colonel au service de Pologne, s'est déjà promenée de cour en cour, il trouve à qui parler en vers comme en prose. Un jour qu'elle lui avait fait demander son exemplaire des *Jardins*, il le lui envoya avec un long madrigal fort bien tourné qui se terminait ainsi :

> Lasse de voir partout ailleurs
> Les vers, les vœux et les admirateurs
> Accourir à votre passage;
> Lasse d'être Vénus, Hébé dans d'autres lieux,
> Peut-être vous plairait-il mieux
> D'être Flore en ce lieu sauvage;
> Il cesserait bientôt d'être tel à mes yeux (1).

Laissons là ces beaux esprits, incapables, malgré la

(1) D'Hauterive revint en France dès 1787. Il a publié bien plus tard *De quelques usages des habitants de la Moldavie et de l'idiome moldave*, à la suite d'une traduction du *Tableau de la Moldavie*, par WILKINSON. Voir sa *Vie*, par ARTAUD DE MONTOR, Paris, 1839.

finesse de leur conversation ou la richesse de leurs rimes, de s'élever jusqu'à cette poésie de la Grèce, près de renaître alors et d'animer d'un souffle original et pur le talent exquis d'André Chénier. Qu'était-ce après tout, qu'est-ce encore que l'Orient musulman, sinon un vaste entassement de débris de tous les âges ; et pour le peindre, l'érudit, l'archéologue, l'artiste, valent le poète. Nous devons cent fois plus pour sa connaissance à Villoison, à Cassas ou à Le Chevalier qu'à Delille.

Le premier était un helléniste déjà connu en Europe par d'importantes publications. Ses recherches sur le texte d'Homère l'avaient conduit, avec une mission officielle, à Venise ; il y passa près de quatre années. De là, elles l'entraînèrent facilement en Orient, où l'amitié et la protection de Choiseul-Gouffier lui étaient acquises. Il avait découvert à Venise de précieux commentaires sur l'Iliade, et il obtint d'aller, aux frais du roi, en chercher d'autres sur l'Odyssée, au fond des monastères de la Grèce, particulièrement au mont Athos (1). Un mois après l'ambassadeur il abordait à Péra, avec l'intention d'y passer l'hiver, et aussitôt ses journées furent régulièrement partagées entre l'étude du grec vulgaire et celle du grec ancien ; chaque soir il s'accordait pour récréation la visite des bibliothèques privées de Constantinople. Le long du Bosphore, on rencontrait

---

(1) En avril 1783, il obtint 12,000 livres pour ses frais de voyage ; mais les bruits de guerre firent ajourner son départ à l'année suivante. (*Annuaire de la Société de l'histoire de France*, 1876, p. 158-159.)

« plus de princes de Valachie et de Moldavie déposés que Candide ne trouva de rois dans son auberge de Venise (1), » et dans leurs palais délabrés, des manuscrits plus nombreux qu'intéressants. Villoison éprouva là ses premières déceptions; sur ces pages innombrables offertes à sa curiosité, il ne déchiffra que des traités ascétiques, des homélies, des vies de saints « et autres drogues de cette nature. » Leurs possesseurs n'étaient eux-mêmes guère moins ignorants de la langue d'Homère que des écoliers français ; du moins l'un d'eux, le prince Constantin Morousi, lui procura-t-il des lettres de recommandation pressantes et efficaces pour la plupart des communautés du mont Athos. Au bout de trois semaines, en dépit de l'hiver naissant, la curiosité l'emporta, et il prit sa course à travers l'Archipel, vers Athènes ; un firman du sultan et des lettres de l'ambassadeur pour les consuls français complétaient son léger bagage. Un voyage de ce genre n'était alors, en toute saison, ni sûr ni rapide. Villoison échappa aux Klephtes de mer, mais il dut, pendant les mois de décembre et de janvier, se confier à des barques étroites et fragiles, et y vivre sous les pluies et les vents, côte à côte de matelots grossiers, qui préféraient la sûreté de leur cargaison à la sienne. Les rivages où il abordait lui offraient souvent pour unique abri des chapelles où il fallait coucher plusieurs nuits de suite sur la dalle nue. Retenu

---

(1) A Hennin, 13 novembre 1784.

à Délos pendant trois jours par des vents contraires, il fût mort de soif s'il n'eût disputé aux corbeaux l'eau qui croupissait dans le creux des rochers. Les bibliothèques monastiques de Pathmos et d'Amorgos lui firent éprouver les mêmes déceptions que celles de Constantinople. En revanche, il exhuma et déchiffra, jusque sur les colonnes des mosquées, bon nombre d'inscriptions utiles à l'interprétation du dialecte dorique, à l'histoire locale et à la paléographie. « Il y en avait une longue, écrit-il, sur une énorme pierre qui était couchée trop près du mur, du côté où se trouvaient les lettres. J'ai voulu la faire déranger de quelques pas : personne n'osa y toucher ; c'eût été un sacrilège. C'était une pierre qui sert de reposoir aux corps des Turcs qu'on porte à la sépulture. Je demandai au cadi la permission de remuer cette pierre; il me la refusa parce que c'était contre la loi. Je me suis glissé le mieux que j'ai pu entre la pierre et la muraille, et j'ai copié l'inscription en entier (1). »

Une fois l'hiver passé, il se dirigea vers le mont Athos, et frappa, la bourse à la main, à la porte de vingt monastères et de nombreux ermitages (2). Les moines firent un accueil médiocre à cet étranger qui se

---

(1) A Hennin, 25 février 1785.

(2) La relation de sa visite au mont Athos a été publiée dans la *Revue de Bibliographie analytique*, 1844, t. V, p. 839-859, 935-945. Cf. le *Voyage pittoresque*, t. II, p. 145.

On a aussi plusieurs lettres de Villoison sur son voyage dans le *Journal des Savants*, et des indications données par lui dans les *Prolégomènes* de son édition de l'Iliade, p. XXXVII (en note) et LIV.

montrait à la fois curieux de leurs richesses et dédaigneux de leurs usages ; ils laissèrent passer entre ses
mains, non sans répugnance, sept à huit mille manuscrits gisant dans la poussière accumulée de leurs
bibliothèques. Villoison s'éloigna, désappointé encore
une fois d'avoir feuilleté très peu d'auteurs profanes, et
de n'avoir découvert aucun texte nouveau. Comme le
grand seigneur son patron, l'érudit maugréait volontiers
contre la superstition, seule demeurée debout dans le
désert de la Grèce : il stigmatise au passage le caloyer
exploitant l'ignorance populaire, et le religieux, encore
plus empressé que les Turcs à détruire les trésors de
l'antiquité. Une fois redescendu vers Négrepont, et de
là vers les principaux centres de la civilisation hellénique,
Villoison compensa ses mécomptes par une foule d'observations utiles sur la géographie, la langue et les mœurs
des Grecs modernes comparés avec les anciens. C'est
ainsi qu'en causant avec les paysans de l'Attique, il
saisit sur leurs lèvres certaines expressions qui lui donnaient la clef de telle ou telle phrase d'Aristophane ; que
près de Sparte, le patois d'une peuplade ignorée, celle
des Tzaconiens, lui parut dériver directement de l'ancien
dialecte dorien, et mériter l'honneur qu'il lui fit d'une
grammaire et d'un dictionnaire ; et peu à peu il en vint
à se persuader que l'idiome et les usages des Grecs
modernes étaient le meilleur commentaire de leurs
vieux chefs-d'œuvre.

Constantinople lui réservait une dernière et heureuse

surprise. Il venait d'y rentrer après une dernière tournée dans les îles, lorsque enfin un manuscrit de quelque valeur fut mis sous ses yeux. C'était un exemplaire en mauvais état de deux traités d'un certain Lydus sur les magistratures romaines et les augures. Le premier était inédit, le second très imparfaitement connu. L'auteur ayant écrit pour ses compatriotes et au VIe siècle, était entré dans des détails superflus pour des Romains, et introuvables en effet chez les écrivains de langue latine. Un ancien serviteur du prince Morousi, fort avare, mais fort jaloux de conserver les bonnes grâces de son maître, détenait le précieux livre. Choiseul-Gouffier se hâta d'intervenir, et se le fit céder à titre gracieux, avec la pensée de pouvoir joindre un jour son nom, ne fût-ce que dans une préface, à celui de l'éditeur (1).

Il ne suffisait pas à Villoison d'avoir abordé à trente-quatre îles de l'Archipel, et visité tous les lieux célèbres de Sparte à Constantinople; il fit encore dans l'Asie Mineure quelques courses jusqu'à Smyrne et Éphèse. Pour aborder l'intérieur, il eût fallu connaître la médecine, ce qui était alors dans ce pays et une précaution et un titre d'introduction nécessaires. A l'automne de 1786, il repartit pour la France, un peu dépité de

---

(1) L'histoire de cette découverte a été racontée par Hase, dans la préface de la première édition du *Traité des magistratures* (p. 28-32). Cf. une note (p. XXVI) des *Prolégomènes* de l'édition de l'Iliade donnés par Villoison, et les lettres de ce dernier à Hennin, des 15 oct. 1785 et 24 nov. 1786.

n'avoir pas retiré de son voyage les résultats qu'il espérait pour ses travaux sur Homère ; l'espoir d'établir un jour le texte de Lydus, espoir subordonné d'ailleurs au retour et de l'ambassadeur et du manuscrit, était une faible compensation : « Je serais encore prêt, écrit-il à son protecteur Hennin en débarquant à Marseille, à braver la peste, la mer et les autres fléaux du Levant, pour faire une riche et sûre moisson. Mais cette idée est trop flatteuse et trop riante pour que je m'y puisse arrêter (1). »

Villoison avait commenté l'Iliade sur place, au point de vue philologique ; un ancien professeur au collège d'Harcourt, Le Chevalier, continua son œuvre au point de vue géographique. Recommandé à Choiseul-Gouffier par l'abbé de Périgord, il avait promesse d'être secondé dans ses recherches et d'être employé à quelque mission diplomatique, et il était parti de Venise, songeant plus à ses études antérieures qu'à ses futurs devoirs. Après diverses stations à Corfou, à Zante, à Cérigo, il s'arrêta de nouveau sur le littoral asiatique, là où la tradition plaçait la plaine de Troie. Déjà des voyageurs anglais, lady Montague, Pococke, Chandler, y avaient passé, mais sans s'attarder à des fouilles méthodiques et à une reconnaissance détaillée ; Pergame, le Simoïs, le Scaman-

---

(1) Lettre du 24 novembre 1786. Sur Villoison en général, v. CHARDON DE LA ROCHETTE, *Mélanges de critique et de philologie*, t. III, p. 1-61, et les deux notices de Quatremère *(Biographie Didot)* et de Dacier. *(Mémoires de la nouvelle Académie des inscriptions*, t. Ier.)

dre, immortalisés par la poésie, n'existaient plus pour le géographe moderne. Or, au lendemain du jour où l'Anglais Wood avait accusé Homère d'inexactitude dans la description des sites de Troie, à la veille de celui où l'Allemand Wolf devait nier la personne même du poète, il se trouva un Français pour rectifier, par une exploration attentive, les erreurs du premier, et pour combattre d'avance les assertions hardies du second (1). Il parcourut, l'Iliade à la main, l'emplacement présumé de Troie, et après une vue rapide des lieux, qui lui apprit beaucoup et qui lui promettait davantage, il gagna Constantinople. Depuis, on le voit visiter en détail l'Hellespont, faire l'ascension de l'Olympe d'Asie Mineure, et accomplir ce voyage de la Propontide et du Pont-Euxin dont les sobres descriptions sont restées classiques. Il payait aussi sa contribution aux études destinées à parfaire les travaux de Chabert sur la Méditerranée, en comparant les plans levés par Tondu et Truguet avec les assertions des poètes et des géographes, d'Homère et de Strabon. Il passa ainsi plus d'un an sur le Bosphore ou aux environs, tantôt auprès de l'ambassadeur, tantôt auprès du prince Callimaki, drogman de la Porte, qui s'intéressait à ses découvertes. Au bout de ce temps, il remplaça d'Hauterive comme secrétaire auprès de l'hospodar de Moldavie; mission

_____

(1) « Pendant plus d'un mois, en 1810, je me suis promené tous les jours sur la plaine de Troie, et si quelque chose diminuait mon plaisir, c'est que ce polisson de Bryant en eût contesté l'authenticité. » (*Journal de* BYRON, 1821.)

honorable, mais lointaine, et qui interrompait fort bien au gré de son protecteur ses recherches sur Troie et sur Homère.

Vers le même temps, un artiste de talent, Cassas, parcourait, le crayon à la main, la Syrie et l'Egypte. C'était un paysagiste qui avait déjà voyagé en Sicile, en Istrie et en Dalmatie, pour le compte du duc de Chabot. Choiseul-Gouffier pressentit en lui un collaborateur utile, et, quoique porté à redouter de sa part une certaine indépendance, il l'emmena en Orient à sa suite ; bien plus, il lui ouvrit un crédit illimité pour acquérir sur son chemin ce qui tenterait leur curiosité commune. Après une courte relâche en Asie Mineure, aux ruines d'Éphèse, Cassas cingla droit vers l'Egypte. Le pays étant, à cause de ses troubles intérieurs, d'un accès difficile, il remonta vers la Syrie, où d'autres épreuves l'attendaient, où néanmoins il pénétra partout, bravant la peste dans les ports et les brigands sur les routes de l'intérieur. Palmyre, dont les ruines récemment décrites par les voyageurs anglais parlaient à son imagination, l'attirait surtout. A Tripoli, il se hissa, vêtu en Arabe, avec un interprète, sur un chameau, au milieu d'une caravane à destination de Bagdad ; mais depuis Damas il dut poursuivre son chemin à part, et l'escorte qu'il s'était procurée l'abandonna, après deux jours de marche, à la merci des bandits du désert. Sans se décourager, il reconstitua sa petite troupe, et après deux semaines il oubliait ses alarmes et ses épreuves devant le merveilleux spectacle de Palmyre. Quelques misérables Arabes l'accueillirent sur les ruines du temple du Soleil et du palais de Zénobie, pendant que, complétant les études de Wood, il dessinait et mesurait à la hâte tant de magnifiques débris. Puis, laissant le bruit de sa mort se répandre jusqu'à Constantinople, il gagna la Palestine, qu'il parcourut la Bible à la main ; les ruines de Gaza, en face desquelles il n'oublia pas de relire le Tasse, et enfin la vallée du Nil jusqu'au Caire, furent les dernières étapes de cette exploration, qui avait duré près de quinze mois. Tous les siècles, tous les cultes, toutes les civilisations du monde ancien, avaient défilé devant le jeune voyageur, et son portefeuille contenait près de trois cents dessins de costumes, de cartes et de monuments. Aussi se promettait-il d'éditer à son tour son *Voyage pittoresque*, et Choiseul-Gouffier s'engagea, sous cette importante réserve qu'il rédigerait le texte, à lui avancer les frais de la publication (1).

Plus loin encore, sur l'Euphrate et la Caspienne, on voit passer Ferrières-Sauvebœuf, qui expédie des médailles et des antiques à son protecteur Hennin. La science proprement dite est représentée par le naturaliste André Michaux et l'abbé de Beauchamp. L'un, venu à la suite du consul Rousseau, gagna Bassora, où il obtint,

____

(1) Les lettres de Cassas sur son voyage ont été publiées par Dussieux, (*Histoire des plus célèbres amateurs français*, t. III.)

j'ignore comment, la protection généreuse du consul anglais ; pendant deux ans il parcourut la Perse, joignant aux explorations botaniques les recherches d'archéologie, et réunissant même, avec une parfaite liberté d'esprit, au milieu d'un pays dévasté et infesté de voleurs, les éléments d'un dictionnaire persan. Il devait rentrer à Paris en 1785, avec une importante collection de plantes et de graines (1). L'autre, bernardin et vicaire général de l'évêque de Babylone, a plus voyagé pour l'Académie des sciences que pour l'Eglise. C'était un élève de l'astronome Lalande et un correspondant de Barthélemy ; il associait dans ses travaux l'étude des astres, du sol et des antiquités, comme l'attestent les cartes dressées par lui, et divers mémoires insérés au *Journal des Savants* et dans d'autres recueils de l'époque.

II

L'œil sur ces émules dispersés à toutes les frontières de l'Orient, Choiseul-Gouffier préparait à loisir, sur le théâtre même de ses anciennes pérégrinations, le second volume de son *Voyage,* et sa correspondance avec Paris était littéraire autant que politique. Il envoyait des matériaux à Barthélemy pour le *Jeune Anacharsis,* enlevant ainsi à cet ouvrage le caractère d'une pure élucu-

---

(1) Notice sur Michaux, par DELEUZE. (*Annales du Muséum national d'histoire naturelle,* t. III.)

bration de cabinet ; et il demandait à l'auteur de lui envoyer le manuscrit avant l'impression, afin de distraire sa solitude. Il faisait rechercher pour Hennin des inscriptions hiéroglyphiques et cunéiformes. En même temps que ses dépêches, d'autres lettres allaient interroger Méchain au sujet des questions d'astronomie, Barbié du Bocage ou tel autre au sujet des antiquités : « Je m'occupe, écrit-il à Barthélemy le 15 novembre 1785, autant que les affaires me le permettent, de ma description de Constantinople et du Bosphore ; je rectifie mes cartes et mes dessins, j'en augmente le nombre, et je puis espérer que ce second volume de mon *Voyage* sera beaucoup plus intéressant que le premier. J'ai à peu près tous les matériaux nécessaires pour terminer la partie de la ville et du Bosphore ; mais il n'en est pas de même, à beaucoup près, des six derniers chapitres, qui contiendront Athènes et la Morée. Je n'ai pas même ici tous les livres qui me sont nécessaires ; ces recherches d'ailleurs me prendraient un temps que je puis mieux employer, et je désirerais que M. Barbié voulût bien venir à mon secours. Il a le premier volume de mon ouvrage, et jugera facilement ce qu'il faut m'envoyer pour me mettre en état de faire un nouveau chapitre à peu près dans le même genre ; un peu d'histoire, beaucoup de remarques géographiques, quelques erreurs des voyageurs qui m'ont précédé, etc. S'il consent à me rendre ce service, je lui adresserais une note détaillée des différents objets ; je reconnaîtrais comme

de raison ses services, absolument comme il le
désirera (1).... »

Ainsi appuyé sur une collaboration multiple à Constantinople et à Paris, il fixait successivement, en Grèce
et en Asie Mineure, les localités où il était utile de
fouiller le sol, de lever des plans, de dessiner des vues,
et pour ces conquêtes pacifiques, lentement toutefois et
péniblement obtenues, qui enrichissaient ses collections,
il négociait plus heureusement que pour la défense de
l'empire. Kauffer, assisté de Le Chevalier, s'aventura, le
6 décembre 1785, dans cette enceinte de Stamboul la
bien gardée, qu'il était encore périlleux aux infidèles de
franchir sans la protection d'un janissaire, et ils y travaillèrent près de six mois, bravant la peste et les
regards hostiles. Ils parcoururent les jardins et les places
publiques, obtinrent même, à force de présents, l'accès
des mosquées, et recherchèrent au seuil, à l'intérieur
ou au faîte des monuments mutilés ou profanés par
Mahomet, les traces encore visibles de l'antiquité
païenne et chrétienne. Une main complaisante leur
ouvrit le château des Sept-Tours, où ils retrouvèrent la
célèbre Porte Dorée de Théodose qu'on croyait détruite.
Ayant ainsi multiplié à leur gré leurs stations topo-
graphiques, ils levèrent de la grande capitale un plan

(1) Le Clerc, dans son *Atlas du commerce*, p. 265-267, a cité d'importants
fragments du mémoire descriptif de Choiseul-Gouffier sur Constantinople
et le Bosphore. Le plan de Constantinople, qui fait partie de son atlas (n° 8),
lui a été fourni par Louis XVI.

dont l'exactitude ne laissait rien à désirer. En deçà,
jusqu'au mont Athos en Europe, et à l'embouchure du
Granique en Asie, des savants de profession et des
officiers de marine, Tondu, Truguet, Racord, de Cha-
naleilles, relevaient attentivement les côtes et les contours des îles les plus rapprochées. Au delà, ils n'attendaient que l'occasion pour prendre de la même
façon possession de la mer Noire. On peut deviner,
d'après les recherches publiées bien postérieurement par
lui sur les origines géologiques du Bosphore, quelle
part Choiseul-Gouffier prenait à ces travaux.

Parmi ses subordonnés, plus d'un tenait à honneur de
lui servir d'auxiliaire ou de devenir son émule. A Salonique, nous trouvons un numismatiste, Cousinéry, qui
se formait une collection de plusieurs milliers de médailles dans ses excursions à travers la Macédoine, à la
vallée du Strymon et aux mines abandonnées de
Thasos (1) ; à Athènes, un archéologue attaché au
théâtre de ses découvertes comme à une patrie qu'il ne
devait plus quitter, Fauvel. Celui-ci, dont quelques
pages de Chateaubriand consacrent le souvenir, commençait à ordonner autour de l'Acropole, pour le plus
grand profit de l'histoire et de l'art, le triple entassement
de décombres amoncelé par les Goths, les Francs et les
Vénitiens. C'est lui sans doute que Le Chevalier a
désigné dans ce consul de France qu'il montre décla-

---

(1) Son *Voyage en Macédoine* n'a été imprimé qu'en 1831.

mant, au milieu des restes du théâtre, des strophes d'*Œdipe à Colone* (1). Tels étaient nos agents, adorateurs désintéressés du passé, et trop distraits du présent peut-être pour voir les consuls russes agitant leur drapeau aux yeux des Grecs asservis, préparant ainsi de loin la guerre qui devait, dans la patrie de tant de chefs-d'œuvre, délivrer de l'outrage les monuments aussi bien que les hommes. Catherine II songeait surtout à l'extension de son influence et de son empire, lorsqu'elle parlait de venger la religion et les beaux-arts, de faire chanter la messe grecque à Sainte-Sophie et jouer les tragédies de Sophocle sur le théâtre d'Athènes. Tels n'étaient point les représentants de la France d'alors en Orient, Cousinéry, Fauvel, l'ambassadeur lui-même. En fait de conquêtes, Choiseul-Gouffier rêvait celle des sculptures du Parthénon, et, chose singulière, autant il mettait d'habileté et de passion concentrée à conquérir la meilleure part dans les découvertes de ses auxiliaires, autant il déployait de courtoisie et affectait de réserve quand il n'avait plus en face de lui que des Turcs ou des Grecs ; il en usait en grand seigneur avec les uns, en chevalier avec les autres. Il ne reçoit jamais rien, au témoignage de ceux qui l'entourent, sans rendre le double de la valeur de ce qu'on lui donne (2), et il se

---

(1) *Voyage de la Troade*, t. I, p. 159. Il faudrait citer aussi les courses d'un médecin attaché à l'ambassade, Jumelin, que recommande principalement sa visite aux ruines de Gythion, le port de Sparte.

(2) CRAVEN (milady), *Voyage en Crimée et à Constantinople*, lettre 50.

ruine tout doucement avec la pensée que le roi le
secourra en temps opportun et à double titre, comme
il mérite de l'être. On le voit interrompre les fouilles
auxquelles les Turcs l'avaient autorisé dans le stade
d'Olympie, sachant qu'elles compromettraient la tranquillité et peut-être la vie d'un aga voisin. Cet aga avait
répondu au porteur du firman impérial : « Tu enlèveras
des pierres dont tu sauras tirer de l'or, le sultan croira
que tu m'as fait partager tes richesses, et ma tête
tombera (1). » Ici Choiseul-Gouffier avait égard aux appréhensions très légitimes d'un fonctionnaire ottoman ;
ailleurs il respectait les croyances superstitieuses de la
population grecque. Dans un village bâti sur l'emplacement de l'ancienne Sigée, à la porte de l'église, il avait
remarqué une pierre portant une inscription qui était
à la fois, pour les habitants, un siège commode et un
talisman contre la fièvre. Il essaya de l'acheter ; mais les
indigènes ne voulant à aucun prix se séparer de leur
trésor, il refusa, comme on le lui conseillait et comme
il eût pu le faire impunément, de recourir à la force.

Fut-il aussi discret en face du Parthénon ? On a bien
raconté que Truguet, chargé d'enlever quelques parties de
ce monument, avec la tolérance tacite du pacha d'Athènes,
ne voulut pas exposer un subalterne à perdre la tête, et
respecta les sculptures enlevées plus tard sans façon par

-----

(1) *Catalogue des objets d'art formant la collection Choiseul-Gouffier*
(par Dubois), avertissement.

l’Anglais Elgin ; mais il ne faut pas oublier que celui-ci a prétendu justifier ses rapines archéologiques par l’exemple de l’ambassade française. Le vice-consul Gaspari et surtout Fauvel devaient être assez souvent embarrassés entre les désirs impérieux de l’ambassadeur et les obstacles opposés par le fanatisme ou la peur des indigènes : « Je n’ai qu’à approuver, écrit au premier le ministre de la marine, l’observation que vous avez faite à M. le comte de Choiseul, sur la difficulté d’enlever secrètement les marbres des monuments antiques qui sont chargés d’inscriptions. Quelque intérêt que cet ambassadeur mette à cette collection, je présume qu’il vous aura recommandé la plus grande circonspection.... » Fauvel se hasarda cependant à détacher, sur la façade orientale du Parthénon, un fragment de la frise, et si, comme on l’affirma plus tard, il se borna à le ramasser, c’est qu’il l’avait aidé à tomber en le descendant à l’aide de cordes trop faibles, qui se rompirent sous le poids. Il aurait *recueilli* de la même manière une des métopes de la façade sud. Le premier de ces précieux fragments, confisqué durant la Terreur avec les collections de Choiseul-Gouffier, entra au Louvre, d’où il n’est plus sorti. Le second, saisi plus tard en mer par les Anglais, devait être vendu aux enchères à Elgin, et restitué par celui-ci à son premier possesseur. Aujourd’hui, il fait également partie du musée du Louvre (1).

---

(1) Froehner, *Notice de la sculpture antique au musée du Louvre*, t. I, éd. de 1878. — Millin, *Monuments antiques inédits*, t. II, p. 43-48.

Choiseul-Gouffier avait essayé inutilement d'arracher au gouvernement turc l'autorisation de dépouiller le Parthénon. Il fit du moins mouler les bas-reliefs demeurés à leur place, et les plus belles parties de la frise, puis les principaux morceaux du temple de Thésée, les cariatides et les chapiteaux de l'Erechthéion, la lanterne de Démosthène, avec la pensée de les relever un jour, si le roi le permettait, dans les jardins de Saint-Cloud ou de Rambouillet. Fauvel explorait en outre, à son profit, le continent et les îles, Eleusis, Santorin, Samothrace; de ces découvertes opérées par lui, la plus remarquable est celle du marbre dit de Choiseul, inscription précieuse pour l'histoire des finances d'Athènes, qui fut commentée par Barthélemy devant l'Académie des inscriptions (1).

Un nouveau et important problème archéologique attira bientôt et absorba l'attention du noble explorateur. Les récits enthousiastes de Le Chevalier sur les ruines de Troie excitèrent chez lui une curiosité mêlée d'envie, et les commentaires bienveillants ou railleurs de la colonie européenne de Constantinople lui portèrent ombrage : « Qu'avez-vous besoin, dit-il un jour à Le Chevalier, d'aller parler de la Troade chez l'internonce ! » Evidemment, le jeune ambassadeur se considérait un peu en Orient comme un nouveau Christophe

____

(1) *Mémoires de l'Académie des inscriptions*, t. XLVIII, p. 437. Cf. *Correspondance de Grimm* (éd. Garnier), t. XVI, p. 130.

Colomb ; les éclaireurs à qui il avait frayé la voie étaient tenus de lui marquer leur gratitude en lui cédant l'honneur de développer, de faire fructifier leurs découvertes au bénéfice de sa propre gloire. Son attention attirée vers la Troade, il s'en entretint assidûment par correspondance avec ses amis de Paris, Foucherot et Barbié du Bocage ; il provoqua la tenue d'une conférence à laquelle assistaient deux de nos ingénieurs militaires, Lafitte et Monnier. On convint de fouiller le sol et d'en faire ainsi surgir, avec les restes qui y étaient ensevelis, le champ de bataille des dieux et des héros. Cassas et Le Chevalier se chargèrent, le premier, de lever la carte de la plaine et de décrire, à l'aide du compas comme du crayon, les pierres exhumées ; le second était là pour diriger les recherches d'après les indications fournies par l'*Iliade*. Le 11 septembre 1786, ils abordaient au cap Sigée ; fleuves, vallées, tombeaux des anciens guerriers, ils crurent tout reconnaître ; ils constatèrent une dérivation jusque-là ignorée du Scamandre vers la mer Egée, et affirmèrent avoir retrouvé les sources du fleuve.

Ce fut bientôt le tour de Kauffer, agent direct de Choiseul-Gouffier. Sous prétexte de rectifier quelques erreurs de Le Chevalier, Kauffer nivela les pentes, compta les sources du Scamandre, fouilla un tombeau où il crut avoir retrouvé l'urne et les armes d'Achille, ainsi que des objets reconnus depuis comme étant d'une date plus récente, compléta en un mot et corrigea, avec la pensée de les attribuer à son maître, les découvertes de Le Chevalier. Choiseul-Gouffier s'en promit aussitôt la description : « Je pars en grand secret la semaine prochaine, écrit-il à Barthélemy, pour aller la faire sur les lieux mêmes, dussé-je y mourir ; pourquoi suis-je si ignorant ou pourquoi ne suis-je pas à portée de vous consulter quelquefois ? » Il eût voulu couronner ces recherches par des fouilles générales, et il proposa au sultan de lui céder pour six ans, moyennant une somme considérable, l'emplacement présumé d'Alexandria-Troas. Des présents adroitement distribués l'aidèrent à surmonter les difficultés de cette négociation, interrompue par les événements de la Révolution et par sa propre disgrâce. Telle était la conquête qu'il méditait, pendant que les Russes ajoutaient le littoral de la mer Noire à leur empire. Troie ressuscitée valait, pour cet amant des arts, Ismaïl pris d'assaut, et la tombe, authentique ou non, d'Achille lui semblait plus précieuse et moins chèrement achetée que les trophées sanglants de Souvorov. Son erreur, si c'en est une, est facilement excusable chez nous ; elle part d'un sentiment désintéressé et généreux, familier aux meilleurs esprits de son temps, et qui a toujours inspiré, à notre honneur comme à notre détriment, le génie de notre nation.

Le palais dit de France servait de quartier général au nouvel explorateur de l'Orient et à ses amis. Ce palais construit en pierre élevait, à côté des maisons de bois

peintes et décolorées par la pluie, sa colonnade et ses
pilastres ioniens. De quelques fenêtres on découvrait la
Corne d'Or, et de quelques autres le sérail, les îles, la
mer de Marmara. Autour s'étendaient des jardins à la
française, sorte d'oasis classique au milieu de la végéta-
tion désordonnée de la nature orientale. On y trouvait
une imprimerie où le préfet apostolique Viguier éditait
ses *Éléments de la langue turque*, d'où sortaient les
manuels de tactique et de castramétation à l'usage des
officiers ottomans ; un observatoire doublé d'une succur-
sale à Thérapia, en correspondance avec les observatoires
de Paris et de Marseille, dont les observations servaient
de base aux opérations trigonométriques et aux travaux
de cartographie exécutés par Tondu et ses émules. On
y voyait passer des gentilshommes voyageant pour leur
instruction ou leur plaisir, le vicomte de Clarac, Arthur
Dillon, le marquis de Jumilhac ; des savants comme le
célèbre naturaliste Spallanzani, qui y fit de curieuses
expériences, et aussi sans doute plusieurs de ces Grecs
qui travaillaient, dans la capitale de leurs oppresseurs,
à la renaissance intellectuelle de leur patrie (1). Une
Anglaise, lady Craven, arrivée de Russie avec des lettres
de recommandation de Ségur, y put accomplir, sans
quitter le Bosphore, son « voyage pittoresque de la
Grèce. » L'ambassadeur mit sous ses yeux, avec la
meilleure grâce, les nombreux dessins de ses porte-

---

(1) J. LAMBER. *Nouvelle Revue*, 15 octobre 1880.

feuilles, et après lui avoir fait parcourir ainsi son empire, il lui prêta un bâtiment pour aller visiter la grotte d'Antiparos. Lady Craven oublia en le voyant ses préventions contre les Français, et partit sous l'impression la plus favorable de sa générosité et de son esprit. « M. de Choiseul, a-t-elle écrit, est non seulement très savant, mais il est très aimable et très poli, et n'a point cet air à prétentions si maussade des jeunes seigneurs français, qui croient devoir dire de jolies fadeurs à une femme ou se récrier sur ses charmes à première vue. Il a la dignité de la vieille cour, jointe à l'aisance des manières modernes. Quand je serais l'impératrice de Russie, il ne pourrait me traiter avec plus de respect (1). »

Quelquefois il lui survenait de plus singulières visites. Un jour, un Français se présente inopinément à lui et décline en rougissant son nom. Il s'appelle Retaux de Villette ; il a figuré dans le procès du Collier comme ayant contrefait la signature de la reine, et on l'a expédié en Turquie pour lui faire subir la peine du bannissement qu'il a encourue. Choiseul-Gouffier réussit à lui procurer une place chez un hospodar, puis chez un grand seigneur russe, et lui assura ainsi l'oubli des autres et peut-être de soi-même (2).

Français et étrangers de distinction étaient accueillis

---

(1) Craven (milady), *Voyage en Crimée et à Constantinople*, lettre 16.
(2) Recueil manuscrit d'anecdotes sur Choiseul-Gouffier.

par lui avec un égal empressement, et s'arrachaient avec
peine à son hospitalité (1). La société cosmopolite de
Péra, dont le corps diplomatique formait le principal
élément, venait chercher auprès de lui une image, si
lointaine qu'elle fût, des plaisirs de Paris et des manières
de Versailles. On y eût voulu introduire jusqu'au
théâtre de société, alors si fort à la mode ; témoin cette
page de chronique mondaine, glissée un jour par l'ambassadeur au milieu d'une de ses dépêches : « On s'était
avisé de jouer cet hiver la comédie à Péra. La femme
de l'internonce et celle du ministre de Suède, peu
aimables d'ailleurs, ne parlaient, ne rêvaient plus que
théâtre, et, dans leur ferveur dramatique, elles voulaient
associer à leur baragouinage quelques-uns des officiers
français ; malgré leurs persécutions et celles de leurs
maris, qu'elles ont fait agir auprès de moi, je n'ai pas
cru devoir le permettre : 1º parce que le roi a interdit
ce divertissement aux officiers de ses troupes lorsqu'ils
sont à leur service, et que je ne dois pas tolérer ici ce
qui est défendu en France (2) ; 2º parce que ce qui, dans
tout autre temps, serait sans inconvénient en aurait ici
de très grands, et nuirait, d'après les préjugés des Turcs,
à la considération que nos officiers ont su obtenir d'eux.

---

(1) « Je ne trouverai longtemps, écrit l'un d'eux, des jours comparables
à ceux que j'ai passés dans cet heureux séjour ; c'est assez dire dans quel
palais et sous quel ambassadeur je vivais. » (*Revue de géographie*, août 1877,
p. 22.)

(2) Allusion à un règlement du ministre Monteynard (février 1772),
défendant à tout officier en garnison de jouer la comédie.

Ces dames et, ce qui est plus plaisant, leurs maris m'ont accusé de pédantisme, et je suis forcé de convenir que ce reproche a eu pour moi le mérite de la nouveauté. On a prétendu que mes souffrances me donnaient de l'humeur, et que, ne sortant point de ma chambre, je m'intéressais peu aux plaisirs des autres. Enfin, pour se dédommager de mes rigueurs, elles écrivent en France pour avoir ici une troupe de comédie. J'ai dû alors changer de langage, et j'ai ouvert ma bourse en les priant d'y puiser à discrétion, exigeant qu'on mît sur l'affiche : Les pestiférés n'entreront pas, même en payant, comme on le dit en France de la livrée (1).... »

La peste était en effet presque toujours présente dans la ville turque, à l'arsenal, sur le port ; si bien qu'aux réunions de la colonie européenne, chacun pouvait craindre un contact dangereux. A ces ennuis, inséparables d'un pareil séjour, il faut joindre les embarras d'argent, nés d'une générosité imprévoyante, puis la nécessité de peser tous ses mots et de calculer ses moindres démarches en face de collègues qui étaient pour la plupart, de par la politique, des ennemis cachés ou des alliés suspects. La vie ordinaire de l'ambassadeur s'écoulait donc dans l'isolement, presque la captivité ; heureux quand la peste ne visitait pas sa demeure, et elle s'y introduisit quatre fois en six ans. Si d'aventure il sortait, des janissaires payés par le trésor français, qui gardaient

---

(1) Choiseul-Gouffier à Vergennes, 2 juin 1786.

la porte, restaient fièrement assis, et le moindre d'entre eux s'arrogeait le pas sur lui, convaincu de la supériorité du dernier des musulmans sur le premier des *giaours*. Leur compagnie était nécessaire à tout étranger se hasardant à franchir l'enceinte de Constantinople. Choiseul-Gouffier n'abusait point de cette étrange escorte ; il ne sortait guère que pour aller, durant l'été, respirer un meilleur air à sa campagne de Thérapia, ou soigner sa santé délabrée (il fut pendant dix-huit mois souffrant, presque aveugle) aux eaux de Brousse, en Asie Mineure. Les lettres de France, au moins les lettres intimes de Talleyrand, ne lui arrivaient qu'irrégulièrement et avec peine (1). Cette solitude relative, succédant brusquement à une vie brillante et agitée, était pour lui l'inévitable et le plus constant ennemi. Il semble le voir comme le prince de Ligne, cet autre exilé de la cour la plus séduisante de l'Europe, contemplant avec mélancolie, de son ermitage de Crimée, « les blancs minarets, les longues et minces cheminées en forme d'aiguille, » repassant sa vie, sa destinée, les souvenirs des lieux qui l'entourent, puis s'écriant : « Que fais-je donc ici ? Suis-je prisonnier turc ? Suis-je jeté sur cette côte par un naufrage ? » Ou plutôt écoutons-le : « Je redoute l'hiver, écrit-il à Barthélemy, et je n'aurais ni la force ni le courage d'en supporter un comme le dernier. Vivre aussi loin de tout ce qui m'est

---

(1) Choiseul-Gouffier à Hennin, 10 janvier 1785.

cher, c'est un supplice dont rien ne peut jamais me dédommager ; l'incertitude de sa durée le rend plus cruel encore, et j'acquiers la certitude que je n'étais point du tout né pour les grandeurs. » Il s'adresse au ministre lui-même, dans un moment d'abandon : « Oui, Monsieur, je regrette infiniment ma femme, que j'ai toujours tendrement chérie, lors même que ma jeunesse et la vivacité de ma tête m'entraînaient à quelque étourderie, mes enfants, dont je voudrais pouvoir diriger l'éducation, des amis parfaits qui faisaient mon bonheur.... » Et il faut croire à un effort de sa volonté comme à la sincérité de son langage, quand il ajoute : « Je suis prêt à rester ici ou à courir à l'autre bout du monde, si je puis espérer d'y mériter votre estime et de n'y être pas inutile au service du roi (1). »

Les nouvelles qui lui arrivaient de France lui prouvaient pourtant qu'il n'y était ni oublié ni méconnu. A l'Académie, Rulhière, unissant son nom à celui du cardinal de Bernis, les montrait l'un et l'autre représentant le génie de la France en face des génies de la Grèce et de Rome, dans la capitale du monde chrétien et dans celle

(1) M. le prince de Bauffremont-Courtenay possède un portrait de Choiseul-Gouffier fait par lui même, qui le montre évidemment dans ce cadre de la vie orientale où il était momentanément placé. Il s'est représenté assis sur un tertre, en uniforme jaune à revers rouges, le tricorne sur la tête et une grande pipe à la main.

Il existe encore de nombreux dessins de Choiseul-Gouffier ; je signalerai entre autres, au château de Brienne, deux vues de Constantinople, assez grandes, et chez M. le comte H. de Riencourt, une tabatière avec miniature représentant un paysage d'Orient.

du monde musulman. A la cour, la reine, afin d'alléger
les charges éventuelles que lui imposait sa nombreuse
famille, s'occupait d'établir sa fille aînée ; elle lui procura,
en 1786, l'alliance du comte de Saulx-Tavanes, qui fut
créé duc à l'occasion de ce mariage. Au ministère des
affaires étrangères, sa situation demeurait intacte. Lorsque
Montmorin y entra (janvier 1787), il relut les dépêches
de Turquie, et il rendit publiquement à leur auteur le
témoignage qu'il était impossible d'avoir une meilleure
conduite que la sienne (1).

Entre ses livres, ses collections, ses hôtes de passage,
Choiseul-Gouffier pouvait donc se croire encore à Paris ;
il n'apercevait plus que de loin l'Orient, comme dans
un songe, sous ce magnifique horizon de la Corne d'Or,
limité par les blancs tombeaux et les sombres cyprès de
Scutari, et cependant il allait être ramené malgré lui aux
plus graves préoccupations politiques. Au milieu de ses
pacifiques conquêtes, il voyait s'approcher ce que
Delille appelait avec esprit, et non sans justesse, « la
dernière représentation de l'empire ottoman (2). » Le
mot n'était vrai qu'à moitié. Un grand drame se préparait en effet, avec un décor fait à souhait pour le plaisir
des yeux et destiné à encadrer successivement des scènes
de violence, d'intrigue et de féerie. L'ambassadeur de
France se voyait traîné sur la scène et condamné à un

---

(1) Talleyrand à Choiseul-Gouffier, 4 avril 1787 (dans le *Bibliophile
français*, août 1868).

(2) *Correspondance de Métra*, t. XV, p. 125.

rôle ingrat : « J'ai besoin, disait-il alors, de sortir de cet abîme, ne fût-ce qu'une minute, et d'aller respirer au grand air; » et il allait être ramené, non sans se plaindre, de ses études désintéressées aux devoirs toujours plus graves dont il avait accepté un peu à la légère le fardeau et la responsabilité.

CHAPITRE V

L'AMBASSADE DE CONSTANTINOPLE. — AFFAIRES POLITIQUES
(1787-1788)

———

I. Action commune & pacifique de Ségur à Pétersbourg, de Choiseul-
Gouffier à Constantinople. — Défiance des Russes & des Turcs. — Nouvelles prétentions de la Russie, soutenues secrètement par l'Autriche. —
Catherine II & Joseph II en Crimée. — Bravades des Turcs, sous l'influence anglaise & prussienne.

II. L'ambassadeur russe aux Sept-Tours. — Premières hostilités. — Lafitte
à Otchakov. — L'Autriche déclare la guerre aux Turcs. — Aventures de
Le Chevalier & de Ferrières-Sauvebœuf. — Choiseul-Gouffier approvi-
sionne Constantinople, secourt les prisonniers russes & autrichiens. —
Evasion du chevalier de Lombard.

III. L'opinion sur les Turcs à Paris. — L'abbé Barthélemy & Volney. —
La mission militaire française quitte Constantinople. — Les volontaires
français au camp russe.

———

I

Mille incidents, préparés ou inattendus, rendaient
imminente une nouvelle guerre entre les Turcs et les
Russes. Les uns aspiraient à la prompte revanche de
leurs échecs diplomatiques et militaires, les autres à

l'achèvement de leurs conquêtes ; sans parler de Potemkine, impatient d'orner sa poitrine du grand cordon de Saint-George, et de se tailler une principauté sur les bords de la mer Noire. Entre ces adversaires se mesurant déjà du geste et du regard, Ségur, son traité de commerce à la main, Choiseul-Gouffier, malgré son entourage militaire, avaient pour devoir commun de prêcher la prudence et la paix, de protéger le faible, et ils étaient malgré eux, comme à leur insu, gagnés à la cause du plus fort. Ils remplirent correctement leur rôle et furent fidèles à la lettre de leurs instructions ; mais ils connurent d'avance, ils souhaitèrent peut-être tout bas l'inutilité de leurs efforts. En fait, ils se contrariaient mutuellement et hâtèrent, sans le vouloir, le moment des premières hostilités.

Avec le titre modeste de ministre, Ségur était au poste principal, là où le vainqueur était le maître de réveiller la question orientale ; il devait détourner, s'il était possible, vers quelque autre but l'ambition de Catherine II. Ses avances pour obtenir la signature du traité de commerce et jusqu'à ses succès comme homme d'esprit lui nuisirent ; car il parut entraîné, lui et le gouvernement qu'il représentait, à la remorque de la Russie, tandis qu'il n'avait conquis auprès des hommes d'État russes qu'un semblant de confiance : « Vous me pardonnerez, écrivait en 1785 Bezborodko à un ami, de ne pouvoir jusqu'à présent m'habituer aux Français, et je ne m'habituerai à eux que lorsque la nécessité les rapprochera de nous. Le comte de Ségur répète sans cesse que nous devons, eux et nous, employer tous nos efforts à maintenir l'équilibre de la paix en Europe.... Son collègue Choiseul-Gouffier nous dit que les Français instruisent les Turcs et les préparent à la défense et non à l'offensive, en qualité d'anciens amis, nous promettant gracieusement de ne pas leur permettre de commencer la guerre. Dieu veuille que cette situation s'éclaircisse, et que nous ne soyons pas obligés d'être sous leur tutelle ! (1) »

Potemkine, plus adroit, mêlait volontiers les caresses aux rebuffades. Tantôt il raillait celui qu'il appelait Ségur-*Effendi* de sa tendresse paternelle pour les Turcs, qu'il ne trouvait ni humaine ni chrétienne ; tantôt il l'éblouissait en passant par des perspectives séduisantes : « Si votre maître voulait, lui dit-il un jour à l'improviste, croyez-vous qu'il ne serait pas bien facile de refouler les barbares en Asie, et de nous partager à deux la Turquie, la Grèce, l'Archipel et l'Égypte ? — Beau rêve, répliqua Ségur en souriant, mais aussi chimérique que celui de l'abbé de Saint-Pierre, et de plus réalité redoutable pour celui qui n'aurait pas Constantinople ! » Puis il poursuivit l'entretien sur un ton de nature à faire croire qu'il ne considérait pas

---

(1) Cette lettre est empruntée à l'important ouvrage sur Bezborodko publié par M. GRIGOROVITCH dans le *Recueil de la Société d'histoire de Russie*, t. XXVI et XXVII.

comme sérieuse cette étrange ouverture (1). Elle l'avait
frappé pourtant, car six semaines après il écrivait à
Paris : « Si la France et la Russie unissaient leurs
systèmes, et leur poids pour l'affermir *(sic)*, quelle
puissance oserait ou pourrait l'ébranler? » Il y a là en
germe le projet de quadruple alliance qu'il présen-
tera deux ans plus tard, et cette fois en désespoir de
cause, comme une garantie de la pacification européenne. En attendant, la France, entre l'autocrate et le
sultan, allait ressembler, par la faute de ses gouvernants,
à ce personnage de comédie qui veut séparer deux
époux en querelle, flatte inutilement l'un et l'autre et
finit par les réunir tous deux contre lui.

Choiseul-Gouffier n'avait pas, comme Ségur, l'occasion
de faire valoir son esprit et d'en être ébloui le premier.
Cet esprit pouvait, en France, suffire à tout et mener
à tout ; sur une terre barbare, il était impuissant à
masquer les défaillances d'une politique inconséquente
et, qu'on me passe le mot, *désorientée*. L'ambassadeur
devait, d'une façon générale, étendre la protection
française sur les Turcs, mais en fait mesurer, retirer au
besoin cette protection, sans jamais désespérer ses protégés, sans jamais rien aussi leur promettre : « Je ne
serais pas surpris, lui disait Vergennes, que dans les
entrevues que l'on recherche avec vous on ne vous
proposât une alliance avec la France. Vous êtes sûrement

---

(1) Ségur à Vergennes, 7 juillet et 28 octobre 1785.

bien pénétré de son incompatibilité avec le système que le roi a adopté (1). — Mon maître est votre défenseur, devait-il donc à son tour dire aux Turcs ; mais il ne saurait jamais ni en aucune façon être votre allié ; il doit même, pour votre bien, vous empêcher de recourir à d'autres. » En outre, il lui fallait persuader ses clients que le traité de commerce avec la Russie n'était pas la préface d'un traité d'alliance, juste au moment où, pour conquérir l'entrée des détroits, il devait menacer la Porte du rappel des officiers français !

On ne saurait mieux comparer sa situation qu'à celle imposée soixante-dix ans plus tard aux représentants de Napoléon III près du saint-siège. Ceux-ci avaient pour mission apparente et officielle de défendre le pape, dans tous ses droits de souverain temporel, contre le roi de Sardaigne et le parti révolutionnaire ; ils devaient en même temps lui conseiller, lui imposer presque des réformes jugées indispensables dans son gouvernement. Ils n'espéraient au surplus être écoutés ni du pontife ni de ses ennemis ; de part et d'autre, on ne tenait guère compte, suivant leurs secrets désirs, de leurs conseils ou de leurs protestations ; et le patrimoine de saint Pierre devait être conquis pièce à pièce sous leurs yeux, sans qu'ils eussent ni paru renoncer jamais à l'honneur tra-

---

(1) Vergennes à Choiseul-Gouffier, 26 juin 1785. Ce qui ne l'empêchait pas, peu de temps après (19 octobre), d'écrire à Ségur : « Sa Majesté s'en tient à faire connaître que décidément elle soutiendra l'empire ottoman par tous les moyens qui seront en son pouvoir. »

ditionnel de sa protection, ni accompli un acte sérieusement utile à sa défense.

Que pouvait donc Choiseul-Gouffier, sinon souffler
aux Turcs des réponses équivoques en réplique à des
demandes excessives et se succédant sans relâche? C'était
tantôt au sujet des Tatars du Kouban ou des Zapo-
rogues réfugiés en Turquie, accusés d'avoir ravagé le
territoire russe; tantôt au sujet des Lesghis du Caucase,
autres maraudeurs de frontières, qu'on disait poussés en
avant et soutenus par le pacha d'Achalzig. Ces plaintes
étaient exagérées et présentées avec une mauvaise foi
avouée de Ségur lui-même, et il eût été facile d'y répondre en accusant la propagande des consuls russes,
multipliés en Turquie au delà des besoins du commerce,
et de ces agents de discorde qui parcouraient, la main
pleine de roubles, les provinces convoitées (1). Usant
d'un artifice dont on ne se défiait pas assez, l'impératrice
s'efforçait d'engager la France dans son offensive diplomatique. Tout en repoussant la médiation en forme de
Louis XVI, — le sujet, disait-elle, n'en valait pas la
peine, — elle acceptait ses bons offices; elle prescrivait
à Bulgakov de combiner ses démarches avec celles de
l'ambassadeur français, et le laissait, aux moindres
avances de celui-ci, se dérober sans façon (2). Elle en
vient même, sous couleur de marquer plus nettement

____

(1) Vergennes à Ségur, 14 décembre 1785.
(2) Ségur à Vergennes, 11 juin et 12 août 1786. — Vergennes à Ségur,
26 août.

son mécontentement aux Turcs, à ne plus vouloir
traiter directement avec eux, et elle s'efface derrière son
allié d'occasion ; si bien que Vergennes ne peut s'empêcher de dire, avec un mélange d'humeur et d'embarras : « La cour de Russie a sa manière de traiter les
affaires qui n'est pas toujours bien didactique ; il faut la
servir à son gré, quand le fond de ses demandes ne peut
pas nous compromettre (1). »

Vergennes ne se crut donc pas compromis en forçant
les Turcs à céder dans l'affaire des Lesghis, sauf à leur
obtenir une satisfaction sans conséquences au sujet des
consuls russes et de leurs intrigues ; et néanmoins, peu
de temps après, Bulgakov rouvrit le débat à l'improviste,
par des prétentions élevées sur la suzeraineté de la
Géorgie. Choiseul-Gouffier, dépourvu d'instructions, se
tint cette fois sur la réserve, et les Turcs de lui répéter :
La médiation française est-elle une chimère ?

Telle est la situation au début de l'année 1787.
Catherine II sent cette fois la direction de la politique
européenne passer de l'Occident au Nord. « Son intérêt
présent fonde sa bienveillance pour le ministre de France
en Russie, et son intérêt à venir cause son aigreur contre
l'ambassadeur du roi à la Porte (2). » Vergennes vient
de mourir, et son successeur, l'honnête et faible Montmorin, affiche dans toutes les affaires européennes un

-----

(1) A Choiseul-Gouffier, 19 octobre 1786.
(2) Ségur à Vergennes, 26 août 1785.

désintéressement fort voisin de l'impuissance avouée.
Pour maintenir la paix de l'Orient, il tâte d'abord le
terrain du côté de l'Autriche, l'alliée officielle. C'est à
Vienne, avait dit Ségur, cette fois très clairvoyant et
très pratique, que nous pouvons sauver l'empire
ottoman (1). Au nom du pacte de 1756, Louis XVI
sollicita de son beau-frère une action commune contre
les entreprises russes : « La réponse qui nous sera faite,
écrit Montmorin, le 8 mars, au marquis de Noailles,
ambassadeur à Vienne, nous donnera la juste mesure
de notre alliance; si cette réponse est négative ou seulement évasive, ce qui revient au même, nous aurons la
démonstration que Joseph II a un intérêt supérieur à
celui qui l'unit à la France. » Jusque-là Kaunitz affirmait ignorer le nouveau débat soulevé à Constantinople.
Il était d'ailleurs jaloux autant qu'un Anglais du traité
de commerce négocié par Ségur. Selon lui, la situation
n'avait rien de grave; l'impératrice ne voulait que
garder ses conquêtes, et les nouvelles demandes de
Bulgakov, suggérées par un caprice de Potemkine,
tomberaient devant une attitude tant soit peu ferme de
la Porte. Il eût parlé bien autrement, s'il eût vu les
Russes aux portes de Constantinople; mais en ce mo-

---

(1) A Hennin, 27 février 1786. — « Si l'empereur, ajoute-t-il, ne veut
pas garantir avec nous l'existence des Turcs telle qu'elle est, au lieu de désirer
secrètement leur conservation comme il le fait en ayant l'air à Pétersbourg
de désirer leur perte, et en nous laissant l'odieux de leur défense, qu'on lui
fasse craindre un rapprochement avec Berlin, et le masque se lèvera, et
l'empire ottoman sera sauvé. »

ment une seule éventualité l'inquiétait, le retour possible de Catherine II à l'alliance prussienne, qui l'eût désarmé en Allemagne comme en Orient, et tout en affirmant du bout des lèvres qu'il se prêterait aux désirs de la France, il s'attachait à la Russie avec la volonté déterminée de ne la contrarier en rien ni nulle part. C'est ce que constate Noailles dans la lettre même où il transmet la réponse impériale (1).

Catherine II, entrainant derrière elle l'Autriche, et par l'Autriche indirectement la France, était donc devenue la maîtresse des événements. Pour en imposer aux uns, enchaîner ou intimider les autres, elle avait commencé, dès le mois de janvier, son voyage triomphal vers la mer Noire. Dans son cortège de courtisans cosmopolites, elle avait eu soin d'attirer les ambassadeurs d'Angleterre, d'Autriche et de France, qu'elle voulait, disait-elle, détromper sur la prétendue barbarie de ses peuples. Trois mois durant, elle s'arrêta à Kiev, au milieu de fêtes égayées par l'esprit de Ségur et de ses collègues, les uns à moitié dupes, les autres à moitié complices. Elle eut la satisfaction d'y admettre à son audience non seulement les députés des Lesghis, ces « petits magots » qui, de par la médiation française, étaient devenus ses sujets, mais aussi des courtisans de Versailles, des héros de la guerre d'Amérique, comme

---

(1) « Sa jalousie à notre égard est pour le moins aussi forte que sa méfiance envers la Russie. L'empereur se prétera difficilement à concerter avec nous de sages mesures pour l'avenir. » (Noailles à Montmorin, 9 mai 1787.)

Alexandre de Lameth et Edouard Dillon. Lafayette avait annoncé sa venue, et l'impératrice parut regretter son absence. C'était encourager cet esprit d'innovation, cette marche en avant vers une révolution imminente, qui allait distraire de l'Orient l'attention des peuples occidentaux. Catherine, comme si elle eût déjà escompté la neutralité complaisante de la France, fit partir un courrier pour recommander à Bulgakov d'enchaîner plus que jamais à son action son collègue de France. Ce courrier fut attaqué et tué près d'Andrinople, on ne sait par qui, ses dépêches furent saisies et perdues ; et Choiseul-Gouffier, inquiet de ne point recevoir de Kiev les nouvelles qu'il attendait, dut revenir ainsi à son premier souci, celui d'assurer aux Turcs, à défaut d'une victoire impossible, une défaite honorable. Le 5 avril, Lafitte, muni d'un firman spécial, partit avec plusieurs officiers et une troupe d'artilleurs français, pour mettre Otchakov, suivant un plan déjà ancien, en état de défense (1). Le 30 mai, le vaisseau de soixante-quatorze construit par nos ingénieurs fut lancé solennellement à la mer, en présence du sultan.

Dès lors les Turcs haussèrent le ton, et, rendus plus entreprenants par les faciles succès du capitan-pacha en Egypte, ils multiplièrent leurs préparatifs de guerre. Derechef ils affirmèrent leur suprématie sur les Géor-

---

(1) ANTHOINE *(Essai,* etc., ch. XXXII) affirme que ce fut à l'instigation secrète du cabinet de Londres que les officiers français furent envoyés à Otchakov.

giens, reconnue, disaient-ils, par le traité de Kainardji, l'indépendance des Lesghis et la légitimité de leurs armements. Ils repoussèrent hautement l'établissement d'un consulat russe à Varna, et toute ingérence étrangère dans l'administration de la Moldo-Valachie. Le dernier khan de Crimée, réfugié à Rhodes, coupable de s'être laissé dépouiller de ses Etats, fut mis à mort malgré l'intervention du consul français. Dès la fin de février, la flotte turque avait pris la mer. Afin d'atténuer le caractère de cette démonstration, notre ambassadeur prit soin d'indiquer à cette escadre un mouillage en deçà des bouches du Dniéper ; et comme s'il eût voulu faire oublier jusqu'à cette apparence de concours, accréditer de part et d'autre son autorité de médiateur, c'était encore lui qui, au même moment, protégeait à la Canée le consulat russe assailli par la populace (1).

Cependant Catherine II approchait de cette Crimée où elle avait jeté l'année précédente les fondations de Sébastopol. Le 8 mai, elle s'embarquait sur le Dniéper. Après avoir admiré, le long du fleuve, les villages improvisés par Potemkine, elle arrivait à Kherson, où un arc de triomphe portait un distique grec, résumé aussitôt d'un mot par les courtisans : *Chemin de Byzance*. Ce chemin n'était pourtant guère encore accessible; les yeux de la souveraine furent désagréablement surpris par la vue d'une flotte à l'horizon. Deux échappés de

---

(1) Choiseul-Gouffier à Montmorin, 10 mai 1787.

Versailles, alors empressés autour d'elle, les princes de
Ligne et de Nassau, coururent en reconnaissance au rivage, et leurs appréhensions furent confirmées : c'étaient
vingt vaisseaux turcs, venus, malgré Choiseul-Gouffier,
montrer leurs canons à l'embouchure du Dniéper. La
mauvaise humeur de Catherine redoubla lorsqu'elle
apprit la présence et les travaux de Lafitte à Otchakov :
« Voyez-vous, disait-elle des premiers, il semble qu'ils
ne se souviennent plus de Tchesmé. » Puis se tournant
vers ses courtisans étrangers : « Votre France, sans
savoir pourquoi, protège toujours les musulmans. » Et
Potemkine, avec son emphase ordinaire, enchérissant
sur cette pensée : « Si les Turcs tirent un coup de fusil,
dans deux mois le grand-duc Constantin sera sur le
trône de Constantinople. »

Catherine ne désirait pas une guerre si prompte.
Joseph II, qui était venu la rejoindre à Kherson, s'y
montrait défavorable. Pour elle, il lui suffisait de conduire
lentement les choses à ce point inévitable où elle aurait
compromis la France à sa suite, et poussé les Turcs
exaspérés sur les baïonnettes de ses soldats. En attendant, elle faisait tâter Ségur sur la possibilité d'une
alliance destinée à couvrir ses entreprises; puis, dans
l'attitude d'un Louis XIV venant visiter la Flandre ou
la Franche-Comté conquise, elle venait, sous l'escorte
de ses nouveaux sujets, occuper à Baktchi-Seraï le vieux
palais des khans ; enfin elle passait en revue son armée
à Krementchuk et sa flotte à Sébastopol. Historiographes

malgré eux, Ségur dans de fréquentes dépêches qui ont
fait depuis le fond de ses *Souvenirs*, et le prince de Ligne
dans des lettres destinées aux salons de Paris, décrivaient,
pour les curieux de la cour et de la ville, chaque étape
de ce triomphe, présage de prétentions ou de victoires
ultérieures. Il fallait, malgré tout, se donner les apparences d'intentions pacifiques ; Catherine et Joseph
mandèrent auprès d'eux leurs représentants à Constantinople, Bulgakov et d'Herbert, et ils dressèrent avec eux
un soi-disant plan de conciliation qui consacrait au
moins quelques-unes de leurs prétentions. On appréciera
celles de la Russie par une note remise à Versailles sur
des instructions envoyées de Sébastopol. Les Turcs
n'avaient qu'à reconnaître l'indépendance de la Géorgie,
à faire cesser sur leurs frontières les hostilités des Kirghiz
et des Abases, à régler certaine question de salines
pendante entre les gouvernements d'Otchakov et de
Kinburn, à accepter un consul russe à Varna, à s'expliquer sur leurs armements, à ne plus changer si fréquemment les hospodars de Moldavie et de Valachie,
et moyennant toutes ces petites concessions, une paix
durable était assurée entre les deux empires. Ségur et
Choiseul-Gouffier, spectateurs plus ou moins lointains
de cette comédie, en voyaient venir avec inquiétude le
dénouement : « Rien n'est à craindre pour aujourd'hui,
mandait le premier au second ; tout est à craindre pour
l'avenir. »

Catherine II avait en effet atteint son but ; elle avait

prouvé aux Turcs qu'ils ne devaient guère compter sur
l'appui, même moral, de la France, et elle reprit lentement le chemin du Nord, laissant entendre qu'elle ne
maintiendrait pas absolument toutes ses prétentions.
Cette retraite enhardit et trompa la Porte de toute
manière, la poussa à se montrer exigeante à son tour.
Les envoyés anglais et prussien, Ainslies et Diez,
commençaient à avoir l'oreille du grand vizir, et ils
usaient de leur crédit naissant contre leurs rivaux de
Paris ou de Vienne. Les Anglais étaient particulièrement
jaloux du traité de commerce franco-russe, et rien ne
vengeait mieux leur échec qu'une guerre éclatant en
Orient. La France, pensaient-ils, devra renoncer à son
traité, si elle soutient les Turcs par les armes; elle
perdra l'espoir du commerce de la mer Noire, si elle
les abandonne (1). Pour leur compte, ils convoitaient de
nouveau et se flattaient d'obtenir le passage de Suez.

Bientôt, sous le coup de leurs insinuations, le Divan
s'imagina sottement que l'impératrice avait quitté la
Crimée devant la démonstration de sa flotte, et ne mit
plus de bornes à ses propres prétentions. Il déclara s'en
tenir purement et simplement au traité de Kaïnardji, et
regarder le traité de 1783 comme une « faveur momentanée, » qu'il était le maître de retirer. En conséquence,
les exportations de la Méditerranée dans la mer Noire
devaient cesser, et les navires russes suspects d'avoir à

---

(1) Noailles à Montmorin, 30 avril 1788.

bord des marchandises prohibées ou des déserteurs grecs subiraient le droit de visite à leur passage dans le Bosphore; les consuls russes convaincus de menées hostiles seraient punis, et des consuls turcs établis à titre de réciprocité en Russie; enfin Catherine II renoncerait formellement à ses prétentions sur la suzeraineté de la Géorgie (1).

Tel fut l'ultimatum que reçut Bulgakov le 26 juillet, de la bouche du reis-effendi, et auquel il répliquait selon sa coutume, en poussant les choses à l'extrème, sous l'inspiration personnelle de Potemkine; les Turcs, selon lui, devaient céder sur tous les points, et ne compter sur aucune condescendance à leurs propres plaintes (2). De loin, et pour la galerie, l'impératrice pouvait désormais sans danger étaler des désirs pacifiques qui, dans quelques semaines, vu l'exaspération des Turcs, devaient se transformer en regrets non moins hypocrites. On la voit jouer la surprise, presque la crainte, dans un entretien qu'elle eut alors à l'Ermitage avec Ségur, le 5 septembre 1787. Après le spectacle, elle le prit à l'écart : « Savez-vous, lui dit-elle, qu'il a été question de mettre mon ministre aux Sept-Tours, et que je suis peut-être au moment d'avoir malgré moi la guerre avec le Grand Seigneur? — Je sais en effet les Turcs fort échauffés et peu raisonnables, mais cette efferves-

____

(1) Choiseul-Gouffier à Montmorin, 3 août 1787.
(2) Noailles à Montmorin, 27 août 1787.

cence momentanée tombera probablement devant la modération de Votre Majesté et par les bons offices de l'empereur et du roi. — M. de Choiseul, se hâte-t-elle de répliquer, comme pour enrôler cet allié lointain sous sa bannière, est sérieusement fâché contre les Turcs, et fait tout ce qu'il peut pour leur faire entendre raison. — Assurément le roi ne négligera rien pour maintenir la paix entre les deux empires ; mais quel que soit le zèle de M. de Choiseul, les esprits sont si excités par d'autres ambassadeurs, que ses démarches seront sans doute infructueuses, tant que le vizir actuel sera en place. — Il faut le faire sauter si l'on peut, lui et le reis-effendi, qui est aussi mal disposé que lui. Ces ministres ont trop dépensé pour l'armée, et ils craignent la fureur du peuple, qui croira cet argent perdu si la guerre ne se fait pas. Aussi ne serais-je pas étonnée si le premier courrier m'apprenait qu'elle est déclarée ; je ne la veux point, mais je ne la crains pas [1]. »

Catherine II ne se trompait pas ; tandis que Choiseul-Gouffier, se reposant sur l'apparente modération de la tzarine et l'habileté superficielle de Ségur, sollicitait à son tour un congé de quelques mois, l'Angleterre arrivait à ses fins ; un coup de théâtre se produisait à Constantinople, qui dispensait la chancellerie moscovite de discuter l'*ultimatum* turc, précipitait et changeait le cours des événements.

---

[1] Ségur à Montmorin, 5 septembre 1787. Cf. *Souvenirs*.

II

Le 16 août 1787, Bulgakov fut sommé par le grand
vizir de consentir, dans le délai d'une heure, à la restitution de la Crimée ; sur son refus, il fut conduit et en-
fermé au château des Sept-Tours ; neuf jours après, le
Divan communiquait à Choiseul-Gouffier et publiait le
manifeste résumant ses griefs contre la Russie et con-
cluant à la guerre. Par ce double éclat, les Turcs surpre-
naient l'impératrice, encore mal préparée à la lutte, et
beaucoup plus la France, dont ils semblaient ainsi dédai-
gner les avis, punir la réserve, et préjuger la neutralité.
Il n'y aura bientôt plus de vaisseaux russes sur la mer
Noire, ose écrire le grand vizir ; et pourtant quels sont
ses premiers trophées ? C'est un soixante-quatorze jeté
par la tempête dans le Bosphore, qui a baissé pavillon sans
combat, et dont l'équipage est envoyé au bagne (1) ; ce
sont d'autres navires échoués aux bouches du Danube :
« Vous pouvez juger, mande Choiseul-Gouffier, s'il est
possible de parler le langage de la raison à un homme
qui ne veut pas envoyer de canons à Otchakov parce
qu'il se croit sûr que les Russes n'oseront pas l'attaquer ;
à un homme qui rejette le projet facile de fermer à
jamais le Borysthène en coulant un vaisseau dans la

____

(1) *Mémoires* de FERRIÈRES-SAUVEBŒUF, t. I, p. 89.

passe, parce qu'il veut remonter par ce fleuve avec sa flotte dans l'intérieur de la Russie (1). »

Le fanatisme musulman, implacable envers les Occidentaux comme envers les « orthodoxes » de Moscou, se déchaînait de nouveau avec la guerre sainte. Le grand vizir, eût-il montré de bonnes dispositions pour la France, se fût heurté aux ressentiments de la nation entière. Lorsqu'à Andrinople, près d'entrer en campagne, il voulut faire manœuvrer ses soldats à l'européenne, il n'obtint leur obéissance que sous la promesse d'une gratification qui ne fut pas tenue ; de là un soulèvement auquel il dut se dérober par la fuite, sous un déguisement, et qu'il n'apaisa qu'après avoir délivré les rebelles de la tactique et de la discipline étrangères.

A Constantinople, Choiseul-Gouffier subit jusque dans l'asile inviolable de sa résidence les effets de l'effervescence populaire. Sa maison de Thérapia eût été forcée et brûlée par une bande de soldats de marine sans la bonne volonté d'une centaine d'Esclavons, qui aidèrent ses gens à repousser les pillards. L'ambassadeur dut regagner Péra, où il n'était guère plus en sûreté, l'indiscipline ayant gagné les janissaires, et le grand vizir affirmant son impuissance à sévir (2). Même son énergie intermittente

---

(1) A Montmorin, 19 octobre 1787.

(2) Choiseul-Gouffier à Montmorin, 10 octobre 1787. — *Mémoires* de Ferrières-Sauvebœuf, t. I, p. 96.

Tel est de longue date, à Constantinople, le prologue de la guerre sainte. V. le *Journal* d'Ant. Galland, 12 février 1676, et les *Mémoires* de Tott, IIᵉ part., p. 23.

donnait à réfléchir. La flotte turque étant revenue de sa première croisière sans avoir rencontré l'ennemi, ce fut le capitan-bey (vice-amiral), connu par son attachement pour la France, qui devint responsable de cet échec relatif; il fut destitué, relégué à Lemnos, et bientôt étranglé (1).

A Otchakov, Lafitte devait bien plus lutter contre ses subordonnés que contre l'ennemi. Les remparts de la place n'avaient pas été relevés depuis cinquante ans, et en face d'eux, sur l'autre rive du *liman* du Dniéper, se dressait la forteresse russe de Kinburn. On avait promis à Lafitte, pour la construction d'ouvrages indispensables, des ouvriers qui ne vinrent pas, que deux cents paysans réquisitionnés en Moldavie ne remplacèrent pas suffisamment. Sans l'ignorance des Russes, la ville eût été emportée du côté du fleuve. La destruction annoncée de quelques baraques qui gênaient les opérations ameuta les habitants et une partie des troupes. Un barbier et un cafetier s'étaient établis juges des opérations de l'ingénieur étranger. Les janissaires refusaient de travailler aux remparts, et se livraient entre eux, au milieu de la ville, des combats meurtriers. Si, au premier bruit de la déclaration de guerre, la garnison se fût portée sur Kinburn ou Kherson, elle eût pu frapper un coup heureux et décisif à certains égards : mais point. Un projet semblable fut émis;

---

(1) Choiseul-Gouffier à Montmorin, 10 novembre 1787.

les officiers turcs demandèrent des conseils à Lafitte,
pour les oublier aussitôt. Malgré cette anarchie, malgré la désertion d'un grand nombre et l'insuffisante
portée de ses canons, Lafitte réussit à entraîner deux
mille soldats au delà du golfe. Il avait donné l'ordre
du départ pour minuit, afin d'arriver et de se retran-
cher avant l'aube au pied de Kinburn. On s'embarqua en plein jour, on attaqua à découvert les lignes
ennemies, et les Turcs, après les avoir entamées trois
fois, furent en définitive repoussés et taillés en pièces.
Lafitte, qui, par son courage et son sang-froid, avait
emporté leur admiration, resta une nuit entière
plongé jusqu'au cou dans le fleuve ; il aurait succombé
au froid et à ses blessures, sans un matelot qui vint
d'Otchakov l'enlever dans sa chaloupe, sous le feu des
vainqueurs (1).

Derrière Lafitte il n'y avait, il ne devait apparaître
ni armée ni flotte françaises. A Marseille, des bruits
belliqueux circulaient ; on parlait d'une escadre prête
à mettre à la voile sous les ordres de Suffren, de régiments désignés pour occuper Candie. Choiseul-Gouffier, mieux instruit des vues de sa cour, la savait
désarmée d'avance par la prochaine entrée en scène
de l'Autriche, comme toujours « alliée très exigeante
pour ses intérêts, très inefficace pour les nôtres, et en

---

(1) Lafitte à Le Chevalier, 5 août 1787 (dans le *Voyage de la Propontide*,
t. II, p. 350-356). — Choiseul-Gouffier à Montmorin, 25 août 1787 et
11 septembre 1788.

tout cas très vacillante dans sa marche (1). » En effet,
au commencement de décembre, Joseph II, sans déclaration de guerre, tente inutilement de surprendre Belgrade; puis il signifie à la Porte qu'aux termes de ses
engagements avec la Russie, il prendra part à la lutte si
la paix n'est pas faite dans trois mois, et avant l'expi-
ration de ce délai, les armées autrichiennes entrent en
campagne.

Par une coïncidence fâcheuse, Le Chevalier disparaissait alors de Jassy, et dans les circonstances les plus
propres à tromper sur sa fuite et à compromettre sa nation. On se rappelle que depuis dix-huit mois, en dépit
de l'hostilité secrète et de l'hospodar et de la Porte, il
surveillait de ce poste avancé les intrigues russes; ses
dernières lettres, parvenues à grand'peine à Constantinople, rendaient compte des premiers événements de la
guerre. Au milieu d'un tumulte militaire, d'une bataille
imprévue entre les janissaires et la garde albanaise de
l'hospodar, la peur le prit, dit-on; il sauta sur un cheval,
s'enfuit, et ne s'arrêta qu'après avoir franchi la frontière autrichienne. De là grand émoi au Divan et à
l'ambassade contre l'hospodar et son secrétaire; celui-ci
allait sans doute révéler à Vienne les secrets desseins du
prince ou les plans de campagne des Turcs. Choiseul-
Gouffier dut plaider, sans grandes chances de succès,
l'innocence de l'un et de l'autre; et en même temps

----

(1) Noailles à Montmorin, 6 juillet 1790.

il mandait à Noailles d'expédier au plus tôt en France le
trop prudent helléniste, devenu aussi gênant pour son
chef politique qu'il était déjà importun pour son noble
collaborateur (1).

Le Chevalier à peine rentré à Paris, un autre personnage, déjà entrevu, surgit inopinément, qui par
l'audace de ses démarches et de ses propos faillit ruiner
le crédit de l'ambassadeur : c'était Ferrières-Sauvebœuf.
L'Orient l'attirait, comme le champ le plus propice à
de lucratives aventures, et le ministère, bien qu'engagé
diplomatiquement à l'en écarter, le laissa repartir, sauf à
le diriger vers l'Asie Mineure, pays peu connu où il
pourrait faire fortune sans inquiéter personne. Il partit
annonçant qu'il n'emmenait avec lui qu'un dessinateur,
et se montra aux Orientaux avec une escorte destinée
à les tromper sur son importance. Ce faiseur d'affaires
expérimenté essaya d'abord de vendre à Constantinople
une cargaison d'armes inutilement offerte aux Géorgiens. Comme on était à la veille de la guerre, Bulgakov prit l'alarme, et Choiseul-Gouffier, poussé par lui,
réussit à faire échouer l'opération. Aussitôt Ferrières de
revenir en France et de répandre le bruit qu'il était victime des complaisances excessives de l'ambassadeur
envers la Russie. Le ministère parut le croire, lui fit
accorder un arrêt de surséance pour le paiement de ses

---

(1) 10 janvier 1788. Noailles lui répond, le 1er février, que Le Chevalier
part ce jour même pour Paris, et ajoute que le courage de cet abbé n'est pas
au-dessus de son état.

dettes, l'autorisa enfin, sous prétexte d'affaires personnelles à régler, à un troisième voyage. L'opiniâtre aventurier reparut donc à Constantinople au printemps de
1788, sa bourse bien garnie aux frais de l'Etat, et son
portefeuille plein de dépêches qu'il avait eu l'adresse de
se faire confier. Il se disait chargé par le ministre d'une
enquête sur la conduite de l'ambassadeur, et par la
reine d'une mission au camp impérial; il menaçait à la
fois de son crédit supposé les négociants et les diplomates, espérant exploiter les uns et éblouir les autres.
Choiseul-Gouffier l'accueillit avec une répugnance mar-
quée, abrégea autant qu'il put son séjour, et, averti de
son intention de regagner l'Occident par Belgrade et
Vienne, le somma de prendre la voie de mer. Il avait pénétré le jeu de ce courrier d'occasion qui voulait traverser les armées en présence, et y recueillir pour le
ministre la matière d'un entretien ou d'un mémoire, et
le prétexte d'une récompense. Tête exaltée et conscience
sans scrupules, Ferrières, dissimulant jusqu'au bout, se
laissa confier des commissions à l'adresse du consul de
Smyrne et de Mme de Choiseul, puis s'évada une nuit,
travesti en musulman, sur la route du Danube. A quelques lieues de Belgrade, il fut arrêté et reconnu comme
Européen et chrétien, autant dire comme Autrichien et
espion; on le relâcha pourtant, sur sa promesse de venir
chercher à Constantinople les moyens de justifier sa
mission et de passer outre, puis on le ressaisit deux
jours après, au moment où il allait franchir clandes-

tinement la frontière. Sa mort semblait certaine; l'ambassadeur l'avait déjà désavoué et dénoncé par une lettre explicite au reis-effendi. Celui-ci, heureux de reporter à qui de droit la responsabilité d'une décision à prendre, manda à Choiseul-Gouffier que la Porte ne voulait point, par égard pour une ancienne alliée, approfondir les motifs de cet espion, et qu'elle le lui remettait avec l'espoir (cela était dit pour satisfaire le peuple) qu'il serait décapité à la porte du palais de France. Ferrières reprit le chemin de Constantinople au milieu d'un convoi de prisonniers allemands, d'ailleurs plein d'assurance, comme un homme victime d'une méprise, et qui recevra bientôt réparation. A sa rentrée dans la capitale, la foule agitée semblait lire sur son visage, comme si elle y eût été écrite en traits visibles, la grande trahison du sultan des Francs. Les officiers qui le reconduisirent à l'ambassade voulurent vérifier s'il était mis aux fers. Choiseul-Gouffier les écarta avec quelques sequins, et manda au reis-effendi que Ferrières serait puni dans sa patrie, par le roi, seul juge compétent pour prononcer sur son crime; il laissa entendre, pour amuser le peuple, qu'il lui infligerait publiquement la bastonnade; puis il le fit embarquer promptement et secrètement à destination de Marseille, ou plutôt du château d'If. C'était attacher à ses pas, malgré l'éloignement, un ennemi, un dénonciateur sans crédit, mais obstiné, qui, dans ses lettres au ministre, dans ses mémoires publiés deux ans après, ne cessa de déprécier ses services et de provoquer sa disgrâce (1).

Ainsi distrait par ces affaires personnelles et trompé dans ses prévisions politiques, Choiseul-Gouffier s'écriait dès la fin de 1787 : « Ma position est très pénible et je prévois qu'elle le deviendra tous les jours davantage (2). » Pour s'y soustraire, ne fût-ce qu'un moment, il sollicita, durant l'été de 1788, un congé qui lui fut refusé, et plus que jamais il consacra aux intérêts du commerce national ou à des œuvres philanthropiques les heures que la politique proprement dite laissait vides.

Outre « la folie de la plupart des consuls et la mauvaise foi de tant de négociants (3), » il avait à combattre désormais les obstacles apportés par la guerre à la navigation et aux échanges. Dans l'Archipel, il dut faire donner la chasse à certains corsaires couverts frauduleusement du drapeau russe, et dans chaque Echelle, contenir les vexations plus fréquentes des indigènes, provoquées par des bruits d'origine anglaise et dénonçant une entente cordiale entre Louis XVI et Catherine II. Dans la mer Noire, Russes et Turcs, bien que redevenus ennemis, s'accordaient implicitement à nous exclure de

---

(1) Choiseul-Gouffier à Montmorin, 20 juillet, 11 août, 17 septembre 1788. — Montmorin à Choiseul-Gouffier, 25 septembre. — *Mémoires* de FER-RIÈRES-SAUVEBŒUF, ch. XI-XVIII. — *Observations sur les Mémoires de M. le comte de Ferrières-Sauvebœuf* (publiées par la famille de Choiseul), Paris, 1790.

(2) A Noailles, 19 novembre.

(3) A Hennin, 3 octobre 1788.

leur champ d'opérations maritimes. Les Russes, malgré
les promesses de leurs ukases, n'avaient jamais accueilli
avec empressement les bâtiments de Marseille ; ils
parurent considérer le traité de commerce de 1786
comme effacé ou au moins suspendu par la déclaration
de guerre de 1787. Les Turcs, non moins hostiles,
se croyaient à la veille d'exclure tout navire européen
de la mer Noire ; la France leur eût alors envoyé
une escadre pour reprendre la Crimée, qu'ils lui
eussent refusé le passage du Bosphore. Un des vaisseaux d'Anthoine saisi aux bouches du Danube est
confisqué, un autre est séquestré à Constantinople
et restitué à grand'peine ; un troisième, échoué sur
les côtes d'Anatolie, est livré au pillage. On comprend
que dès lors Anthoine ait préparé la liquidation de
ses affaires à Kherson, et qu'il y ait eu interruption
complète du commerce et de la navigation sur la mer
Noire (1).

A la seule intention de ne pas laisser prescrire les
maigres avantages acquis, Choiseul-Gouffier procura
aux Turcs les bâtiments et les vivres nécessaires à
l'approvisionnement régulier de leur capitale. Il revenait ainsi, pour les convaincre, aux petits moyens,
seule tactique permise à ceux à qui les grandes au-
daces sont refusées. Il se dit que Constantinople étant

---

(1) Choiseul-Gouffier à Montmorin, 24 octobre 1787. — ANTHOINE,
Essai, etc., ch. XXXIII.

privée par la guerre des envois de l'Ukraine et de la
Crimée, ce serait s'assurer la gratitude des Turcs que
de leur amener d'ailleurs le blé destiné à les nourrir.
Crainte de se compromettre envers la Russie, le ministère français refusa d'abord d'agréer cet expédient;
il se ravisa ensuite sur cette considération qu'il allait
laisser le champ libre aux Anglais. Par une convention
spéciale, les Turcs nous l'ouvrirent. Les négociants de
Péra hésitaient nonobstant à aventurer leurs fonds
dans une entreprise aussi hasardeuse. Une seule
maison, celle des Dalmasse, se laissa convaincre. A
son crédit Choiseul-Gouffier unit généreusement le
sien, et ce fut bientôt, du Bosphore à l'Archipel, un
va-et-vient de transports, anciens navires russes aban-
donnés ou bâtiments nolisés jusqu'à Livourne et Marseille, et apportant aux Turcs de Stamboul le pain de
chaque jour (1). Quelques-uns de ces bâtiments finirent
par franchir les détroits, mais ils s'écartèrent par ordre
d'Otchakov, au risque de paraître ainsi approvisionner
les Russes, et de vouloir uniquement dérober d'avance
aux Turcs le prix du service rendu. Au printemps de
1789, on ne compte pas moins de dix navires affirmant,
sans y paraître, nos droits sur des parages jusqu'alors
inaccessibles (2).

De tels services, qui portent avec eux leur récom-

---

(1) *Observations sur les Mémoires de Ferrières-Sauvebœuf.*

(2) Le 23 septembre, l'ambassadeur envoie un projet d'article pour la
Gazette de France, destiné à constater ces faits.

pense, n'obligent guère, et les Turcs étaient d'autant
moins enclins à les reconnaître, qu'ils pouvaient se
dire, à un autre point de vue, trahis par leur bienfaiteur.
Choiseul-Gouffier était peu à peu, de son propre aveu,
transformé par les événements en chargé d'affaires
officieux des cours impériales. Il faisait plaider devant lui les procès des sujets russes et autrichiens,
exerçait entre eux et les musulmans une sorte de
médiation philanthropique favorable à sa considération
personnelle plus qu'à l'influence française. Ses démarches
pour la délivrance de Bulgakov furent longtemps infructueuses : « Nous vous le remettrons, disait le grand
vizir au début des hostilités, dès que nos fanatiques
de l'armée auront quitté les environs de la capitale. »
Les troupes partirent, et Bulgakov obtint tout au plus le
droit de faire passer par l'ambassade française ses menues
réclamations. Choiseul-Gouffier fut plus heureux à
l'égard de l'internonce et de sa famille, qu'il réussit
à soustraire aux vengeances turques et à faire transporter, à l'abri de notre pavillon, au delà des Dardanelles (1).

La guerre continuant, les prisonniers des deux armées
affluèrent bientôt dans les bagnes voisins de son palais ;
il leur prodigua ses soins, leur distribua régulièrement
les secours envoyés de leur pays, puisant dans sa bourse
quand l'argent manquait, les fit visiter presque chaque

____

(1) A Montmorin, 25 septembre 1787, 11 février 1788.

jour par des médecins, des aumôniers ou des inter-
prètes attachés à l'ambassade. Il obtint qu'aucun d'eux
ne fût maltraité ni puni sans sa permission, et réussit à
procurer une salle d'hôpital aux malades et des logements convenables aux officiers. Tant de zèle et de
générosité étaient payés à peu de frais, en paroles cour-
toises, par Kaunitz et Potemkine, et scandalisaient ceux
des Turcs qu'ils n'irritaient pas. L'ambassadeur pour-
suivait son œuvre philanthropique sans prendre garde
au sans-façon des uns et à la colère sourde des autres :
« Ce seraient mes amis, mes compatriotes, que je ne
pourrais leur témoigner un plus tendre intérêt.... Je
ne vois et ne veux voir que le bonheur de seconder la
bienfaisance de Catherine II, en lui offrant un hommage digne d'elle (1). » Bel enthousiasme, que le temps
ne fit qu'accroître, et qui lui faisait écrire à un homme
d'Etat russe : « Si les préjugés des Turcs leur avaient
permis de céder à mes instantes prières, ma maison
serait l'asile général de tous les sujets de votre immortelle souveraine (2). »

L' « immortelle souveraine » mettait pourtant sa
bonne volonté à de rudes épreuves. Il obtenait de temps

---

(1) A Ségur, 9 juin 1788.

(2) A Osterman, 2 août 1789. — « Je ne puis m'empêcher de rapporter
ici un trait touchant qui honore également M. de Choiseul et un prisonnier.
C'était un lieutenant, il était très malade, et M. de Choiseul voulait le
racheter, mais son avide possesseur y mettait un prix énorme. L'officier,
témoin du marché, dit à M. de Choiseul qu'étant près de la mort il perdrait
son argent, qui serait mieux employé à en racheter d'autres, et que d'ailleurs

en temps, moyennant finances, le rachat d'officiers ou
de soldats, qu'il faisait ensuite embarquer avec toutes
sortes de précautions. Ce n'était pas assez ; on lui demanda de favoriser l'évasion de certains prisonniers. Il
résistait quelquefois, sous l'appréhension bien justifiée
d'un reproche de mauvaise foi ; il lui arriva cependant
de se prêter à de singulières démarches pour un homme
de son caractère, comme le prouve l'histoire du chevalier de Lombard.

Lombard, chevalier de Malte, d'origine française, au
service russe, avait été pris à l'une des premières
affaires, près d'Otchakov ; comme c'était un des rares
marins sur lesquels Catherine II pût compter, elle fit
prier Choiseul-Gouffier de n'épargner ni démarches ni
dépenses pour sa délivrance. Celui-ci le réclama d'abord
en invoquant, par un hardi subterfuge, sa nationalité et
le nom de Louis XVI. Sur un refus, il demanda non
moins inutilement à le prendre chez lui sur parole ou
moyennant une caution de cent mille livres, et en fut
réduit à combiner patiemment, pendant plusieurs mois,
comme un amoureux ou un chef de bande, les moyens
d'une évasion. Une première tentative échoua. Lombard, malade de la fièvre, ne s'était pas trouvé assez

---

il devait lui avouer que sa fortune étant médiocre, il ne pourrait dans la
suite lui rembourser ses avances s'il réchappait de sa maladie : cette générosité augmenta le désir de M. de Choiseul de le rendre libre ; il le racheta,
et l'ayant fait soigner, sa santé se rétablit ; il sert encore en Autriche. »
(*Mémoires* manuscrits de LANGERON. — *Russie, Mémoires et Documents*, t. XX,
p. 120.)

fort pour escalader les murs de la prison. Tout était
prêt pour sa fuite ; un esclave génois, attaché au service
du bagne, avait été gagné ; une frégate cachée derrière
une île du Bosphore, munie d'un firman qui l'exemp-
tait du droit de visite aux Dardanelles, attendait le
fugitif. Quelques jours après, ce plan fut repris, et
voici que la veille une indiscrétion de Lombard, une
maladroite confidence à un certain Frœding, ancien
chancelier de l'ambassade russe et affidé du ministre
anglais, fit tout échouer. Au fond, Lombard était peu
regretté, comme étranger, de ses compatriotes d'adop-
tion ; ils l'aimaient mieux aux mains de l'ennemi qu'à
leur tête. Condamné à une captivité prolongée, l'im-
prudent officier apprenait avec désespoir les exploits
de ses émules ; il essaya de se couper la gorge, à la
nouvelle des victoires russes sur le Dniéper, et les
soins de l'ambassadeur français le rappelèrent à grand'-
peine à la santé. Une fois guéri, il ourdit de sa propre
initiative un complot avec d'autres prisonniers, pour
égorger ses gardes, s'emparer d'un bâtiment et fuir.
Choiseul-Gouffier arrêta encore à temps ce projet
téméraire ; plus d'une année s'était ainsi écoulée,
lorsque enfin Lombard, guidé par un ouvrier français, parvint à sortir du bagne, fut recueilli par son infatigable protecteur à Thérapia, et de là put, au fond de
la cale d'un bâtiment, gagner Smyrne et l'Adriatique.
Les autres captifs payèrent cher, dit-on, cette heureuse
évasion ; ils virent resserrer leurs chaînes, et plusieurs

centaines périrent sous le coup des mauvais traitements et de la misère (1).

Parmi ces victimes de la guerre, condamnées à l'esclavage ou à l'apostasie, il arriva à Choiseul-Gouffier de trouver des compatriotes. Un jour, il vit se présenter à la porte de son palais, sous bonne escorte, une trentaine de prisonniers, qui saluaient de leurs cris de joie l'écusson fleurdelisé : c'étaient des déserteurs français passés au service autrichien, et qui affirmaient s'être laissé prendre pour ne point combattre une nation amie. Le grand vizir jugeait habile de les renvoyer, comme un reproche vivant, devant leurs juges naturels, et en effet, une fois à l'abri du palais de France, ils obtinrent facilement leur rapatriement et leur grâce. D'autres encore furent pris l'année suivante les armes à la main. Les négociants des Echelles, invités à souscrire pour leur délivrance, se prêtèrent sans empressement à ce dessein ; les plus riches, ceux de Smyrne et de Constantinople, refusèrent leur concours. La présence de ces combattants dans les rangs ennemis était un prétexte aux récriminations de la Porte. Choiseul-Gouffier s'ingéniait à trouver quelque raison plausible en leur faveur, et ces malheureux lui étaient en définitive rendus un à un, de mauvaise grâce, et faisaient foi, devant les puissances neutres, de la duplicité française (2).

---

(1) Choiseul-Gouffier à Ségur, 9 et 22 juin, 8 juillet 1788. — A Montmorin, 27 juin 1789. — FERRIÈRES-SAUVEBŒUF, *Mémoires*, t. I, p. 292.

(2) Choiseul-Gouffier à Montmorin, 19 avril 1788, 30 janvier 1789.

III

Au loin, à Paris, cette duplicité devenait de bon aloi, la société contredisant avec succès le gouvernement ; la suite des événements développait un mouvement d'opinion auquel l'esprit philosophique avait donné le branle, et dont le parti dit de la reine tirait les conséquences. Dans la seule année 1788, on voit paraître et obtenir la vogue, en raison des faits ou des idées qu'ils répandent : les *Recherches philosophiques sur les Grecs*, de Pauw ; les *Lettres sur l'Egypte*, de Savary ; le *Voyage en Orient*, de Volney ; l'*Anacharsis*, de l'abbé Barthélemy (1). Ce dernier ouvrage, médité depuis de longues années dans l'intimité des Choiseul, ressuscitait l'antiquité hellénique derrière le voile d'une fiction romanesque. L'invention, tant soit peu puérile pour nous, d'un Scythe descendu des rivages de la Tauride vers ceux de la Grèce, prêtait au moins alors à des rapprochements significatifs : Anacharsis, paré au goût du siècle par son auteur, semblait l'ancêtre légitime des conquérants de la Crimée.

Un autre ouvrage, d'une forme plus austère, avait

---

(1) Il faut joindre à cette liste les deux volumes in-folio intitulés *Tableau de l'empire ottoman*, par l'Arménien Mouradgea d'Ohsson, publiés de 1787 à 1790. Ils n'ont guère trait qu'à la religion. L'ouvrage, étant très sérieux et fort cher, fut peu lu.

au même moment une portée plus sérieuse, puisque
Catherine II jugea bon d'envoyer une médaille d'or à
l'auteur, et Montmorin d'en commander une réfutation ;
Volney, dans ses *Considérations sur la guerre des Turks,*
ramassait avec effort, presque avec colère, les traits jadis
lancés en riant par Voltaire contre les barbares du
Bosphore, « ces ennemis des beaux-arts, ces éteignoirs
de la belle Grèce (1). » Appuyé sur les souvenirs d'une
visite qu'il leur avait faite dix ans auparavant, il ins-
truisait sommairement leur procès et prédisait leur
ruine. L'équilibre de l'Europe est changé, disait-il ; ni
l'intérêt de notre commerce ni celui de notre politique
ne doivent nous faire pencher désormais vers un peuple
ignorant et dégénéré même à la guerre, et propre seulement à déchaîner sur l'Europe l'invasion et la peste.
En même temps, cet esprit froid et sec s'exaltait au
sujet de la Russie, dont il identifiait l'ambition avec la
cause de la philosophie et du progrès ; il lui promettait
la domination du Bosphore et de l'Asie, voyait déjà
ses étendards arborés sur les ruines d'Ecbatane et
de Palmyre, et jusque sur les dômes lointains de
Bénarès. Pour sa patrie, en face d'un tel accroissement de puissance, il ne réclamait rien et combattait,
par des raisons fort pratiques d'ailleurs, tout projet
d'occupation de l'Egypte ; car quiconque, selon lui,
mettrait la main sur ce pays aurait trois guerres à sou-

---

(1) Voltaire à Frédéric II, novembre 1772.

tenir : contre les Turcs, les Anglais et les indigènes. La Russie s'avancerait jusqu'au Gange, qu'il n'y aurait pas lieu de prendre le Nil : « C'est dans nos foyers, et non au delà des mers, que sont pour nous l'Egypte et les Antilles. »

Le souvenir du philhellène impénitent qui avait dénoncé les Turcs à tout l'univers, et qui leur transmettait à cette heure les encouragements officiels de la France, reste attaché à ces divers ouvrages. Dans le livre de Volney, son nom n'est pas prononcé, mais il est clairement fait allusion à certain voyageur paradoxal, au panégyriste d'une race superstitieuse, dont il a fallu supprimer certaines pages, crainte de scandale : « Est-ce secourir les Turcs, ajoute Volney, que d'envoyer au milieu d'eux une poignée d'ingénieurs et d'officiers, et à leur tête un ambassadeur qui, dans un ouvrage connu de toute l'Europe, a publié les vices de leur administration et manifesté le vœu de voir renverser leur empire ? »

Ce jugement sévère rencontrait assez d'approbateurs pour que Peyssonel, en réfutant Volney, se crût obligé de justifier Vergennes d'avoir eu quelque estime pour celui qui en était l'objet. Puis c'étaient Ferrières-Sauvebœuf et ses bruyantes réclamations ; c'étaient les consuls et les négociants qui affirmaient n'être pas suffisamment défendus par leur protecteur naturel ; c'était le *Mercure de France* qui niait impunément la part prise par l'ambassadeur français à la libération et au

départ de l'internonce. A ces accusations se joignaient
les commérages des ennemis de Marie-Antoinette. La
reine, murmuraient ceux-ci, par l'intermédiaire de
Calonne et pour les besoins de la guerre orientale,
fait passer sans compter les millions à l'empereur :
ils montraient même le grand vizir, dans une scène
fort pénible pour notre ambassadeur, opposant la révé-
lation de ces libéralités secrètes à l'affirmation des sympathies françaises pour les Turcs (1). De semblables
propos allaient mettre en jeu l'existence même de la
monarchie, et ils ébranlaient en attendant le crédit du
courtisan que la coterie philosophique commençait à
renier. Si loin qu'il fût, Choiseul-Gouffier fut sensible
à ce concert de plaintes, et plusieurs de ses dépêches
d'alors sont des plaidoyers personnels. Il lui fallut
rappeler les origines de sa fortune politique, et désavouer de nouveau l'utopie à laquelle il avait un jour
attaché son nom : « Je ne prétends nullement défendre,
écrivait-il, quelques pages assez médiocres, productions
d'un jeune homme qui, la tête pleine de ses souvenirs
classiques, venant de lire Hérodote sur le pas des Ther-
mopyles et de dessiner à Athènes les chefs-d'œuvre de
Phidias, se livre à l'enthousiasme qu'excitent les grands
souvenirs ; mais quand même j'aurais exagéré l'expres-
sion d'un sentiment si excusable, et quand j'aurais
poussé trop loin mes vœux en faveur des descendants

---

(1) *Mémoires de Bachaumont*, 2 septembre 1787.

de Miltiade et de Léonidas, pourrait-on se permettre
de rappeler aujourd'hui et de présenter comme un
système politique une bagatelle purement littéraire,
une idée romanesque adoptée dans l'unique but d'intéresser ceux qui chérissent les arts (1) ?.... » Tout en
désavouant l'œuvre, il traitait de haut l'accusateur :
« Heureusement que je ne serai point jugé par un
M. de Volney, qui se croit appelé à bouleverser l'Europe
et à prononcer sur le sort des empires parce qu'il
a vu le Liban et qu'il connaît une petite partie de
l'Egypte (2). »

Volney, qui avait assez à faire alors pour éviter la
Bastille, ne connut point cette hautaine réponse ; la
réplique lui eût été facile envers le grand seigneur qui
avait été chargé de veiller sur les intérêts de la France,
pour avoir vu le mont Olympe et une partie des côtes
de l'Asie Mineure : Bornez-vous, lui eût-il dit, à recueillir des médailles et des bas-reliefs, à reprendre à
l'oubli les ruines de Troie ; travaillez pour l'Académie
des inscriptions, et non pour une nation qui se recon-
naît à peine dans vos démarches équivoques et impuissantes, et laissez à d'autres, puisque votre passé vous
gêne, le soin de régler avec nos bons amis de Schœn-
brunn et de Tsarskoé-Sélo la succession de l'empire
ottoman.

---

(1) A Montmorin, 13 octobre 1788.
(2) Au même, 13 mai 1788.

Neutralité rigoureuse envers les uns et complaisante envers les autres, tel est le mot d'ordre donné par l'opinion, et le gouvernement s'y conforme bien vite. Avant la fin de 1787, un ordre parvint à Constantinople, qui prescrivait le rappel de la mission militaire française; seulement, pour pallier cette défection, il fallut éloigner les officiers un à un, et imaginer au départ de chacun d'eux quelque prétexte plausible de santé ou d'affaires. Lafitte le premier fut rappelé d'Otchakov et dut revenir avec son détachement à Constantinople. En juin 1788 il rentrait en France; les Turcs, chez qui il avait conquis de haute lutte la popularité, lui donnèrent une épée d'honneur; ses supérieurs, le grade de lieutenant-colonel et une pension. Ses compagnons, ingénieurs, soldats, ouvriers de l'arsenal, le suivirent de près. « Le Roy était parti depuis deux jours de Constantinople lorsqu'on l'envoya chercher pour estimer deux frégates anglaises qui étaient à vendre dans le port. Il est vrai que les Turcs savaient son départ, mais ils voulaient que l'ambassadeur n'ignorât pas que cette évasion était une insulte (1). »

---

(1) FERRIÈRES-SAUVEBŒUF, *Mémoires*, t. II, p. 286. — Dans un mémoire présenté par Le Roy au ministre, à son retour en France (26 janvier 1789), on trouve un état des travaux opérés par le détachement des constructions navales : un vaisseau de soixante-quatorze, deux frégates, quatre corvettes de quatorze canons, une galiote, une prame, soixante-trois bombardes, seize canonnières, sans compter diverses réparations.

Du Rest était mort à son poste le 25 septembre 1786. Le Roy et Monnier obtinrent à leur retour en France la croix de Saint-Louis.

Comme par une suprême dérision, il ne restera bientôt
plus d'autres Français dans les rangs turcs qu'un
cordelier échappé du couvent de Péra, qui commande
l'artillerie de l'hospodar de Valachie. Le sultan a retenu
encore quelque temps auprès de lui le lieutenant
Aubert, mais dans une situation spéciale, profondément indifférente à nos bons ennemis de Russie ; il
l'emploie à tirer devant lui des pétards et des fusées,
« spectacle, écrit ironiquement Choiseul-Gouffier, que
l'on juge propre à lui donner une idée de la guerre
et à ne lui laisser aucun doute sur ses futures victoires (1). »

A Paris, la nouvelle du retour de la mission militaire fut accueillie avec faveur, comme l'annonce d'une
politique plus conforme à la raison et à l'humanité.
Mais il ne suffisait plus de retirer un secours insignifiant
à des barbares ; il devenait de bon ton d'aller combattre
avec leurs adversaires. Pendant que les défenseurs désintéressés d'Otchakov se dérobaient un à un dès les
premiers coups de canon, d'autres Français, gentilshommes de naissance et soldats de vocation, accouraient par terre au camp russe ; l'occasion était bonne
pour eux de tirer l'épée, et chez les Turcs, Choiseul-
Gouffier les avait prévenus, ils eussent été mal accueillis,

---

(1) A Montmorin, 10 juin 1788. — Le ministère français en viendra à
refuser au capitan-pacha les services d'un charpentier de navire, sous prétexte qu'en les accordant il paraîtrait prendre parti contre la Russie. (Le
ministre de la marine à Choiseul-Gouffier, 11 mai 1791.)

laissés sans emploi, renvoyés d’office par l’ambassadeur dans leur patrie (1). Ils allèrent donc à l’envi témoigner aux Russes d’une sympathie qui équivalait et peut-être préludait à une alliance. Montmorin avait eu beau leur refuser l’autorisation de quitter leur régiment et leur patrie, Catherine II, les déclarer « trop Turcs » pour se plaire chez elle, et faire combattre à côté d’eux des marins anglais, la Porte ne vit et n’accusa dans les rangs de ses ennemis que les gentilshommes français.

C’étaient les ingénieurs Dupuy et Marolles, ce dernier envoyé par Lafayette; le lieutenant-colonel de Béraud, l’officier d’artillerie Prévot, enrôlé par Ségur lui-même; le chirurgien Massot, et avant tous, le prince de Nassau et le comte Roger de Damas, qui furent sur mer ce que Souvorov était sur terre, les véritables vainqueurs des Turcs. Ils usèrent d’une tactique nouvelle et hardie, surprirent, firent sauter ou brûlèrent ces canonnières et ces galiotes à bombes construites ou radoubées par des mains françaises, et la plume précieuse et légère du prince de Ligne, qui avait appris à l’Europe les courses triomphales de l’autocrate russe, célébra sur un mode non moins lyrique, aux applaudissements des salons de Paris, les exploits des nouveaux croisés.

---

(1) Choiseul-Gouffier à Montmorin, 10 septembre 1787. — Montmorin à Choiseul-Gouffier, 25 octobre.

Les troubles de la France accrurent cette émigration spéciale, qui, du moins, n'affectait pas d'hostilité contre le nouvel ordre de choses ; quelques jeunes gentilshommes, dégoûtés par avance de la Constitution, fuyant à la fois Versailles désert et Paris livré au désordre, vinrent grossir les rangs russes, et Montmorin, après de nombreux refus, prêta enfin les mains à leur départ : il s'imaginait ainsi flatter l'orgueil, partant modérer l'ambition de l'impératrice. A la fin de 1790, il ne manquait pas d'officiers « vaillants, jeunes et gais (1) » sur la flotte de Ribas et dans les tranchées d'Ismaïl. Aux volontaires de la première heure, à Nassau, à Langeron, à Damas, étaient venus se joindre les chevaliers de Vilnau, de Rosset et de Segond, les comtes de Boismilon et de Lambert, et surtout le petit-fils du maréchal de Richelieu, le jeune duc de Fronsac, qui commençait par des miracles de courage une vie si utile depuis à la Russie et à la France : « Si je suis pris, disait en riant l'un d'eux, mon cousin de Choiseul est là, à Constantinople, pour me protéger (2). » On conçoit l'embarras de l'infortuné diplomate, qui voyait ses parents et ses amis défaire, au prix de leur sang, l'œuvre de Lafitte et de ses émules, et qui de loin va entendre les Russes

---

(1) Byron, *Don Juan*, vii, 22.

(2) *Mémoires* manuscrits de Roger de Damas. On trouvera l'histoire plus complète de cette émigration militaire dans mon livre *Les Français en Russie*, liv. I, ch. v.

l'accuser perfidement d'avoir glissé sur leur flotte des jacobins chargés de la détruire (1).

Décidément la France était *détartarisée*, suivant le spirituel barbarisme du prince de Ligne, et son gouvernement, comme l'a constaté depuis Ségur, descendait du premier rang, pour y laisser monter l'impératrice Catherine II.

---

(1) Lettre de Simon Woronzov (14 octobre 1797), dans les *Archives Woronzov*, t. XXII.

CHAPITRE VI

I

Si bon *Grec* qu'il fût, Choiseul-Gouffier défendit
jusqu'au bout, à sa manière, contre des ennemis qu'il
admirait, des alliés qu'il n'estimait guère; l'eût-il voulu,
il n'eût pu faire davantage avec un chef tel que
Montmorin et un collègue tel que Ségur. L'un, par

timidité ou instinct de son impuissance, tendait à se désintéresser complètement de la question orientale ; l'autre aspirait à la résoudre le moins mal possible en s'alliant, jusqu'à la guerre exclusivement, avec les deux cours impériales.

A la veille d'une crise financière et politique, ne se sentant plus la pleine liberté de ses moyens et de ses actes, le gouvernement français se croyait tenu à affirmer par son inertie une neutralité dont personne ne pouvait lui savoir gré (1). Au lendemain de la guerre, il s'obstinait à espérer un arrangement propre à sauver, pour quelques années, ce qui allait rester debout de l'empire ottoman. En effet, la Russie, attentive à se donner quand même les apparences de la modération, sans s'expliquer néanmoins sur ses prétentions, demanda encore, après l'éclat du 16 août 1787, à Louis XVI d'intervenir. Vaine démarche qui devait, à entendre Montmorin, plaire à la fois aux Russes et aux Turcs, obligés, les uns de renoncer à leurs préventions envers la France, les autres de se fier à leurs amis de Paris plutôt qu'à ceux de Berlin ou de Londres (2). Le ministre qui se payait de ces mauvaises raisons ou se berçait de ces honnêtes illusions oubliait qu'en diplomatie il faut savoir imposer la paix, et ne pas se contenter d'en prêcher avec attendrissement les bienfaits. Il pensait

---

(1) « La situation de nos finances nous doit rendre modestes, mais jamais rampants, » écrit Hennin dès le mois de mai 1787.

(2) A Noailles, 2 octobre 1787.

au moins gagner ainsi du temps, à la veille d'un hiver qui allait suspendre les hostilités.

Sur ces entrefaites, il apprit les préparatifs belliqueux de l'Autriche ; et pour les arrêter, il eût dû chercher un point d'appui à Berlin. Or, la Prusse soulevait alors à nos frontières une autre cause de troubles ; elle s'attaquait à la Hollande. Notre intérêt, notre devoir même, en vertu de récents traités, nous obligeaient à contenir l'agresseur ; et là aussi nous reculions après de vaines démonstrations, sans accorder aux Hollandais d'autres secours que ceux dont les Turcs avaient joui un moment, quelques officiers et deux cents canonniers sans armes et sans uniformes, expédiés clandestinement de Givet : « La France vient de tomber, je doute qu'elle se relève, » s'écria Joseph II, secrètement heureux de cette marque de faiblesse qui lui assurait ailleurs l'impunité. L'envoyé prussien en Turquie, lui faisant écho à sa manière, disait alors au grand vizir : « Quelques-uns de nos régiments ont suffi pour intimider les Français et mettre la Hollande à la raison, et toute l'armée de mon maître vous répond de l'inaction de l'empereur (1). »

Ceci, du moins, était pure forfanterie, car l'Autriche continua à armer sans obstacle, et entra avant la fin de l'année en campagne. La France se tut encore. N'osant arrêter la Prusse aux Pays-Bas, Montmorin se résignait à plus forte raison à laisser Laudon rejoindre Souvorov

---

(1) Noailles à Montmorin, 7 novembre 1787.

sur le chemin de Constantinople : « Quand nous entrerions dans cette guerre, disait-il tristement, nous serions peu utiles à la Porte.... En restant neutres et conservant l'intégrité de nos forces, nous nous tenons en mesure de rendre à la Porte des services bien plus importants qu'en embrassant ouvertement sa cause (1). »

A cette neutralité passive Ségur voulait substituer une neutralité agissante, et il devint alors à Pétersbourg le véritable ministre des affaires étrangères de France. Le concert entre les deux cours impériales étant impossible à rompre, il imagina de s'y joindre aux meilleures conditions (2). La pensée d'une semblable évolution était déjà ancienne ; elle avait été émise en 1776 comme un moyen de résoudre contre la Prusse les difficultés soulevées par le partage de la Pologne. Il s'agissait de l'appliquer, en outre, cette fois, à la solution de la question orientale, en greffant sur l'alliance russo-autrichienne le Pacte de famille. C'est ce qu'on appelle la quadruple alliance.

Au début, Montmorin parut saisi par les avantages apparents de ce changement de système : « Il ne nous reste dans l'état actuel des choses, écrit-il à Vienne dès le 2 octobre 1787, d'autre parti à prendre que celui de

---

(1) A Choiseul-Gouffier, 16 avril 1788.

(2) « Nous ne pouvons sauver la Turquie, disait plus tard Metternich, il faut donc aider à la partager, et tâcher d'en avoir le plus grand lot possible. » (*Mémoires*, t. II, p. 149.)

nous rapprocher des deux cours impériales, contre-balancer par là l'intelligence qui s'est inopinément établie entre celles de Londres et de Berlin, et, si le partage de l'empire ottoman ne peut être évité, nous procurer, autant qu'il sera possible, l'équivalent des acquisitions que fera l'empereur. » Ce n'était pas seulement la question d'Orient, mais la question polonaise, toujours près d'être réveillée par les convoitises prussiennes, qui devait être résolue par les contractants, et comme disait encore Montmorin avec cette candeur philosophique que rien n'avait pu détruire : « Ce qui nous importe est d'empêcher, autant que cela peut dépendre de nous, que le droit de convenance ne devienne point *(sic)* l'unique code des nations (1). »

N'y avait-il point au bout de ce projet une nouvelle guerre de Sept ans, plus générale encore que l'ancienne, ouvrant à l'Europe entière un immense champ de bataille, de la mer du Nord à la mer Noire ? Ségur, optimiste par caractère, ne l'entendait pas ainsi ; il ne voyait dans ce projet qu'un expédient diplomatique dont la lutte armée ne pouvait en aucun cas sortir. S'allier aux Turcs eût été ruiner le commerce du Levant, faire le jeu des Anglais et se brouiller avec l'empereur ; force donc était de rester neutre, sans profit éventuel ; ne valait-il pas mieux concéder implicitement aux ennemis de la Porte quelques nouvelles parcelles de

---

(1) Mémoire à La Vauguyon (ambassadeur en Espagne), nov. 1788.

territoire, acquérir en compensation et par elles l'entrée de la mer Noire ? C'était en même temps mater l'Angleterre, et prendre en Orient la revanche des succès de la Prusse en Hollande (1).

Ce projet était séduisant, mais peu praticable. De toutes parts les objections, les hésitations, surgirent. Russes et Autrichiens se croyaient assez forts pour faire sans nous et partout, au gré de leurs ambitions, la guerre et la paix. Tout au plus Catherine II cherchait-elle dans cette nouvelle négociation le moyen de faciliter le passage d'une escadre russe dans la Méditerranée et l'Archipel, d'écarter les officiers français des forteresses turques, et d'empêcher une nouvelle invasion des Prussiens en Pologne. Puis ce fut de Versailles que vinrent les lenteurs préméditées; Louis XVI n'osait se désintéresser des événements qui se préparaient en Orient, et cependant il n'osait non plus braver l'éventualité d'une guerre européenne. Il craignait, comme Montmorin, d'avoir à faire au droit de convenance, si fort honoré alors, quelque grave concession ; de là la réserve que montra, en cette affaire, Marie-Antoinette, si disposée pourtant à seconder ce qui pouvait favoriser l'empereur (2) ; de là le refus de garantir à la Russie et à l'Autriche leurs possessions polonaises, et ces ajournements systématiques qui devaient aboutir à un avor-

---

(1) Ségur à Noailles, 17 avril 1788.
(2) *Revue historique*, juillet 1884, p. 325.

tement. Il n'était pas jusqu'à l'Espagne qui, vainement sollicitée par le prince de Nassau, venu en courrier de Pétersbourg, ne fit attendre son adhésion. Les lettres de Ségur allaient inutilement aux quatre coins de l'horizon réfuter les objections faites ou à faire et presser les volontés hésitantes.

Sans suivre dans ses vicissitudes stériles cette longue négociation, voyons quel contre-coup elle eut à Constantinople. Choiseul-Gouffier devait ignorer officiellement la quadruple alliance et en nier même l'existence, attestée par nombre de gazettes. Il devait néanmoins en assurer le premier résultat éventuel, et persuader à la Porte que ses ennemis ne demandaient qu'une paix honorable, partant, que la raison du plus fort était la meilleure. Les instructions qu'il recevait de Paris étaient toujours vagues, souvent tardives, rarement utiles ; il y suppléa par une correspondance directe et suivie avec Ségur, et prit ainsi, sans titre, la place et le rôle de l'internonce absent et de Bulgakov prisonnier [1]. Il avait à compter, en effet, pour imposer sa médiation ou ses bons offices, sur les victoires russes et autrichiennes ; et l'homme qui avait naguère remis à la Porte plus de trente mémoires sur la nécessité de fortifier Otchakov refusait son concours à l'approvisionnement

______

[1] Il se rendait compte tout le premier de la fausseté de son rôle : « Ce n'est que par le plus grand secret sur toutes nos démarches, et sur nos liaisons avec les cours impériales, que nous pouvons réussir à gagner la confiance du Grand Seigneur » (A Montmorin, 8 mai 1788.)

d’Otchakov investi, puis souhaitait que cette place fût prise et rasée, afin de ne point devenir un sujet valable de litige. Il devait se souvenir à propos que les Turcs étaient les agresseurs et devaient être punis; « mais, ajoutait-il, il faut que je paraisse vaincu avec eux et ne cédant qu’à regret à la fortune de Catherine II (1). »

Les Turcs n’étaient point dupes, et toutes les autres puissances lui étaient hostiles. L’Angleterre, représentée par Ainslies, restait dans son rôle en guettant de nouvelles occasions de nous nuire. La Suède, liée par un traité de subsides à la France jusqu’en 1790, avait attaqué, dès l’été de 1788, son ennemie héréditaire sur la Baltique, empêchant ainsi la venue d’une flotte russe dans l’Archipel, et elle demandait la récompense de cette diversion à Constantinople par son envoyé Heidestam, et par un ancien colonel français passé à son service, Brentano. Impuissant contre Heidestam, Choiseul-Gouffier s’ingénia à contrecarrer et à humilier Brentano; il le fit rayer des cadres en France et priver de sa croix de Saint-Louis. Vexation mesquine qui ne devait pas empêcher la conclusion, au milieu de l’année 1789, d’un traité assurant à la Porte des subsides et l’engagement des Suédois de ne pas signer la paix sans elle.

L’ennemie la plus à craindre était la Prusse, empressée à isoler l’Autriche, sa rivale, soit de la Russie,

---

(1) A Ségur, 22 juillet 1788.

soit de la France. Sous la direction de Herzberg, et par l'intermédiaire de Diez, elle attirait discrètement sous sa main ce dernier attribut de la puissance ottomane, qui consiste à provoquer des crises européennes. Son but était d'acquérir en Pologne l'équivalent de ce que l'Autriche prendrait en Turquie ; mais que celle-ci fût désintéressée sur le Danube, celle-là promettait de l'être sur la Vistule, et, pour s'affermir dans cet honnête dessein, paraissait s'intéresser à l'intégrité de l'empire turc. Diez traînait à sa remorque son collègue de Hollande ; par celui d'Angleterre il faisait échec à la France, par celui de Suède à la Russie, par tous à l'Autriche, sur ce champ de bataille obscur de la diplomatie européenne (1).

Les hasards de la guerre favorisèrent ses entreprises. En 1788, les Russes avaient pris Otchakov ; les Autrichiens, bien que maîtres de Choczim, durent battre en retraite, et perdirent soixante-dix mille hommes au feu ou de la peste. Troublé par ces revers et inquiet des menées prussiennes, Kaunitz pria Choiseul-Gouffier de décider la Porte à offrir la paix sur la base de l'*uti possidetis*, avec la délivrance préalable de Bulgakov comme preuve de sa bonne volonté. Il lui traça le canevas d'un

---

(1) Cette action de la Prusse en Turquie, et par contre-coup en Pologne, a été mise en lumière par un très curieux livre de l'abbé Kalinka *(la Diète de quatre ans)*, paru à Léopol en 1881. V. sur ce livre et sur les précédents de la politique prussienne en Orient, la *Revue des Deux Mondes* du 1er décembre 1883.

mémoire où il faisait parler Louis XVI, et attribuait à l'initiative française des propositions concertées entre les cours impériales. Choiseul-Gouffier se résigna à prendre à Vienne, en désespoir de cause, le mot d'ordre que Versailles ne lui envoyait plus. Proposer la base de l'*uti possidetis* était fort délicat, car c'était mutiler l'empire sur la mer Noire en lui demandant Otchakov, et sur le Danube en lui demandant Choczim, Orsova et les places de Bosnie. Le grand vizir, principal auteur de la guerre, se sentait perdu s'il consentait à ces exigences, et pouvait rappeler qu'en 1774, après six campagnes malheureuses, la Porte avait obtenu de meilleures conditions. Le 21 mars, lui et ses collègues tinrent conseil ; ils décidèrent de continuer la lutte avec la Russie, mais consentirent à écouter l'Autriche dans la personne de l'ambassadeur de France. Peut-être espéraient-ils ramener ainsi les choses à l'époque de la déclaration de guerre, Joseph II se bornant à fournir à la Russie le contingent ou le subside stipulé par son traité d'alliance avec elle, ce qui devait équivaloir à une trève partielle et locale.

Choiseul-Gouffier se hâta d'annoncer à Kaunitz ce premier succès : « J'espère que Votre Altesse ne désapprouvera pas que, sans rien articuler dont on puisse jamais se prévaloir, je ne repousse pas cependant d'une manière trop absolue les propositions de la Porte, et que je lui laisse conserver quelque faible espérance de parvenir à cette paix séparée qui fait l'objet de ses vœux. C'est un puissant moyen, et peut-être le seul, de retenir les fanatiques partisans de la Prusse. » Puis le philanthrope sentimental reprenant le pas sur le diplomate : « Votre âme, mon prince, ne me reprochera pas mes vœux pour le bonheur d'un peuple qui, depuis cinq ans, n'a cessé de me témoigner quelque estime, dans le moment même où mes avis contrariaient le plus fortement les erreurs de ses ministres. Les musulmans ont des droits à mon éternelle reconnaissance ; ils me permettent souvent d'alléger la situation de vos braves compatriotes (1).... » La réponse de Kaunitz ne se fit pas attendre (19 avril) ; elle autorisait une négociation commune aux cours impériales, ou particulière de la part de l'Autriche, malgré une clause secrète du traité de 1781, et le négociateur restait libre, si l'on traitait sur la base proposée, d'offrir des compensations.

Un événement qui, trois ans auparavant, eût été plein de promesses, déconcerta de part et d'autre les bonnes volontés. Au sultan Abdul-Hamid succéda, le 7 avril, Sélim, le prince réformateur, le correspondant secret de Louis XVI, et toutes les espérances que le cabinet de Versailles mettait en lui parurent soudain démenties. A peine investi du pouvoir absolu, il en revint aux pires traditions de ses prédécesseurs : « En

______

(1) 6 avril 1789. Cf. dans *Joseph II und Catharina von Russland* les lettres de l'empereur, en date des 9 février et 24 avril.

quinze jours, écrit Choiseul-Gouffier, l'enthousiasme
qu'il avait inspiré s'est changé en une consternation
générale. Tout tremble dans cette capitale, depuis les
ministres jusqu'aux derniers misérables. » Chaque matin
on le voyait s'échapper du sérail sous un déguisement,
comme un calife justicier du moyen âge, et tels étaient
les résultats de ses courses clandestines, que tous ses
sujets s'empressaient de fuir à son approche. Sélim,
furieux de se voir ainsi toujours reconnu, en vint à
faire battre par les officiers travestis de sa suite quiconque levait sur lui les yeux. Le soir, il se livrait à
de violents exercices en vue de la campagne militaire
qu'il voulait conduire. Aux exécutions arbitraires il
joignit, ce qui était peut-être plus grave, des mesures
blessantes pour les usages nationaux : « Les usages,
disait-il, c'est moi qui les fais (1). » Bref, ce n'était pas
le Pierre le Grand que Choiseul-Gouffier avait un
moment espéré pour la Turquie ; c'était tout au plus
le modèle de Paul Ier, c'est-à-dire un despote ombrageux et menacé de folie.

Il ne fallait guère attendre de lui la moindre soumission aux vues de la France. En envoyant Isaac-Bey
à Paris, il avait eu soin de rappeler que, s'il se tournait
de notre côté, ce n'était pas faute d'avoir été tenté par
la Prusse et l'Angleterre, et il avait associé d'avance

____

(1) Choiseul-Gouffier à Noailles, 15 et 21 mai 1789. — A Montmorin,
23 juin.

Louis XVI à la guerre de revanche qui devait suivre son avènement (1). Le moment était venu pour le nouveau sultan des Turcs d'éprouver le « zèle » et la « fidélité » du sultan des Francs. Il en attendait des marques avec les félicitations d'usage, et il ne lui vint qu'une invitation amicale à mettre fin à une lutte dont il n'était pas l'auteur responsable. Trompé dans son espoir, il laissa entendre que notre neutralité équivalait à une défection (2), et prêta derechef l'oreille aux suggestions anglaises et prussiennes. Bien loin de renoncer à Otchakov, il pensait reprendre la Crimée ; aussi se crut-il modéré en exigeant de l'Autriche la restitution des territoires conquis, une renonciation à la navigation de la mer Noire, et cinquante millions pour les frais de la guerre (2 juin). Quelques jours après, il signait son traité avec la Suède. On devine l'accueil que ses ouvertures reçurent à Vienne : Vous auriez mieux fait, répliqua Kaunitz à son complaisant intermédiaire, de refuser à la Porte de vous charger de communications semblables (3).

Pendant cet échange d'avances et de défis peu sincères, Diez arrivait lentement à son but : « Ce n'est que vous, disait-il au reis-effendi, qui comptez encore la

---

(1) Sélim à Vergennes, 3 décembre 1786. Dans ses instructions à Isaac-Bey, du même jour, on lit : « La France est notre amie.... L'amitié n'est faite que pour des circonstances aussi critiques que celles d'aujourd'hui ; il est de sa dignité de nous prouver ce sentiment en se préparant à la guerre. »

(2) Choiseul-Gouffier à Montmorin, 6 août.

(3) Ségur à Montmorin, 4 août.

France au nombre des puissances. Pour nous autres, c'est une monarchie annulée et tombée en ridicule. Elle serait même déjà oubliée en Europe, si elle ne faisait parler d'elle par ses sottises (1). » Ses assurances de bon vouloir, ses avances de plus en plus significatives, appuyées par la venue d'un certain colonel Gœtz à Constantinople, finirent par en imposer. Les Turcs crurent devoir préférer aux bons offices de la France la garantie d'un souverain puissant, ennemi naturel de la cour de Vienne. Ce n'était pas si mal raisonner ; que leur répondre? Choiseul-Gouffier réussit cependant à se faire livrer les instructions de Diez par le drogman de l'ambassade prussienne. Ces pièces à la main, il alla trouver le reis-effendi : N'oubliez-pas, lui dit-il, que la Prusse négocie secrètement avec les cours impériales et offre de leur laisser prendre la Moldavie et la Valachie, pourvu qu'on lui assure quelque compensation en Pologne. Sélim parut sensible à cet avis, appuyé par une nouvelle lettre de Louis XVI, et consentit à renouer les négociations avec Vienne sur des bases plus raisonnables ; ses prétentions se réduisaient en somme à la restitution des territoires conquis. Mais le vent avait tourné de ce côté : voici qu'en octobre, Kaunitz, enhardi par de récents succès militaires, requiert son représentant officieux d'obtenir de la Porte un *oui* ou un *non* pour la paix ; puis il fait

____

(1) Zinkeisen, t. VI, p. 745.

entendre clairement qu'à l'avenir il ne veut être obligé à cet égard envers personne, surtout envers la France. Il y a là évidemment le contre-coup des journées d'octobre; les insultes dont la reine Marie-Antoinette vient d'être l'objet sont pour son frère un prétexte de trancher les derniers liens de l'alliance de 1756. Il y a ensuite la pensée des Pays-Bas insurgés, où l'empereur voit un parti influent tourner les yeux vers Paris. Il y a enfin la perspective d'une nouvelle guerre avec la Prusse.

Sous ces diverses influences, Joseph II continua directement ses pourparlers en vue de la paix par son généralissime Laudon, et sans repousser pour l'avenir les bons offices de Choiseul-Gouffier, il lui cacha les instructions données à ses propres plénipotentiaires, l'exposant ainsi à de fausses démarches (1) : « C'est parce que la France existe encore un peu, écrivait alors le prince de Ligne, que je crois qu'on peut s'en servir un peu pour une bonne paix. » Pour l'empereur elle n'existait plus, dès la fin de 1789. Pendant plusieurs mois il fit attendre à son représentant les remerciements qu'il lui devait, et en les lui adressant (août 1790), le pria de continuer ses soins aux prisonniers autrichiens.

---

(1) « Il y a si longtemps, écrit Montmorin à cette occasion, que nous éprouvons des formes désagréables de la part de la cour de Vienne, que nous y devrions être accoutumés. » (22 janvier 1790.) Et Noailles de le consoler à sa manière : « Nous jouerons toujours un rôle honorable. Ce qu'il perdra d'activité tournera à notre avantage d'un autre côté, en nous dispensant d'insister sur les sacrifices que les Turcs ne voudraient pas faire. »

C'était lui dire qu'il comptait encore sur lui, et point
du tout sur son gouvernement.

A l'alliée hypocrite, l'Autriche, la Prusse, l'ennemie
secrète, allait se joindre, sous le prétexte ou le coup des
premiers troubles de la Révolution. Le 30 janvier 1790,
Diez, allant jusqu'au bout de ses avances, conclut au
nom de son maitre, avec la Porte, un traité qui l'enga-
geait à déclarer prochainement la guerre à l'empereur, et
à faire rendre au sultan tout ce qu'il avait perdu, y
compris la Crimée (1). Il ignorait encore que quatre jours
auparavant, il avait été rappelé par sa cour et remplacé,
en d'autres termes puni d'avoir laissé tomber ses instructions entre les mains de son collègue de France. Le
traité signé par lui ne devait être ni ratifié ni exécuté.
Joseph II étant mort (10 février), le nouvel empereur
Léopold II riposta à l'alliance turco-prussienne par une
démonstration militaire en Bohême, non moins plato-
nique. Au fond, les deux puissances, en face de l'Occident en feu, désiraient hâter la pacification de l'Orient.
Elles s'entendirent sans peine à cet effet à Reichenbach
(août 1790), et bientôt un congrès fut ouvert à Sistova,
en vue de la paix entre l'empereur et les Turcs (2). Les

---

(1) « Mon but, écrit peu de temps après Diez à Berlin, est maintenant d'étendre notre influence sur toutes les branches de l'administration
turque.... Chaque Turc est devenu un Prussien, et tous les ministres ne
parlent que de la Prusse et de son grand monarque. »

(2) Quelques jours après la réconciliation de l'Autriche et de la Prusse à
Reichenbach, eut lieu celle de la Suède et de la Russie à Varéla. Ici et là
la Turquie était jouée par ses nouveaux amis.

représentants de la Prusse, de l'Angleterre, même de la Hollande, y assistaient comme médiateurs. Choiseul-Gouffier, laissé à l'écart, dut assister de loin, sans mot dire, aux préludes de cette réconciliation.

Une dernière chance de se faire valoir lui restait, au cas où la Prusse et l'Autriche cesseraient de marcher de concert, et il crut la trouver au printemps de 1791, pendant une interruption des travaux du congrès. La Turquie se laissait alors entraîner à la résistance par une de ces intrigues familières à la diplomatie prussienne, et croyait pouvoir, en cas de rupture, compter sur l'alliance anglaise. Or, l'alliance anglaise, c'était la mer Noire et la mer Rouge livrées à nos rivaux. Choiseul-Gouffier eût voulu détourner le coup en offrant à la Porte, cette fois d'une façon explicite, l'alliance française : « Notre traité, purement défensif, pourrait être rédigé de manière à laisser même un jour la liberté d'en éluder les obligations, et cela sans encourir le moindre reproche, sans en avoir même réellement à se faire, car il sera toujours dans la politique des Russes de provoquer adroitement les Turcs (1). » De Paris on lui opposa une fin de non-recevoir, excusée d'avance par l'impossibilité où était le roi, soumis à la surveillance du corps législatif, de conduire secrètement, partant avec succès, la moindre négociation. La paix de Sistova fut donc un

____

(1) A Montmorin, 20 avril 1791.

échec grave, et volontairement accepté, pour l'influence française en Orient.

Au service des intérêts russes, Choiseul-Gouffier ne devait pas être plus heureux. La correspondance directe qu'il entretint de 1789 à 1791 avec le vice-chancelier Osterman, puis avec Potemkine, et les pouvoirs en forme qu'il reçut de ces deux hommes d'Etat, ne lui valurent pas sérieusement la confiance de l'impératrice. On suspectait en lui tantôt un agent autrichien, tantôt un ami des Turcs; on l'accusait de fournir à ceux-ci, comme au temps où il dirigeait la mission militaire, des plans de campagne; néanmoins, à Pétersbourg comme à Vienne, on eût préféré ses bons offices, payables en compliments, à une médiation formelle offerte alors par la Prusse. Otchakov cédé ou gardé, tel était l'enjeu de la paix, et Choiseul-Gouffier ne put faire agréer à la Russie une transaction fondée sur la restitution et la démolition de cette place. Il n'obtint qu'après de longs pourparlers l'élargissement de Bulgakov, et dans des circonstances de nature à rendre son succès fort équivoque.

Parlant d'abord au nom de Kaunitz, il avait exprimé le désir que le cabinet russe, sans prétendre donner à cet acte le caractère d'un échange, relâchât préalablement le gouverneur d'Otchakov prisonnier, et il ne reçut même pas de réponse. Afin de ménager d'autre part l'orgueil ottoman, et d'enlever à ses démarches en faveur d'un collègue le caractère d'un *ultimatum*, il fit intervenir Louis XVI, et rappela une promesse solennelle arrachée au nom de ce prince au sultan l'année précédente. Pour l'écarter, divers prétextes surgirent, comme la crainte d'une émeute militaire : le grand vizir affirmait, avec une affabilité ironique, que l'envoyé russe avait changé non de qualité, mais de séjour, qu'il était devenu l'hôte très honoré du sultan. Enfin, au milieu de juillet, il mit Bulgakov à la disposition de Choiseul-Gouffier, comme gage, disait-il, des sentiments de la Porte pour le roi, et il autorisa le prisonnier à partir sur un navire français, avec les familles russes restées à Constantinople. Dès le lendemain, le navire marchand qui devait porter Bulgakov aux Dardanelles à bord d'une frégate était prêt à appareiller, et Choiseul-Gouffier affirmait avoir « porté jusqu'à l'exagération le choix des formes convenables à la dignité de l'impératrice et à la satisfaction personnelle de son ancien ministre (1). » Bulgakov, fidèle à ses habitudes, trompa cet empressement en ne répondant même pas à la lettre où son ancien adversaire lui exprimait sa satisfaction. Il eût voulu que son élargissement, au lieu d'être une concession discrète à la France, fût une satisfaction publique accordée à sa souveraine par l'intervention d'une puissance amie. Trois mois après seulement (novembre), il sortit des Sept-Tours ; l'Angleterre se rapprochait alors de la Russie, et son influence, d'après certains bruits répandus dès lors, paraît avoir décidé de la mise en liberté de

____

(1) A Ségur, 22 juillet 1789.

Bulgakov. Celui-ci du moins fut transporté à Trieste sur
un bâtiment français, et la renommée put dire à Pétersbourg comme à Versailles que Choiseul-Gouffier
était le principal instigateur de cet acte de réparation.
Cette nouvelle fut accueillie avec indifférence à Vienne,
comme si elle y eût été prévue depuis longtemps, et
Bulgakov se borna à écrire une froide lettre de remerciement à celui qui était réputé l'auteur de sa délivrance.

Presque au même moment, Ségur quittait la Russie,
où il ne devait plus revenir, sous prétexte d'un congé;
il remportait dans ses bagages le projet de quadruple alliance, et laissait à son remplaçant provisoire, Genêt, la
recommandation aussi stérile que formelle de continuer
à faire valoir le crédit et les efforts de Choiseul-Gouffier
à Constantinople. Genêt, jeune et intempérant, engoué
plutôt que convaincu des idées nouvelles, sans tact ni
réserve dans ses paroles comme dans sa conduite, avait
de plus le désavantage de représenter auprès de l'autocrate russe un roi constitutionnel; on l'accueillait mal,
on ne lui parlait guère, en attendant qu'on le chassât;
et c'étaient les envoyés des Bourbons d'Espagne et de
Naples que Catherine II chargeait à l'occasion de ses insinuations de paix à Constantinople. Genêt, suspect
avant d'avoir ouvert la bouche, n'avait aucun moyen
de se faire écouter; il en était réduit à envoyer à Paris
des dépêches en clair, où il manifestait pour Catherine II
un enthousiasme de commande, et remontait maladroi-

tement, en désespoir de cause, aux conceptions romanesques du *Voyage de Grèce* (1). Ici aussi on ne voulait
plus traiter que directement, par les généraux, à la tête
des armées. La Russie, maîtresse de la place importante
d'Ismaïl, se rapprochait de l'Angleterre comme l'Autriche de la Prusse ; et Choiseul-Gouffier s'effaçait bien
inutilement quand il résumait son action, ses vœux,
ses espérances, dans ces mots caractéristiques : « Je suivrai toujours fidèlement la marche qui me sera prescrite
par l'impératrice ; mes ordres me l'enjoignent, mon admiration constante pour cette immortelle princesse
m'en fait une loi aussi forte ; je me trouverai trop heureur de la servir et de contribuer à la paix à quelque
titre que ce soit ; je borne mes vœux à voir Catherine II
rejeter, comme il est digne de son caractère et de la
place qu'elle occupe dans l'histoire, le joug qu'on voudrait lui imposer (il s'agit de la médiation anglaise), et
je désire en un mot plus ardemment que personne de
voir se terminer la guerre sans médiateurs (2). »

Sa dernière et inutile démarche en faveur de la paix
date de l'été de 1791. De nouvelles propositions arrêtées
entre lui et les ministres turcs allaient partir, lorsque
l'envoyé anglais avertit secrètement la Porte de ce

---

(1) Voir surtout sa lettre du 8 septembre 1791 : « Quand il s'agirait
d'affranchir du despotisme de la Porte les peuples chrétiens, libres autrefois, » etc.

(2) Cette lettre, du 12 novembre 1790, est citée par Genêt écrivant à
Montmorin (4 février 1791).

qui venait de se passer en France, c'est-à-dire de
l'évasion de Louis XVI, de son arrestation à Varennes
et de sa suspension; et ces nouvelles, qui faisaient alors
se fermer devant Genêt toutes les portes de Pétersbourg,
rejetèrent Choiseul-Gouffier dans une immobilité dont
il ne devait plus sortir (1). La paix de Jassy (janvier 1792), comme la paix de Sistova, ne fut à aucun
degré son œuvre. Etait-il seul responsable de ces humiliations diplomatiques, coïncidant avec les premiers
troubles révolutionnaires? Ni de près ni de loin, il
n'était plus encouragé ou même soutenu. A Constantinople, le sultan Sélim était devenu politiquement parlant
son ennemi. Isaac-Bey était bien rentré dans sa patrie à
la fin de 1789, mais sans empressement, après de
longues étapes à Marseille et à Smyrne, et dénoncé
d'avance à son maître, particulièrement par l'envoyé de
Suède, comme un homme dangereux. Le surlendemain
de son arrivée, il fut exilé à Lemnos, où l'ordre de sa
mort devait arriver en même temps que lui. Au passage des Dardanelles, il réussit à se faire enlever par un
navire algérien. On le trouve peu après réfugié à la
Canée sous la protection de notre consul, et depuis lors
on perd sa trace (2). Un autre ami de la France, plus
puissant mais plus capricieux, le capitan-pacha Hassan,
devenu grand vizir, porta la peine des échecs d'une

---

(1) A Montmorin, 12 juillet 1791.
(2) Choiseul-Gouffier à Montmorin, 22 avril et 22 mai 1790, 6 janvier et
11 mai 1791.

armée indisciplinée, et peu de temps après la prise d'Ismaïl, sa tête était envoyée du camp au sérail.

Ainsi isolé, dépourvu de moyens d'action sérieux, Choiseul-Gouffier ne pouvait de loin rendre courage aux inspirateurs de la politique française. Ecrivant à Paris au commencement de 1790, il répétait textuellement au ministre une phrase écrite récemment par celui-ci : « Si nous ne sommes pas médiateurs de cette paix, c'en est fait pour un demi-siècle de notre considération à Constantinople et dans l'Europe entière. » Et Montmorin lui répliquait mélancoliquement : « Je conçois que vous soyez affecté de ne pouvoir parler au nom du roi de France, de manière à assurer à Sa Majesté la gloire d'avoir pacifié l'Europe, mais les circonstances ne nous laissent pas les maîtres de jouer le rôle qui conviendrait à une puissance telle que la France; nous sommes entraînés par notre situation intérieure, et nous ne pouvons écouter que les conseils de la plus extrême circonspection. » Ici et ailleurs, la vieille monarchie, près de succomber devant la nation, disparaissait devant l'Europe.

II

Désormais voué à une existence passive, devenu un hôte importun du palais de France, Choiseul-Gouffier sentait autour de lui déchoir et s'effondrer jusqu'à cette suprématie commerciale qui constituait, dans le partage de l'Orient, le lot privilégié de la France. « L'anarchie spontanée » qui avait désolé la France n'épargna point les Echelles du Levant. Partout nos consuls se plaignent d'excès commis par les matelots des navires marchands ; les équipages de la flotte, gagnés par cette insubordination, exigent de leurs officiers, avec menaces, un prompt retour en France. Celui du brick *le Hasard* coupe les amarres, quitte à précipiter le bâtiment sur les écueils. Celui de la corvette *la Badine* abandonne la manœuvre, et il faut toute la fermeté du capitaine, le prince Victor de Rohan, pour sauver le navire. Le commandant de l'*Alceste*, moins énergique, cède à l'indiscipline et met le cap sur Toulon. Plusieurs négociants, à la vue de ces désordres, confient de préférence leurs cargaisons aux transports de Raguse ou de Venise. Le fanatisme indigène s'empresse d'exploiter cette crise, et le pacha de Syrie, Djezzar, le futur adversaire de Bonaparte, frappe sans pitié sur les établissements à sa portée. La Révolution n'oubliait pas le Levant en commençant son tour du monde.

A peine entr'ouvertes, l'Egypte et la mer Noire se fermaient devant le nouveau pavillon français. Depuis la guerre de 1787, Magallon n'avait plus en face de lui au Caire le consul russe, et une tentative de celui-ci pour se glisser dans le pays et nouer des relations avec Ibrahim et Mourad avait échoué. L'Egypte demeurait pour Catherine II le prix de l'assentiment de la France à ses envahissements ; mais le cabinet de Versailles, non con-

tent de décliner ce dangereux présent, hésitait à affirmer davantage ce qu'il gardait d'influence au Caire.
Que pouvait donc faire Magallon, gratifié du portrait du
roi, félicité dans la personne de sa femme, muni
d'avances pécuniaires pour lutter contre la concurrence
anglaise, néanmoins isolé et condamné par l'opinion ré-
gnante ? En mars 1789, il s'adresse au ministère au nom
du représentant de la Porte : il réclame des ingénieurs,
des constructeurs, des officiers, en un mot cette mission militaire qui devait si bien réussir plus tard, sous le
principat indépendant de Méhémet-Ali; c'est, assure-t-il,
un moyen infaillible de reprendre en Égypte la prééminence, et de se rouvrir à Suez la porte des Indes. La
réponse du ministre accuse aussi fermement que possible une timidité incurable, commandée d'ailleurs par
les circonstances, en ce mois de mai où se déchaînait la
Révolution. On feint de croire que Magallon n'a pas eu
la main libre en rédigeant sa requête. On se récrie à la
pensée d'envoyer des officiers au Caire, quand on vient
de rappeler ceux qui étaient à Constantinople ; on est
tout ému à la pensée de combattre par leur intermédiaire des beys rebelles, capables de se venger un jour,
et aussi de contrarier le sultan. En conséquence, la demande de Magallon ne sera pas même mise sous les
yeux du roi, et c'est tout au plus si, quelques mois
après, on se préoccupe de sonder la Porte sur l'accueil
qu'elle ferait à une intervention de ce genre. Livré à lui-
même, créancier des mameluks vaincus pour des

sommes considérables dont il ne put obtenir le remboursement, Magallon dut l'année suivante fermer son établissement et reprendre le chemin de la France.

Sur la mer Noire, mêmes déceptions, même retraite prudente. Les navires français qui avaient réussi à dépasser le Bosphore se virent refuser l'accès des ports russes, sous prétexte qu'ils recélaient la peste et que la guerre rendait leur voyage inutile. Deux d'entre eux, mouillés à Taganrog depuis 1787, subirent un embargo qui ne fut levé qu'après de longues négociations. Choiseul-Gouffier ne put empêcher que des cargaisons prêtes à être expédiées en France ne fussent arrêtées ou achetées par les Russes, comme ils en avaient le droit : « Est-ce donc là, écrivait-il à Ségur, la récompense de tous mes travaux pour la cour de Russie ? Est-ce le fruit que je devais attendre de mon empressement et de mon zèle à servir ses intérêts les plus précieux ? »

On comprend dès lors qu'Anthoine, en 1789, ait vendu à Potemkine ses magasins pour une somme de dix mille roubles, qui n'était pas encore payée en 1802. Jusqu'aux lettres de noblesse qui avaient récompensé ses services, tout allait lui être momentanément ravi. Un de ses frères resta pourtant en Russie, et ne revint qu'en 1793, lors de l'interdiction par ukase de toute relation avec la France.

Devant ces mauvais procédés, le cabinet français persista à se taire. La nullité de l'exportation, disait-il pour excuser son indifférence, détournera sans doute les commerçants de la mer Noire (1). Choiseul-Gouffier était moins résigné, et s'il regrettait l'échec de sa médiation, c'est qu'il voyait tomber avec elle la confiance des Turcs, et par contre-coup « ce riche commerce qui vivifie la moitié du royaume (2). » L'année suivante, lorsqu'il tentait un suprême effort afin d'arracher le Divan à l'influence anglaise, c'était l'intérêt du commerce qu'il invoquait, en termes à la fois sévères pour le passé et assez indulgents pour lui-même : « Nous ne pouvons plus, disait-il, ajouter de nouvelles fautes à celles qui ont été accumulées depuis quinze ans…. Les talents de mes prédécesseurs et mon zèle sans bornes ont obtenu de la tolérance du gouvernement de plus grands avantages que ceux auxquels nous avions vraiment droit de prétendre; c'est cette utile extension que nous risquons de perdre, si nous persistons à montrer la même indifférence pour l'empire ottoman…. La circonstance nous est favorable, et je me flatte de recouvrer ici cette supériorité que nous n'aurions jamais dû perdre…. » Non seulement sa requête n'eut aucun succès, mais le moment approchait où les lois en vigueur aux Echelles allaient avoir le même sort que

---

(1) Montmorin à Ségur, 6 septembre 1789.

(2) A Montmorin, 7 février 1790. — Un peu plus tard, Genêt, ne sachant comment conquérir quelque crédit à Pétersbourg, demandait qu'on sollicitât de l'impératrice, et d'elle seule, l'ouverture des détroits et de la mer Noire : « Le risque de blesser momentanément les oreilles de ce jeune présomptueux (Sélim) sera bien amplement compensé par la reconnaissance de Catherine. » (A Montmorin, 5 avril 1791.)

les anciennes lois du royaume. Survint le décret des
21-29 juillet 1791, qui permettait à tout citoyen français le commerce du Levant, supprimait les privilèges
réservés jusqu'alors au port de Marseille, et revenait en
faveur des étrangers au régime transitoire essayé de
1781 à 1785. Ce fut dès lors, les passions politiques
aidant, une désorganisation complète. Il en fut de chaque
Echelle comme de la moindre ville de France ; on y
vécut en proie à l'anarchie et sous le coup de la ruine :
« Il ne s'agit plus, écrit Choiseul-Gouffier le 22 août,
d'ouvrir de nouvelles mers au pavillon français et à
l'industrie de nos négociants : nous serons trop heureux
si nous pouvons conserver nos privilèges et sauver les
débris de notre ancienne considération. » Et il ajoute
le 12 décembre : « Puisque nous ne devons attendre
que d'une triste expérience la révocation des décrets
destructeurs du commerce du Levant, par lesquels des
gens qui n'en avaient pas la moindre notion ont prétendu l'étendre et l'améliorer, puisque ce commerce va
être livré à une foule d'aventuriers dégagés de toute
surveillance.... nous n'avons d'autres moyens de salut
que d'en imposer aux Turcs par des témoignages d'attachement. »

Il était alors, et de plus en plus, menacé dans sa
situation personnelle, et toute sa diplomatie, impuis-
sante contre les ambitions moscovites ou les défiances
ottomanes, ne devait pas suffire à le protéger. Choiseul-
Gouffier avait suivi de loin les événements de 1789,

mais n'en ayant qu'une vue rendue incertaine par l'éloignement, il ne se laissa point d'abord émouvoir, car il était de ceux qui souhaitaient des changements, des réformes pacifiques. Sa pensée répondait à celle de Talleyrand lorsque celui-ci, à la veille de la crise, lui écrivait : « Il n'y a rien qui ne puisse être fait par les administrations provinciales, et il n'y a pas de changement qui ne puisse être fait sans elles. Mon ami, le peuple sera enfin compté pour quelque chose. » L'abbé de Périgord ajoutait : « Comme tu nous manques dans ce moment-ci, toi, noble, élevé, populaire (1) !.... » Choiseul-Gouffier n'avait-il pas contribué à son insu à éveiller l'esprit républicain par le lustre donné dans son *Voyage de Grèce* aux souvenirs d'Athènes et de Sparte ? Gentilhomme et Français, il avait prêché à sa génération le culte de la démocratie grecque, sans se douter qu'un jour il serait, comme un autre Aristide, frappé d'ostracisme par les Athéniens modernes.

Pendant quelque temps, cet échappé du cercle de la reine sut en imposer aux maîtres du jour, et témoigna, sans doute avec une sincérité toujours plus suspecte, de son patriotisme. On lut à l'Assemblée constituante une lettre annonçant un don de douze mille livres fait par les négociants de Constantinople, et un autre don

---

(1) 4 avril 1787 (dans le *Bibliophile français*, août 1868).

Le *Mémorial* de Governor Morris (éd. française, t. II, p. 109-110) renferme de curieux détails sur les services que rendirent alors de loin à Choiseul-Gouffier ses anciens amis, Narbonne et Talleyrand.

de même valeur venant d'un anonyme en qui il était aisé de le reconnaître. L'Assemblée chargea son président de le remercier, et lui vota en même temps un subside important destiné à combler les frais de ses travaux archéologiques. Montmorin, qui jusqu'à la fin de 1791 présida nominalement aux affaires étrangères, et Talleyrand, devenu l'oracle du comité diplomatique, le garantissaient contre toute disgrâce (1).

Tout compte fait, Choiseul-Gouffier préférait encore les ruines d'Athènes, voire les palais de Constantinople, aux décombres de la Bastille et au club des Jacobins; car ses inquiétudes pour l'avenir croissaient sans cesse et pour lui-même et pour la monarchie. Il se savait à Paris des ennemis à plus d'un titre. Ferrières-Sauvebœuf, sorti du château d'If sous promesse de garder le silence sur ses aventures, s'estima dégagé de sa parole dès qu'il put couvrir sa vengeance et sa mauvaise foi du grand nom de son cousin Mirabeau, et il mit sous presse, malgré les représentations de Hennin, ses Mémoires, long factum en deux volumes, où les résultats de ses voyages se perdent au milieu du récit de sa querelle avec Choiseul-Gouffier. Il déclarait hautement vouloir ruiner dans l'opinion l'ambassadeur près la Porte : « Le temps est venu, disait-il, où il ne sera plus

______

(1) Montmorin, écrivant le 17 mars 1790 à Mᵐᵉ de Choiseul, à l'occasion de la publication des Mémoires de Ferrières-Sauvebœuf, parle de la « manière vraiment méritoire dont il sert le roi depuis qu'il est à Constantinople, au milieu des circonstances les plus pénibles sous tous les rapports. »

aussi insolent envers ceux qui sont aujourd'hui ses conci-
toyens. » Avarice, spéculations éhontées, intrigues ma-
ladroites, violences inexcusables, falsifications de pièces
officielles, il dénonçait en lui presque tous les vices de
l'homme privé, presque toutes les fautes qu'un homme
public peut commettre (1).

Ainsi attaqué, Choiseul-Gouffier devait dire comme
le poëte :

Liberté qui nous fuis, tu ne fuis pas Byzance (2),

et il usait de cette liberté pour se défendre par
toutes les armes à sa portée. Pendant que sa famille publiait, en réplique à Ferrières-Sauvebœuf, une
courte apologie, il essayait de mener de front la diplomatie officielle pour le compte du roi constitutionnel, et
la diplomatie secrète pour le compte du roi d'autrefois.
Il se trouvait ainsi acculé aux mêmes extrémités que
Louis XVI, faisant bon visage au parti dominant tout
en souhaitant sa chute, en la préparant même. Si l'on
peut définir la diplomatie la sophistique appliquée à la
politique, il sut être diplomate de tout point et au plus
haut degré : avec les Turcs, qu'il devait bercer de belles
assurances, sans jamais leur accorder que l'aumône de

---

(1) On voit, par la correspondance de Hennin, que Saint-Remy, l'officier
renvoyé en France à cause de l'insuccès de ses travaux à l'arsenal de Constantinople, méditait aussi contre Choiseul-Gouffier une dénonciation qu'on
réussit à étouffer.

(2) A. Chénier, ode xiii (écrite à Saint-Lazare).

ses dédaigneux conseils, puis avec le gouvernement
qui l'employait, se donnant alors à lui même, comme
excuse de son attitude équivoque, son dévouement à
la personne royale.

Il se crée alors en Orient un refuge pour lui et sa famille ; il tente, sans succès, de faire passer son fils aîné
des fonctions de secrétaire particulier à celles de secrétaire d'ambassade. Sa femme, son second fils, ses trois
filles non mariées, viennent le rejoindre, et conciliant
ainsi avec les avantages d'une situation officielle la sécurité que lui donne cette émigration implicite, il attend les
événements. Serviteur dévoué, exclusif, de Louis XVI, il
a écrit à ce prince, dès le 22 février 1791, une lettre devenue depuis, et contre lui, le témoignage de ses sentiments inébranlables : « Votre Majesté, en me faisant ordonner de signer sans délai le serment exigé de ses ambassadeurs par le décret du 7 novembre, m'est elle-même
garante qu'il n'entraîne aucune obligation contraire aux
sentiments que je n'ai cessé de manifester et que rien
ne saurait affaiblir. Je ne sais qu'obéir au roi, et obéir
aveuglément (1). »

On s'explique dès lors le ralentissement volontaire de
sa correspondance avec Paris ; ses lettres ne contiennent
plus guère que d'insignifiants avis ou de brefs accusés
de réception. Son rôle se borne à faire reconnaître par

---

(1) Musée des archives nationales, n° 1210. *Pièces trouvées dans l'armoire
de fer*, t. I, p. 275.

le sultan le pavillon tricolore, à lui présenter la constitution de 1791, à lui notifier même la déclaration de guerre à l'Autriche : autant de démarches pénibles pour un contre-révolutionnaire comme lui, et qu'explique son désir de demeurer maître, pendant une crise passagère, d'une place que les ennemis de la monarchie eussent pu occuper avec tant d'avantage.

En novembre 1791, après la retraite de Montmorin, son nom, grâce encore sans doute à Talleyrand, fut prononcé le premier pour le ministère des affaires étrangères, et Louis XVI le pressa ostensiblement d'accepter. Il est vrai que vers le même temps, par une lettre confidentielle, le malheureux prince insistait sur l'opportunité de sa présence à Constantinople (1). Choiseul-Gouffier se prêta à ce jeu dangereux, et continua jusqu'au bout sa résistance passive aux maîtres du jour. Au commencement de 1792, on lui propose l'ambassade de Rome; il refuse, sous prétexte qu'il ne saurait succéder au cardinal de Bernis, dont il a été l'hôte. On le

---

(1) *Recueil d'anecdotes*, etc. Le *Moniteur* (22 janvier et 4 mai 1791), loue son humanité envers les prisonniers autrichiens et sa prudence en face des ministres turcs ; puis il ajoute non sans ironie : « Cet ambassadeur est le premier qui ait représenté le roi des Français comme restaurateur de la liberté française.... Il appartient aux hommes dont le caractère avait devancé la Révolution d'en ressentir les premiers tout le prix et d'en concevoir toutes les espérances.... M. de Choiseul-Gouffier de retour en France y trouvera les ruines de l'aristocratie et du pouvoir arbitraire aussi avancées que celles d'Athènes.... En se retrouvant entouré de débris et de ruines, il ne pourra s'empêcher de verser encore des larmes, mais ce seront des larmes d'espérance et de bonheur. »

sollicite aussi vainement d'aller à Vienne, enfin on le
nomme d'office à Londres, et il cache sous des représentations répétées son refus d'obéissance. Il fait valoir de
son mieux les intérêts du commerce, inséparables des
siens, parce qu'il sait à ce point de vue son mérite reconnu et ses services appréciés même de ses adversaires (1). Il suggère au sultan une lettre où son maintien
est réclamé comme indispensable à la continuation des
bonnes relations : « Pourquoi le déplacer, dit-il, après
avoir réduit son traitement de moitié, après l'avoir forcé
de vendre une partie de sa vaisselle d'argent pour
avancer partie de la solde due aux équipages de la divi-
sion navale ? Pourquoi ne pas lui laisser le temps de
mettre ordre à ses affaires ? Pourquoi lui imposer un
voyage dont il ne saurait sur l'heure payer les frais ? »
Tenir assez longtemps pour que la Porte, contenue par
lui, n'ait pas le temps d'agir avant la victoire prévue des
princes et des coalisés en Champagne, tel est son but.
A lui seul il peut entraver la diversion souhaitée par les
politiques de Paris, et en opérer ainsi implicitement une
autre au profit des politiques de Vienne et de Coblentz.
Aussi se met-il en relations de loin avec les comtes de

---

(1) « La Turquie, depuis longtemps, pouvait être considérée comme nulle,
relativement aux grands intérêts politiques de la France ; mais il fallait soigneusement la ménager, relativement à son intérêt commercial : et c'est ce
qui avait engagé le ministre à y laisser pour ambassadeur M. de Choiseul-
Gouffier, homme d'un grand mérite, qui, sous ce rapport, conduisait très
bien les affaires de France, quoique décidément contre-révolutionnaire. »
(DUMOURIEZ, *Mémoires*, livre IV, ch. 1.)

Provence et d'Artois, de près avec l'internonce, et il trahit par un sourire ses espérances secrètes, en entendant donner à l'empereur le nom de restaurateur de la monarchie française.

Cependant à Paris, au moment de la rupture avec l'Autriche, on comprenait la nécessité de ne point laisser un *Autrichien* représenter la France sur le Bosphore. Les dénonciations contre Choiseul-Gouffier se succédaient : Pozzo di Borgo, alors député de la Corse, rappelait non sans raison au nouveau ministre Dumouriez combien il y avait lieu de se défier de lui; le Belge Robert, rédacteur des *Révolutions de Paris*, demandait, par le crédit de Brissot, sa succession, et de Constantinople même arrivait un acte d'accusation en règle, rédigé par un apprenti diplomate de passage à l'ambassade, Emile Gaudin (1). Dumouriez se décida à remplacer Choiseul-Gouffier par Sémonville, envoyé à Gênes (8 juin 1792); il lui donna pour instructions de provoquer la rupture de la paix de Sistova, de rallumer la guerre sur le Danube, de promettre au besoin à Sélim une escadre pour reprendre la Crimée. Le bruit se répandit même que Sémonville emportait avec lui des millions et les diamants de la couronne, — ces mêmes diamants qui devaient acheter un peu plus tard la retraite des Prussiens, — afin de déterminer la prise

---

(1) ROBERT, *Confession publique*. — Mme ROLAND, *Mémoires* (éd. Faugère), t. I, p. 169. — F. MASSON, *Les Diplomates de la Révolution*, p. 165.

d'armes des Turcs. Un honnête constitutionnel, le secrétaire Chalgrin, qui avait déjà tenu cet emploi auprès de Choiseul-Gouffier, et avait été écarté par lui deux ans auparavant sous je ne sais quel prétexte, partit pour prendre immédiatement la direction des affaires.

L'ambassadeur disgracié commença alors à comprendre qu'une résistance plus longue allait lui devenir difficile. Après avoir renvoyé, avec mission de veiller sur sa fortune personnelle, sa femme et ses filles en France, il s'appuya plus ouvertement sur ses collègues de Prusse, d'Autriche et de Russie, et se montra avec affectation en leur compagnie ; puis prenant déjà ses sûretés, en prévision de la retraite à laquelle il devait être sous peu contraint : « J'ose aussi vous supplier, écrivait-il aux princes français, de vouloir bien m'honorer, auprès de la cour de Pétersbourg, de quelques témoignages de bonté, qui puissent achever de détruire des impressions défavorables données contre moi par la plus basse intrigue et la plus noire ingratitude. »

Engagé dans les voies de la dissimulation à outrance, Choiseul-Gouffier les suivit jusqu'au bout. Le 7 août, il recevait ses lettres de rappel ; il prit aussitôt la plume, et jouant l'étonnement, affirma à Paris qu'il était surpris plus que personne. Le surlendemain, trois notes fort vives, émanées des ministres de Prusse, d'Autriche et de Russie, furent remises à la Porte ; elles demandaient que Sémonville, représentant d'une faction triomphante, ne fût ni reconnu ni admis à présen-

ter ses lettres de créance (1). De son côté, Choiseul-
Gouffier affirmait au ministre comme à Chalgrin n'être
pour rien dans cette démarche, assurant d'ailleurs
qu'elle serait bien accueillie du sultan. Le 24 août, il
fit partir Kauffer par la voie de terre, porteur d'une
nouvelle lettre de Sélim à Louis XVI en sa faveur,
et pour compléter son manège, il expédiait à Sémonville, dont on lui signalait à tort l'arrivée aux Dardanelles, une lettre où il le reconnaissait comme son
successeur, mais où il le suppliait de s'arrêter, jusqu'à
l'apaisement du conflit provoqué par sa venue.

Survint à Constantinople la nouvelle des événements
du 10 août; aussitôt l'ambassadeur déclare ses pouvoirs
expirés, signifie à ses subordonnés d'avoir à renoncer à
leurs fonctions, et recommande à la Porte, par une
dernière note, le clergé chrétien et les Français fidèles ;
puis il barricade les portes et les fenêtres de son palais,
et entouré de ses serviteurs et d'une troupe d'Albanais
armés, il attend les événements, c'est-à-dire l'entrée
probable des coalisés à Paris et la restauration du
trône. Or, non seulement les coalisés reculèrent sans
lutte sérieuse, mais pendant leur retraite ils laissèrent
tomber aux mains des républicains un grand nombre
de papiers, parmi lesquels était la correspondance de
Choiseul-Gouffier et des princes. Ces pièces consti-

---

(1) Les *Mémoires tirés des papiers d'un homme d'État* (t. VI. p. 242-246)
donnent le texte des notes prussienne et autrichienne.

tuèrent contre l'ambassadeur déchu la base d'un acte d'accusation qu'Hérault de Séchelles déposa sur le bureau de la Convention le 22 octobre. Séance tenante, un décret conforme fut rendu à l'unanimité contre celui que le rapporteur flétrissait comme « un agent constitutionnel du despotisme, » et un membre, Charlier, demanda même qu'on négociât son extradition ; démarche devenue impossible, la France n'étant plus représentée à Constantinople. Chalgrin, fidèle à son serment constitutionnel, prétendait inutilement parler au nom du « régent, » et Sémonville ne songeait plus à se mettre en route. Le grand vizir avait bien pu s'écrier à la nouvelle de la chute de Louis XVI : « Bon ! cette république-là n'épousera pas des archiduchesses ! » il n'était point disposé à la suivre dans sa guerre contre les rois, et ne pensait qu'à maintenir la Porte dans la plus stricte neutralité. Il laissait en présence Choiseul-Gouffier et la « nation française. »

Les négociants de Péra avaient jusque-là su gré à l'ambassadeur de son habile administration ; le 8 octobre, ils le suppliaient encore de protéger leurs intérêts. Une infime minorité, poussée par Gaudin, lui était hostile, et ce fut elle, comme il arrive en temps de révolution, qui finit par triompher. Le 8 décembre, une assemblée tumultueuse, à laquelle s'étaient joints les capitaines des navires mouillés en rade, proclama chargé d'affaires le premier drogman de l'ambassade. Choiseul-Gouffier, déçu de près comme de loin dans sa confiance à la

fidélité humaine, comprit qu'il était temps de se dérober
par la fuite à ses ennemis : ne voulant rien laisser à ce
gouvernement qui le frappait, il fit transporter en secret
dans sa maison de campagne le mobilier de l'ambassade,
puis s'y réfugia lui-même. C'était la première étape
d'une odyssée de dix ans, et Choiseul-Gouffier appartint
jusqu'au bout à cette génération errante d'esprit et de
corps, pour qui l'émigration fut le dernier des voyages,
et non le moins intéressant. Sur le conseil du sultan,
il céda enfin aux événements, et partit secrètement,
emportant avec lui le manuscrit de Lydus et une suite
de pierres gravées antiques. Un vaisseau qu'il avait frété
transportait en même temps en Russie, avec sa vaisselle d'argent, un certain nombre d'antiquités, entre
autres les objets recueillis en Troade et au tombeau
dit d'Achille. C'étaient là les seuls trophées de son
ambassade, les seuls souvenirs qui pussent toucher son
amour-propre. Il dut s'échapper à cheval, sous l'escorte
de trois officiers russes et d'un de ses fidèles Albanais ;
et encore fut-il poursuivi par une troupe de patriotes
qui épiaient son départ et en voulaient, dit-on, à sa vie.

Au commencement de 1793, le comte de Provence
adressa au sultan, par l'intermédiaire de l'envoyé russe,
une lettre où il accréditait à nouveau Choiseul-Gouffier
auprès de lui, et où il appelait Sa Hautesse à soutenir
la cause des rois, au nom de la vieille alliance de ses
ancêtres et des Bourbons. La Porte déclara accepter
cette communication par égard pour Catherine II, mais

se retrancha derrière sa neutralité, et ne fit aucune réponse (1).

C'était la fin de notre vieil empire oriental. Sémonville a beau affirmer de loin, en 1792, que « le seul point de prospérité nationale qui n'ait point encore été entamé est le commerce du Levant, » les derniers représentants de l'influence française succombent sous la Terreur naissante, la manie des épurations et des destitutions sévissant jusqu'en Orient : « Il n'est pas permis au gouvernement, écrit le ministre de la marine (13 octobre 1793) au successeur de Choiseul-Gouffier, de conserver non seulement un agent qui se serait compromis au même point qu'Amoreux (consul à Smyrne) et Cousinéry (consul à Salonique), mais celui contre lequel il n'y aurait qu'un léger soupçon.... Point de ménagements dans le rapport que vous me ferez. Souvenez-vous que les opinions politiques de certains hommes ayant éprouvé une grande altération depuis le 10 août et le 31 mai dernier, il ne faut pas les juger uniquement sur celles qu'ils manifestaient avant cette époque. »

---

(1) Zinkeisen, t. VI, p. 872-873.

CHAPITRE VII

DERNIÈRES ANNÉES

I

La vie politique de Choiseul-Gouffier cesse avec l'année 1792 et pour ainsi dire avec la vie de Louis XVI. La nouvelle du 21 janvier trouva l'ambassadeur fugitif aux frontières de la Russie, à Hermanstadt, en Transylvanie (1). De là il s'achemina lentement vers Péters-

---

(1) Lettre du 2 juillet, dans le *Moniteur* du 7 août. On lit dans REIMERS, *Reise der Russischen Gesandschaft* (Pétersbourg, 1803), qu'en avril 1793 il se rencontra à Elisabethgrod avec Koutousov, qui lui fit une honorable réception.

17

bourg, où son arrivée est signalée vers le milieu de 1793.
Si prévenue qu'elle pût être contre lui, l'impératrice
l'accueillit avec courtoisie, comme un adversaire vaincu
dont elle eût reçu l'épée et la soumission : « Entre ennemis glorieux, lui dit-elle, hors de combat, tout diffé-
rend cesse, et l'on se rend réciproquement justice : vous
avez fait votre devoir, vous avez joué votre jeu, et moi
j'ai mené ma petite barque le mieux que j'ai pu. »
C'était flatter le diplomate déchu que le traiter en soldat ayant soutenu jusqu'au bout l'honneur du drapeau ; cette « petite barque » où il échappait au naufrage portait les dépouilles de l'empire turc ; il s'y tint
durant dix ans, et conquit près de sa protectrice mieux
que la faveur, la confiance. Catherine II le considéra
comme le successeur légitime de Voltaire et de d'Alembert, chargé de recommander sa mémoire à la posté-
rité. C'est ainsi que, vers la fin de 1794, elle le faisait
appeler, et lui tendant un journal français où était re-
produite contre elle l'accusation de complicité dans le
meurtre de Pierre III : « Les Français, lui dit-elle, sont
entièrement dénaturés ; je ne suis point forcée de m'expliquer, mais je vous jure devant Dieu que je n'ai jamais ordonné la mort de personne.... vous m'entendez,
de personne (1) ! » On ne dit pas que Choiseul-Gouffier lui ait répliqué en lui expliquant la différence qui
existe, et qu'elle connaissait fort bien, entre ordonner

---

(1) Recueil manuscrit d'anecdotes sur Choiseul-Gouffier.

et laisser faire. Le courtisan de Trianon se trouvait à sa
place au Palais d'hiver, et tandis que Ségur tremblait à
Paris sous le joug des Jacobins, son ancien collègue arrivait à point nommé à Pétersbourg pour y représenter
après lui l'esprit français, et sa double séduction mondaine et littéraire : « Avez-vous des nouvelles de M. de
Ségur? lui demande un jour l'impératrice. — Aucune,
Madame, depuis le moment où il a cru que je ne lui ré-
pondrais pas (1). » C'est là un mot de courtisan par
excellence, où se combinent merveilleusement l'esprit,
la flatterie, l'art de se faire valoir, et Choiseul-Gouffier
possédait à fond ces qualités ou plutôt ces artifices.

Il ne lui suffisait pas d'avoir pour lui la souveraine ;
il rechercha l'amitié du tout-puissant favori Zoubov,
comme il eût fait à Versailles sous la Pompadour. A
en croire un récit non exempt de malice, il se glissait
adroitement parmi les groupes qui encombraient l'anti-
chambre de ce personnage ; il parvenait ainsi sans y paraître jusqu'à la porte de son cabinet, et quand celle-ci
s'ouvrait, se retournant par une brusque volte-face vers
les courtisans empressés, il essayait de faire croire qu'il
venait d'avoir pour lui seul, avant tous, le privilège
d'une audience privée (2). Il fréquentait encore, avec
une assiduité qui faisait sourire quelques-uns, la maison
de la princesse Galitzine. Ici et là il rencontrait son an-

____

(1) Rostoptchine à Woronzov, 6 juillet 1793. (*Archives Woronzov*, t. VIII,
p. 72.)
(2) *Mémoires* manuscrits de LANGERON, t. I.

cien condisciple du collège d'Harcourt, l'ambassadeur d'Autriche Cobenzl, puis Saint-Priest, son prédécesseur à Constantinople, et à l'égard de ce dernier, il crut devoir s'excuser publiquement de la réserve peu courtoise qu'il lui avait jadis témoignée. Il est assez piquant pour l'histoire, et il était glorieux pour Catherine II de voir au premier rang de ses familiers ceux qui, quelques années auparavant, protégeaient contre elle l'empire ottoman au nom de la France.

Ainsi l'exilé du Bosphore et de la Grèce sut se faire promptement en Russie des amis ; et bientôt terres, paysans, places lucratives pour lui et les siens, compensèrent et au delà les pertes qu'il avait faites ; car sa femme, demeurée en France, avait conservé la plus grande partie de sa fortune (1), et il pouvait même subvenir à la détresse de sa fille aînée et de son gendre, le duc et la duchesse de Saulx-Tavanes, réfugiés en Angleterre. Son frère, Choiseul-Daillecourt, reçut une pension, et plus tard des terres en Crimée. Son fils aîné eut une lieutenance aux gardes, et s'allia depuis aux Potocki, les chefs du parti russe en Pologne : son second fils entra au corps des cadets.

L'arrivée de ce dernier en Russie fut l'occasion indi-

---

(1) Mme de Choiseul-Gouffier et ses trois filles subirent une détention de six mois dans les prisons d'Amiens, pendant l'automne de 1793. (*Les Doléances du peuple*, etc., *Souvenirs de la Révolution en Picardie*, par DARSY.) Choiseul-Gouffier figure dans le même ouvrage comme assigné, en sa qualité de seigneur d'Heilly, à l'assemblée de la noblesse en 1789.

recte d'événements qui devaient produire dans les mœurs de la haute société russe un changement sans importance apparente, bien que sérieux dans ses conséquences. Le jeune Raoul de Choiseul vint rejoindre son père sous la conduite d'un précepteur rompu aux choses de l'enseignement, l'abbé Nicolle. Celui-ci, afin d'inspirer à son élève une émulation salutaire, imagina de lui associer dans ses études cinq autres enfants : son succès fut tel, qu'il força en quelque sorte la main à un gouvernement défiant, et que son institut privé se transforma peu à peu en grand collège. Ces gentilshommes qui naguère introduisaient si complaisamment chez eux les disciples des esprits forts de Paris, se mirent à confier à l'envi leurs enfants à l'abbé Nicolle et à ses confrères, prêtres et émigrés comme lui. Choiseul-Gouffier ne prévoyait pas un résultat semblable de son séjour en Russie. Le contemporain de Voltaire fraie ici le chemin, sans le savoir, aux amis de Joseph de Maistre (¹).

Livré dès lors aux distractions de la vie de cour, l'académicien-diplomate avait interrompu, faute de ressources, ses études préférées. Il rencontra sans doute en Russie l'helléniste Vauvilliers, et cette dame Vigée-Lebrun qui avait un jour costumé ses convives à la grecque et leur avait servi du miel de Corinthe, assaisonné de couplets anacréontiques par Lebrun-Pindare : néanmoins, au lieu de retourner par l'imagination à

---

(1) FRAPPAZ, *Vie de l'abbé Nicolle*.

Athènes, il aimait mieux relever dans les salons de Pétersbourg cet empire de la conversation que la France d'alors reniait avec tant d'autres choses. Sur ce terrain comme sur celui de la diplomatie, il devait rencontrer plus d'un ennemi ; car, sans parler de la jalousie qui s'attache aux gens en faveur, sa qualité d'étranger était aux yeux des Russes un vice irrémissible. De la part de Catherine il n'y eut que des tracasseries de paroles sans conséquence. Elle se plut au premier moment à l'embarrasser par des questions sur certains épisodes de sa vie publique, auxquelles il était difficile, du moins à Pétersbourg, de répondre (1). C'était mettre son esprit à l'épreuve ; il se tira avec bonheur du piège qu'on lui tendait. D'ailleurs, les événements qui continuaient à se dérouler en Orient rendaient chaque jour moins apparente la contradiction entre son rôle de la veille et sa nouvelle situation. La république ne se montrait pas plus ferme que Louis XVI dans son amitié pour les Turcs (2). En 1798, une flotte portant Bonaparte et trente mille soldats sort de Toulon. Les naïfs prétendent qu'elle va reprendre la Crimée pour le compte

(1) Castéra, *Histoire de Catherine II*, t. IV, p. 27.

(2) « Mohamed-Effendi, employé sur l'escadre pour la politique.... déclara que l'empereur de France avait toujours été l'allié fidèle de la Porte ; que cette cour avait été séduite et conduite au bord du précipice par la prétendue république ; mais enfin qu'elle était bien convaincue que ni la Turquie, ni l'Europe, ni les parties du monde les plus éloignées, ne pourraient être tranquilles tant que l'empereur de France ne serait pas rétabli sur son trône. » (*Dernier voyage de Mesdames*, par Chastellux. *Revue contemporaine,* juillet 1854.)

de la Porte. Point du tout ; elle suit la route tracée vingt ans auparavant par Choiseul-Gouffier, Truguet et Magallon, elle va se saisir de l'Egypte et de la route des Indes ; et l'on voit alors le tzar, sous l'empire de circonstances inattendues, infligeant au sultan la dernière humiliation qu'il puisse lui faire subir, son alliance. Révolution ajoutée à tant d'autres, que Choiseul-Gouffier contemplait de loin avec l'indifférence de l'homme obligé de se survivre à lui-même.

Les faveurs qu'il avait reçues dans son exil ne le garantirent pas jusqu'au bout contre un despotisme livré, surtout sous Paul Ier, à des influences mystérieuses et contradictoires. Plus d'un Russe le regardait avec méfiance ; Rostoptchine avoue un peu malgré lui que cet émigré a une figure aimable, un regard perçant, une conversation agréable, légèrement prétentieuse, mais assaisonnée de saillies spirituelles et de compliments distribués à propos ; il ne cherche pas moins à le prendre en défaut toutes les fois qu'il le peut. De Londres, Simon Woronzov dénonce avec colère l'élévation de cet étranger, « qui n'est que ce qu'on appelle frotté de littérature, sans être profond littérateur, mais qui est un très profond intrigant (1). » Les plus ardents ennemis de Choiseul-Gouffier furent ses compatriotes. C'est Langeron qui a dénoncé ses manèges

---

(1) *Archives Woronzov*, t. XXII, p. 515. Toute cette lettre, datée d'octobre 1797, serait à citer.

puérils auprès de Zoubov. Esterhazy, l'agent officieux des princes en Russie, ne l'a point vu arriver sans appréhensions ; il redoute l'influence que l'ancien familier de Marie-Antoinette ne manquerait pas de prendre sur l'impératrice, et il ne cesse de travailler sourdement contre lui (1). Choiseul-Gouffier finit par comprendre qu'une retraite au moins momentanée lui devenait inévitable. Il avait reçu en don des terres considérables, mais en friche, et il n'était homme ni à les habiter ni à les mettre en culture; l'exemple de son frère, qui venait de succomber à la fatigue et à l'ennui, sur ses propriétés de Crimée, accroissait d'ailleurs ses répugnances. Cependant, en 1795, il se laissa donner, il désigna même discrètement, dit-on, une terre importante située en Galicie, près de Léopol, qui avait pour lui le mérite de n'être pas un bien confisqué sur la noblesse polonaise.

Louis XVIII venait de le nommer son agent près la cour de Vienne. Choiseul-Gouffier, ayant acquis la conviction qu'il ne serait pas reçu en cette qualité, partit pour la Galicie avec ses enfants, curieux de faire succéder la vie du boyard, du propriétaire rural, à celle du courtisan. Il jouissait en paix de cette nouvelle exis-

---

(1) « Le marquis d'Esterhazy est en ce moment sur les épines à cause de l'arrivée du comte Choiseul-Gouffier ; malgré tous ses soins à prévenir mal contre ce dernier arrivé, il commence cependant à plaire.... Choiseul, l'ex-ambassadeur, tâche de s'insinuer ; mais Esterhazy le craint trop pour le laisser parvenir à ses fins. » (Rostoptchine à Woronzov, 6 juillet et 17 octobre 1793. *Archives Woronzov*, t. VIII, p. 71 et 81.)

tence, un peu étonné d'avoir pour fermier un gentilhomme qui le saluait en lui embrassant les genoux,
lorsqu'il apprit la mort de l'impératrice. Quelques jours
après, l'abbé Nicolle l'informait, par un exprès, de la
situation qui lui était réservée à la nouvelle cour (1).
Paul Ier venait d'enlever à la princesse Dachkov sa place
de président de l'Académie des beaux-arts, en punition
de sa participation à la révolution de 1762, et il voulait
lui donner pour successeur un étranger, moins propre,
pensait-il, à soulever des jalousies et des rivalités fâ-
cheuses. Choiseul-Gouffier fut choisi, sans doute en
souvenir de sa réputation de savant et de ses titres
académiques, et il eut en même temps la direction des
bibliothèques impériales. Pendant la guerre de la seconde
coalition, il jouit d'un certain crédit, fut investi d'une
commanderie de Malte lors de l'éphémère reconstitution de cet ordre, et entra au conseil des affaires étrangères ; ce qui ne lui évita pas sa part des disgrâces infli-
gées par Paul à tous les Français enchaînés à son service.
La princesse de Tarente, après avoir été reçue pompeu-
sement à Pétersbourg, en souvenir de son amitié avec
Marie-Antoinette, s'était vue tout à coup et sans motifs
en butte à la méfiance. Choiseul-Gouffier, constitué
son chevalier d'honneur et regardé comme son conseil,
éprouva avec elle la froideur impériale (2). Puis le

---

(1) Duchesse de SAULX-TAVANES, *Mémoires* manuscrits.
(2) *Archives Woronzov*, t. XXII, p. 54.

fantasque despote s'offusqua de ses rapports amicaux avec Cobenzl, et un jour, à table, lui lança plusieurs sarcasmes et affecta à son égard un ton qui ne laissa à l'émigré aucun doute sur sa disgrâce. Dans la soirée, Paul le chercha en vain du regard, comprit qu'il s'était éclipsé, et sa mauvaise humeur redoubla. Cependant l'impératrice et quelques amis osèrent intervenir en faveur de la nouvelle victime du caprice impérial. Mandé d'urgence et à deux reprises par le tzar, Choiseul-Gouffier fit répondre qu'il demandait à ne reparaître devant le prince que complètement justifié à ses yeux, et le lendemain il se rendit de lui-même à la réception d'usage. Paul épiait son arrivée, et, du plus loin qu'il l'aperçut, il courut à lui : « Monsieur le comte, lui dit-il, il est des temps nébuleux, des jours d'orage où il pleut des malentendus ; il en est tombé un sur nous hier ; mais nous sommes tous deux gens d'esprit, nous l'avons secoué (et ici il fit un geste de l'épaule), et nous n'en sommes que mieux ensemble à présent (1). » Grâce à cette habile coquetterie, grâce aussi aux appuis qu'il avait su se ménager çà et là, près de la favorite en titre comme de l'impératrice, Choiseul-Gouffier se croyait à l'abri des caprices de l'autocrate (2). Son inti-

---

(1) Recueil manuscrit d'anecdotes sur Choiseul-Gouffier.

(2) Rostoptchine signale (*Archives Woronzov*, t. VIII, p. 184) une dame qu'il ne nomme pas, mais qui a, comme Mlle Nélidov, une grande influence sur Paul Ier : « Choiseul-Gouffier a eu deux mille paysans pour lui avoir fait quelques dessins et quelques compliments fades. »

mité avec Cobenzl lui valut pourtant encore un ordre
d'exil dans ses terres, dont la mort de Paul empêcha
l'effet. Après l'avènement d'Alexandre, tout lui eût
semblé désormais pour le mieux dans le plus doux
des exils, si le rétablissement de l'ordre en France ne
lui eût inspiré le désir de revoir sa patrie, d'y reprendre
ses études, d'y achever sa vie.

II

L'accueil hospitalier qu'il avait reçu en Russie ne
l'avait point attaché à ce pays par des liens indissolubles ;
il ne se décida même pas à attendre, comme le duc de
Richelieu, l'époque d'une restauration royale, toujours
plus incertaine, jusqu'en 1812. Sa femme et ses enfants
étaient en France ; pourquoi n'eût-il pas profité à son tour
de l'amnistie accordée aux émigrés par le premier consul ?
Il obtenait ainsi la facilité de ressaisir les moulages du
Parthénon, oubliés depuis dix ans dans les entrepôts de
Marseille, de les réunir aux objets que Fauvel lui tenait
en réserve à Athènes ; ayant ainsi recueilli et classé ses
collections éparses, il lui serait aisé de reprendre ses
études sur l'ancienne Grèce, et de garder sa place au
milieu d'une nouvelle génération d'érudits. Son exemple
avait été suivi, même pendant la période révolutionnaire ; ses compatriotes avaient visité, les armes à la
main, cette Egypte entr'ouverte par ses soins au commerce français, et par les naturalistes, les dessinateurs,

les géographes de l'Institut du Caire, ils y avaient fait des découvertes plus durables que leurs victoires. Parmi eux reparait, comme un lien vivant entre l'œuvre de 1784 et celle de 1798, ce Le Roy que nous avons vu diriger les constructions navales de la Turquie. De leur côté, Cassas et Le Chevalier, restés en France, se préoccupaient de satisfaire la curiosité publique sur ces contrées lointaines, d'autant mieux qu'ils commençaient à se croire affranchis de toute dépendance envers leur ancien protecteur. L'un avait publié en 1799 les premières planches d'un *Voyage de Syrie et d'Egypte* (1); l'autre faisait paraître en 1800 son *Voyage de la Propontide*, et en 1802, son *Voyage de la Troade*, relations composées sur des matériaux recueillis quinze ans auparavant à Constantinople. Dans la préface de ce dernier ouvrage, Le Chevalier rendait à Choiseul-Gouffier un hommage assez embarrassé, et s'excusait de le suppléer, sous prétexte que, faute de ressources et de collaborateurs, l'auteur du *Voyage pittoresque* ne poursuivrait pas son œuvre interrompue. Or, presque à ce moment, Choiseul-Gouffier adressait de Russie à son ancien auxiliaire, Barbié du Bocage, une lettre qui mérite d'être citée presque en entier; car, outre les rensei-

---

(1) Choiseul-Gouffier mit, dit-on, obstacle à la publication du voyage de Cassas, comme ayant été faite, malgré des promesses réciproques, sans sa participation. Il devait y contribuer de son argent et de sa plume. Il s'opposa donc à la mise au jour d'un texte tiré, disait-il, de ses manuscrits, et l'ouvrage est resté inachevé.

gnements qu'elle fournit sur ses travaux antérieurs, elle le montre, après dix ans d'exil, toujours curieux de problèmes historiques et scientifiques, aussi empressé que jamais de revenir à ses occupations préférées, aussi susceptible dans son amour-propre d'auteur que sensible aux services rendus :

« Il faut avoir passé, Monsieur, par toutes les épreuves que j'ai subies pour imaginer toute la satisfaction que m'ont fait éprouver les assurances de votre souvenir et de votre amitié. Je profite, pour vous en remercier, du départ de M. le comte de Markov, qui va essayer d'établir une harmonie désirable entre votre patrie et celle qui a daigné m'adopter.... Les courriers qu'il sera dans le cas souvent d'expédier faciliteront notre correspondance, et je serai trop heureux, Monsieur, si vous voulez bien me dédommager de si longues privations. Voici le plan ancien de Constantinople, tel que nous l'avons ébauché, le pauvre Kauffer et moi. Il n'y a de certain que les contours et la place des monuments dont il reste des vestiges. Le nombre en est cependant encore assez considérable, et pour tout le monde on ne peut que les placer par approximation dans les régions auxquelles ces édifices appartenaient. Vous seul, Monsieur, pouvez tirer quelque parti de ces matériaux qui eussent été bien différents si j'avais eu le bonheur de vous posséder à Constantinople. Combien de fois je vous ai désiré, regretté ! Mais enfin, grâce à votre zèle, nous pourrons sauver quelques débris du naufrage, et je ferai de mon côté tout ce qui dépendra de moi pour seconder vos efforts.

» Daignez offrir à l'honnête et savant M. Méchain l'hommage de ma reconnaissance. Je n'ai pas de droits personnels à son intérêt, car ce n'en est pas un que de lui avoir toujours rendu la justice que personne ne lui refuse. Mais j'espère qu'il voudra bien continuer de favoriser des travaux entrepris sous ses auspices. Il a toute raison lorsqu'il croit se rappeler une carte particulière de Lesbos, et il serait bien important de la retrouver, parce que vous y retrouverez parfaitement déterminé un grand banc de rochers très dangereux, très mal indiqué dans les cartes marines, et sur lequel j'ai vu souvent se perdre des navires repoussés par le rapide courant de l'Hellespont. »

Choiseul-Gouffier part de là pour entamer une discussion sur un point particulier sans intérêt pour nous, puis il reprend :

« J'ai la carte de la Propontide, mais seulement le contour des côtes, et il eût été bien à désirer qu'elle eût pu être enrichie de détails par Kauffer, qui en avait plusieurs fois parcouru les rivages. M. Truguet doit avoir une carte particulière de la presqu'île de Cyzique, une autre de Proconèse, et une encore de l'embouchure de la plaine du Granique. Je ne sais s'il aura conservé ces matériaux, mais s'il les a, je suis sûr qu'il ne refusera point de concourir à une publication utile aux navigateurs, et dont l'honneur lui appartient d'ailleurs en grande partie. Racord, qui travaillait avec lui, existe-t-il encore? Je m'en suis vainement informé, et je crains bien qu'il n'ait péri, puisque je ne l'ai jamais vu cité. Il avait des matériaux bien intéressants sur le golfe de Salonique et la côte de Thrace; quoique rien n'ait été fini dans cette partie, les moindres observations vous seraient d'une grande utilité; peut-être pourrez-vous parvenir à les retrouver. Le mont Athos avait été déterminé, et je crois même qu'on avait mesuré sa hauteur, ce qui nous prouverait si son ombre s'étendait sur Lemnos, et terminerait cette question.

» Je n'ai jamais douté de la probité de Foucherot, et j'espère que j'aurai à m'en louer au dernier résultat. Des motifs de prudence ont pu seuls l'empêcher de me donner des preuves de souvenir. Il a entre les mains les matériaux les plus précieux et je suis bien sûr qu'il se fera un plaisir de vous les confier : il ne doit pas craindre que je veuille lui dérober la gloire de son travail. Je ne veux même pas vous parler de Le Chevalier et de ses procédés. Le temps n'est pas encore venu d'en prendre le public pour juge; mais j'aurai des pièces assez curieuses à produire dans ce procès, et il est assez heureux qu'après avoir perdu tant de papiers, ceux-là précisément soient retrouvés. Je n'ai point encore vu sa seconde édition de la *Troade*, ni son ouvrage sur Constantinople. Quant au premier, jamais larcin n'a été plus effronté; car il a tout simplement usurpé les matériaux que j'avais imprimés dans mon cabinet afin d'en rendre la lecture plus facile à notre respectable ami Barthélemy, matériaux sur lesquels je possède encore vos excellentes observations ainsi que les siennes. De pareils traits d'ingratitude font trop de mal, et ce sont des souvenirs que je dois repousser pour mon repos, troublé par tant d'autres objets plus importants. J'apprends avec grand plaisir que ces plâtres pris à Athènes à si grands frais sont en sûreté et ont échappé aux Vandales de Marseille ; on m'avait dit qu'ils en avaient brisé une grande partie dans l'idée étrange que j'avais caché des médailles d'or dans l'intérieur de ces plâtres. Je ne regrette plus ce qui ne sera pas perdu, du moins pour les vrais amateurs. Mon projet était bien de léguer après moi à mes compatriotes toutes mes richesses de ce genre : ce sont d'avides héritiers qui ont dépouillé leur bienfaiteur de son vivant, et les valets de la maison ont profité de l'occasion pour remplir ainsi leurs poches.

» Le respectable M. de Chabert vivait encore à Londres il y a un an, mais privé de la vue et ne conservant plus aucun moyen de travailler. Il m'avait fait promettre une notice de ses longs travaux, mais je ne l'ai point reçue et je ne sais s'il existe encore. Vous savez qu'outre la carte de l'Attique levée par Fenoil (?), et que j'ai aussi ici, Foucherot doit avoir travaillé sur les environs d'Athènes ; mais comme il avait peu d'habileté de lever, je crains qu'il n'y ait quelque erreur.

» Recevez, Monsieur, de nouveau tous mes remerciements et l'assurance bien sincère des sentiments que je vous ai voués pour la vie (1). »

L'auteur de cette lettre n'allait pas tarder à revoir son pays. En 1802, son plus vieil ami, Talleyrand, dirigeait la politique extérieure de la France, et malgré les divergences profondes qui les séparaient depuis 1792, le royaliste fidèle avait fait, dès le temps du Directoire, le premier pas vers l'évêque deux fois oublieux de ses serments. L'abbé Brard, précepteur de ses neveux Choiseul-Daillecourt, étant parti pour Paris, afin de procurer à ses élèves l'accès de la patrie, Choiseul-Gouffier lui donna une lettre de recommandation à l'adresse de Talleyrand. L'occasion lui était bonne pour donner signe de vie au compagnon de sa jeunesse ; Talleyrand, à son tour, devenu le chef de la diplomatie française, imagina de faire servir l'ancien ambassadeur à renouer, entre Paris et Pétersbourg, des liens brisés depuis dix années : « Nous avons passé ensemble, écrivait-il au premier consul, quinze années de notre vie dans une intimité qui ne peut avoir perdu toute sa force.... Dans l'espoir de revoir sa patrie il emploiera volontiers son crédit, ses talents, pour détacher la cour de Russie de ses engagements actuels (2).... »

Cette ouverture ne paraît point avoir eu de suites, soit que Bonaparte ait répugné à employer ce fidèle

---

(1) Lettre du 17 juillet 1801.
(2) Note au premier consul (fin de l'an viii). (*Corr. Russie.* vol. cxxxix.)

serviteur des Bourbons, soit que le diplomate exilé n'ait
pas voulu démentir son passé par quelque acte impli-
quant soumission au nouveau maître de la France. En
tout cas, s'il y eut quelque médiation officieuse, elle
n'a point laissé de traces. Les relations officielles entre
les deux pays étaient rétablies lorsque Choiseul-Gouffier
fut rayé de la liste des émigrés, et il quitta la Russie en
mars 1802. L'envoyé consulaire, Caulaincourt, constatait
alors la considération et la faveur dont il jouissait à la
cour d'Alexandre : « Recevez-le, écrivait de son côté
Kourakine à Talleyrand, comme un vieil ami qui n'a
jamais cessé de l'être, et qui attend avec impatience le
moment de sa collaboration avec vous (1). »

Selon le vœu de Kourakine, Choiseul-Gouffier fut
reçu à bras ouverts par l'ancien abbé de Périgord, éman-
cipé de l'Eglise et près de devenir le prince de Bénévent.
Grâce à ses bons offices, il obtint le remboursement de
diverses sommes avancées par lui au gouvernement
durant son ambassade. Quant à une situation politique,
à une mission officielle, il ne paraît pas y avoir jamais
songé. La contagion de l'exemple sévissait pourtant
autour de lui; c'était Ségur qui se laissait faire grand
maître des cérémonies, et présidait aux pompes de la
nouvelle cour ; c'était Narbonne qui, en 1809, passait
de l'admiration désintéressée au dévouement, et devenait aide de camp de l'empereur. Il n'ajouta point

---

(1) *Corr. Russie,* vol. CXLI.

l'hommage de son nom à celui de tant de noms illustres ; le jeune Villemain, qui l'avait rencontré chez Narbonne, l'a montré « détestant presque autant l'empire que la Terreur, et la liberté que l'empire (1). » Cet irréconciliable, qui n'avait pu même rentrer en possession de son hôtel, se laissa attirer par l'amitié au ministère des relations extérieures ; mais il fréquentait plus volontiers l'ambassade russe (2) et les salons tels que ceux de Mme de Genlis et de la duchesse de Luynes, où il portait l'attrait de sa conversation délicate et plus que jamais riche de souvenirs. A défaut de Chamfort et de Barthélemy, le prince de Nassau, revenu comme lui de Russie, la princesse de Bauffremont, qu'il épousera plus tard, le bailli de Ferrette, Elzéar de Sabran, Ségur, Millin, le cardinal Maury, Alexandre de Laborde, Mmes Duroc et Junot, comptaient parmi ses interlocuteurs, et l'entendaient, avec un intérêt inspiré à la fois par le sujet et le narrateur, révéler les secrets du harem ou du Divan (3).

---

(1) *Souvenirs contemporains*, Ire partie, ch. xi.

(2) « Il y a ici le comte de Choiseul-Gouffier, qui fait profession d'un attachement réel pour la Russie. Il me voit beaucoup et est en même temps fortement lié avec Talleyrand. Il me fait parfois part de certaines choses qu'il apprend de ce dernier. » (Lettre de l'ambassadeur Markov, dans les *Archives Woronzov*, t. XIV, p. 282.)

(3) « Que j'ai passé de doux moments, écrit la duchesse d'Abrantès au t. IV des *Salons de Paris*, à écouter M. de Choiseul ! Aucune conversation, excepté.... celle avant tout de M. de Narbonne et de M. de Talleyrand, ne rappelait autant la bonne compagnie française. » Elle ajoute en note : « On sait comment M. de Choiseul a obtenu beaucoup de détails intimes du sérail ; c'était par le moyen de marchandes arméniennes qui pouvaient pénétrer jusque dans les cours intérieures. »

Ailleurs, l'ancien ambassadeur revoyait Delille, comme lui volontairement détaché du présent, et respecté par le maître dans sa fière indépendance; l'on assure qu'il collabora aux notes de ce poème sur l'*Imagination* où son ami l'avait fait figurer, et qui parut seulement en 1809.

Les souvenirs de son ambassade n'étaient point faits pour l'importuner; car ses successeurs, Aubert-Dubayet et Sébastiani, avaient continué son œuvre de défense militaire, et en définitive l'empereur des Français maltraitait encore plus les Turcs que le roi de France, puisqu'il les avait combattus en Egypte et poussés contre les Russes avant de les sacrifier à son allié de Tilsitt. Bien mieux, il s'était souvenu sur la mer Noire de la tradition de Vergennes, et était arrivé au but poursuivi depuis trente ans; par son traité de 1802 avec la Porte, il avait arraché à cette puissance les clefs du Bosphore; et au même moment un ancien serviteur de Louis XVI, le duc de Richelieu, fondait Odessa et ouvrait toutes grandes aux vaisseaux de Marseille et au commerce français les portes de la Nouvelle-Russie.

Resté un peu malgré lui étranger à la politique, le *citoyen* Choiseul-Gouffier n'était plus que membre titulaire de la classe d'histoire et de littérature anciennes de l'Institut. L'arrêté de réorganisation du 8 pluviôse an XI l'avait placé le quarantième et dernier sur la liste définitive, en compagnie de ses anciens confrères

Lévesque et Villoison, à côté des érudits de l'école révolutionnaire tels que Camus et Lakanal, et le mémoire qu'il lut en 1805, à une séance publique de l'Institut, annonça au monde savant que le brillant publiciste de 1783 lui était rendu mûri par l'âge et d'une façon exclusive. Dans ce travail, honoré on ne sait pourquoi d'une insertion au *Moniteur*, il s'efforçait de prouver contre Tournefort et Buffon que le Bosphore a été formé non point par une irruption lente de la Méditerranée ou de la mer Noire, mais par un cataclysme né de feux souterrains et ayant brusquement précipité les eaux de la mer Noire vers l'ouest; et il allait jusqu'à fixer à ce grand bouleversement une date, celle du déluge d'Ogygès. Dans cette dissertation, on peut relever deux passages qui la caractérisent : l'exorde, où l'auteur insiste sur le lien qui unit la nouvelle Académie à l'ancienne, et indirectement ses recherches d'autrefois à ses études présentes ; puis une péroraison presque prophétique, où il appelle toutes les sciences physiques et naturelles à l'aide de l'histoire pour témoigner avec elle en faveur des âges primitifs du monde : c'était souhaiter dignement la bienvenue aux découvertes qu'il pressentait sur le théâtre favori de ses études; c'était dénoncer aussi le tour particulier qu'il entendait donner désormais à ses travaux.

Une tâche s'imposait à lui, celle de la continuation du *Voyage pittoresque*. Les temps étaient bien changés depuis la publication de son premier volume. On ne pouvait s'intéresser sérieusement, parmi les sujets du grand empereur, à cette Grèce un moment ressuscitée par les contemporains de Louis XVI, et tombée en quelque sorte avec André Chénier sous le couteau des démagogues modernes. Les mondains s'en tenaient aux frivoles compilations de Chaussard et de Lantier. Si on excepte Paul-Louis Courier, qui traduisait *Daphnis et Chloé*, et Luce de Lancival, qui faisait applaudir par Napoléon sa tragédie d'*Hector*, la nouvelle génération admirait de confiance Ossian et ne lisait guère Homère. Fontanes, devenu grand maître de l'Université, laissait pour toujours inachevé son poème de la *Grèce sauvée*, commencé au début de la Révolution. L'émigration hellénique était représentée à Paris par le jeune Coray, de Smyrne, qui préludait à ses importants travaux ; par Grégoire Zalyk, de Salonique, auteur d'un dictionnaire grec-français paru en 1809. Chateaubriand trouvait la Grèce sur son chemin en allant en terre sainte ; il n'oubliait pas de se munir, au départ, de lettres de Choiseul-Gouffier pour Fauvel, resté sur les ruines d'Athènes, et de même que le voyageur de 1776 inscrivait au frontispice de son livre le nom de Léonidas comme un appel à l'espérance, le voyageur de 1807 s'en allait le faire retentir dans la vallée déserte de l'Eurotas, qui semblait plus que jamais l'avoir oublié. Il empruntait au *Voyage pittoresque* sa description de Smyrne, comme Choiseul-Gouffier avait emprunté à

Barthélemy son chapitre sur les fêtes de Délos. C'était avec son imagination émue et puissante que Chateaubriand avait vu la Grèce, qu'il la peignait et essayait de la faire revivre; Choiseul-Gouffier avait une érudition abondante servie par un esprit aiguisé et un goût délicat; ce n'était plus assez pour ramener la génération qui lisait les *Martyrs* au culte exclusif de la Grèce héroïque et païenne.

Il s'était remis à l'œuvre, sans retrouver à ses côtés la troupe jadis si fervente et si nombreuse de ses collaborateurs. Parmi les membres de la mission militaire, Lafitte était mort victime de la Terreur dans les prisons de Perpignan; Saint-Remy, Monnier, Truguet, parvenus à de hauts grades dans l'armée ou sur la flotte, avaient renoncé aux recherches scientifiques; Kauffer était demeuré en Turquie; avec Cassas et Le Chevalier, la rupture était complète. Quant à Villoison, il mourut prématurément en 1805, sans avoir pu éditer le manuscrit de Lydus qu'il avait découvert; il avait, du moins, fait connaître à son noble ami un jeune savant venu depuis peu d'Allemagne et attaché à la Bibliothèque impériale, Hase. Celui-ci, aidé d'un de ses compatriotes, Fuss, et du Grec Zalyk, mena enfin à bien la publication du *Traité des magistratures*, imprimé aux frais de Choiseul-Gouffier et paru en 1812.

L'auteur du *Voyage pittoresque* avait retrouvé entre les mains de ses anciens collaborateurs les objets rapportés de Grèce en 1776, dont la reproduction ornait son premier volume; mais les moulages du Parthénon délaissés à Marseille avaient été détruits, comme on l'a vu, par des gardiens soupçonneux et avides; quelques débris seulement firent retour entre ses mains. Il ne put obtenir la remise de ses papiers séquestrés; du moins, par le ministre de l'intérieur Chaptal, il recouvra les marbres déposés au Muséum ou confisqués pour les collections publiques de Marseille (1). Vingt-cinq caisses d'objets recueillis dans les îles de la Grèce avaient été détruites dans un incendie à Smyrne en 1797; vingt-six autres demeurées à Athènes furent embarquées pour la France au printemps de 1802. Cette précieuse cargaison fut capturée par Nelson entre la Sardaigne et la Sicile, déposée à Malte, et depuis, les caisses qui la contenaient furent confondues avec celles d'un autre amateur trop célèbre, lord Elgin (2). Choiseul-Gouffier ayant réclamé ces richesses à Nelson par l'intermédiaire du gouvernement russe, l'amiral anglais, aussi généreux en paroles que l'avait été George III vingt ans auparavant envers Foucherot et Fauvel, répondit qu'il n'était jamais en guerre avec les protecteurs des arts. Il fallut se contenter de cette belle parole, demeurée vaine par suite de la

---

(1) Aux *Archives nationales*, F. 4, 1252, d^r 2, on trouve sur cet objet une lettre de Chaptal au préfet des Bouches-du-Rhône (19 frimaire an x), et une autre de Talleyrand (4 ventôse).

(2) Markov à S. Woronzov, 27 août 1802. (*Archives Woronzow*, t. XX.) — *Avertissement* en tête du *Catalogue des objets d'art de la collection Choiseul-Gouffier*.

mort de Nelson, et Choiseul-Gouffier devait aussi mourir avant d'être rentré en possession de ses conquêtes.

Bien que ses matériaux eussent été, pour la plupart, anéantis, dispersés ou soustraits, il fit paraître en 1809 la première livraison de son second volume, consacrée à la description du littoral et des îles du nord de l'Archipel. Ici, plus de concessions faites aux lecteurs frivoles, plus d'artifices de crayon, plus de digressions philosophiques ou galantes : on rencontre même un éloge de la religion chrétienne et des Pères de l'Église qui fait contraste avec les épigrammes sceptiques du premier volume ; ici, dit ailleurs l'auteur en faisant allusion aux déclamations philanthropiques de Forster, « on perd jusqu'à la ressource d'exalter le bonheur de la vie sauvage. » Pour lui, il renoncera à ce moyen un peu usé de captiver les imaginations et les esprits. Une longue dissertation sur l'hospitalité, qui paraît à première vue un hors-d'œuvre, est au fond un témoignage public et réfléchi de gratitude adressé par lui au pays qui, pendant dix ans, lui a offert un généreux asile. Cet hommage complète celui que contenait déjà le testament de l'auteur, déposé aux archives du sénat de Pétersbourg. Quel que fût son plaisir de revoir la France et de vivre au milieu des souvenirs de sa jeunesse, Choiseul-Gouffier eût pu redire avec plus de vérité encore que Ségur, se rappelant la cour de Catherine II : « Malgré le temps, les distances et les vicissitudes des événements.... je ne puis penser aux jours heureux que j'ai passés dans ce pays

qu'avec une émotion qui tient un peu de celle qu'on
éprouve quand on est éloigné de sa propre patrie (1). »

Le vieil homme se trahit encore dans le tableau de
la récolte des roses à Andrinople, et partout le philhellène a conservé ses nobles illusions ; il accuse de
nouveau le despotisme ottoman, prédit le partage de
l'empire turc, et voit dans l'avenir s'élever un Etat
indépendant où on viendra de toute l'Europe s'initier
à la langue d'Homère. En dehors de ces digressions,
et tout en avouant qu'un auteur n'inspirera guère
d'intérêt s'il n'a pas rencontré de bêtes féroces ou
inspiré quelque grande passion, il s'enfonce sans hési-
tation dans des discussions érudites, il s'abandonne à
ces conjectures ingénieuses ou aventureuses qui sont
la joie des savants et l'écueil de toute popularité littéraire. Il se préoccupe bien moins des beautés pittoresques de la Grèce moderne que des souvenirs de la
Grèce antique ; d'ailleurs, à trente ans de distance, ses
impressions de voyageur sont à demi effacées, et il
préfère poursuivre, Homère à la main, des recherches
ayant pour but de concilier la plus lointaine histoire
et la plus haute poésie. Cette étude d'Homère, qui a
distrait si heureusement certains hommes d'Etat de nos
jours, comme Gladstone, était pour lui une consolation
aux malheurs irréparables qu'il partageait avec tout ce
qu'il avait servi et aimé. Fécondée par les résultats de

---

(1) SÉGUR, *Souvenirs et anecdotes*.

ses explorations, cette étude aboutit à un commentaire de l'Iliade par la description des *champs où fut Troie*. Sa pensée se reportait avec complaisance sur ce sol bouleversé dont Le Chevalier, avec une impatience peu loyale à son gré, avait révélé au public français les premiers mystères. La dérivation du Scamandre constatée par son collaborateur lui permit de deviner comment le nom de ce fleuve avait été appliqué par erreur au Simoïs, et d'invoquer le mérite de cette hypothèse ingénieuse pour obtenir le bénéfice entier des découvertes accomplies. Qu'il lui suffise d'avoir établi, par une série de raisonnements appuyés sur le double témoignage des textes et des ruines, ce qu'on peut appeler le système français sur l'emplacement de Troie. De plus, s'il doit partager l'honneur de l'avoir formulé et d'avoir fourni une base à une longue suite de recherches postérieures, il a donné l'impulsion en France à ce genre d'études. C'est, en effet, à son instigation que Le Chevalier était venu en Orient; c'est sur ses traces qu'a marché la troupe toujours plus nombreuse des explorateurs modernes. A la fin de sa vie, comme s'il n'eût plus redouté de rivalité fâcheuse pour sa mémoire, sa colère contre Le Chevalier était tombée, et dans les dernières pages écrites par lui je trouve ces mots, qui corrigent et effacent les expressions amères de ses lettres antérieures : « Je crains d'affliger, lors même qu'on m'a blessé.... On m'aura cru perdu pour les arts.... Il y aurait bien de la mauvaise grâce à regretter avec trop d'amertume les prémices d'une dissertation géographique (1). »

Depuis, d'autres explorateurs sont venus, Mauduit, en 1811, qui, à des signes encore visibles, crut reconnaître l'acropole d'Ilion, l'Allemand Forschammer, le Grec Nicolaïdès, qui ont complété les découvertes du siècle dernier. Depuis encore, M. Schliemann, à la suite de fouilles bruyamment annoncées, a prétendu ramener Troie sur le plateau d'*Ilium novum*, c'est-à-dire d'Hissarlik ; mais le trésor de Priam exhumé par lui ne semble guère plus authentique que le tombeau d'Achille ouvert par Choiseul-Gouffier, et malgré ses affirmations plus hardies que solides, la France garde jusqu'à nouvel avis l'honneur d'avoir résolu méthodiquement cette question, si importante pour les origines de l'art et de la poésie.

Choiseul-Gouffier vivait ainsi en tête à tête avec les héros légendaires de la Grèce, pendant que ceux de la grande armée parcouraient l'Europe et venaient s'ensevelir dans cette Russie où il avait laissé son fils ; de Troie en cendres à Moscou en flammes, sa pensée pouvait aller sans trop d'effort. Plus heureux que les rois d'Homère errants sur tous les rivages, le roi de France, à la suite de cette grande catastrophe, rentrerait-il dans sa patrie ? Narbonne, imperturbable dans ses nouvelles convictions, et près de mourir à Torgau

---

(1) *Voyage pittoresque,* t. II, p. 80.

au service de Napoléon, écrivait à son ami avec son enthousiasme toujours jeune de converti : « Rien n'est impossible à notre admirable souverain. Sa Majesté a voulu faire d'un plénipotentiaire une sœur grise ; elle y a réussi. Me voici maintenant à l'hôpital, où je panse les soldats pestiférés (1). » En même temps que cette voix de soldat près de s'éteindre, Choiseul-Gouffier en entendait une autre, bien connue et bien chère aussi, celle de Talleyrand, le diplomate disgracié qui prévoyait la catastrophe prochaine ; ils devaient rentrer ensemble sur la scène politique, au service du souverain de leur jeunesse. Jusqu'à la fin de l'empire, l'ancien ambassadeur du roi se tint dans une réserve absolue : « De tout ce que je vois depuis longtemps, écrivait-il encore en janvier 1814, je ne sais plus ce que je dois penser, et c'est même, il faut l'avouer, ce que j'évite avec le plus de soin (2). » Quelques mois après, il était redevenu un peu à la dérobée un homme politique ; il servait de messager officieux à Talleyrand auprès du comte d'Artois, à la veille de la rentrée de ce prince à Paris. Les affaires publiques le ressaisirent dès lors jusqu'à la fin de sa vie, et contribuèrent à le distraire de ses travaux de prédilection. Il fut un moment question de le renvoyer à Constantinople ; on se contenta d'en faire un pair de France. Après les Cent-jours, non seulement il

----

(1) Lettre citée par BRIFAUT. *Passe-temps d'un reclus.* (Œuvres, t. II, p. 40.
(2) Lettre à Madame...., 15 janvier 1814. (*Archives de famille.*)

rentra dans cette assemblée, mais il reçut la présidence
du collège électoral de Versailles, le titre de lieutenant
général, et fut introduit au conseil privé avec le rang de
ministre d'Etat. Etranger aux nouvelles générations
politiques, il soutint de ses votes et de son crédit à la
chambre des pairs son ancien compagnon d'exil, le duc
de Richelieu. A la cour, il se savait le bienvenu auprès
de la fille de Louis XVI, comme un contemporain de
ses premières années, les seules heureuses ; il se montrait chaque semaine à son jeu ou l'accompagnait dans
ses secrètes visites de charité. Mais il tenait encore
mieux sa place au milieu des grandes compagnies
savantes qui lui rouvrirent leurs portes. En même
temps qu'il cessait d'être membre de la troisième
classe de l'Institut pour redevenir membre de l'Académie des inscriptions, il recouvrait, de par le roi,
son siège à l'Académie française et son titre de membre
libre à l'Académie des beaux-arts. Enfin, en 1817, il prit
part, avec le comte de Forbin et Turpin de Crissé, à
la reconstitution de la société des Amis des arts, fondée
vers la fin du règne de Louis XVI.

Sa fidélité à ses études favorites continua à s'attester
par une lecture faite en son nom, par Walckenaër, à la
séance d'inauguration de l'Institut réorganisé ; il y
défendait Homère contre les hypothèses téméraires de
Wolf et de Bryant. Il chargeait alors Dubois, le
dernier de ses collaborateurs, de visiter encore une
fois à son intention la Troade, et de recueillir les

objets précieux qui lui appartenaient, demeurés en dépôt à Constantinople depuis près d'un quart de siècle. En même temps, pour accomplir un projet qui datait également de loin, il élevait aux Champs-Élysées, sur les hauteurs de Chaillot, auprès du jardin Marbeuf, un édifice à trois portiques destiné à contenir ses collections. C'était à la fois une imitation de l'Erechthéion d'Athènes, et un souvenir de ces jardins pittoresques chantés par Delille, de ces ruines factices dont les tableaux d'Hubert-Robert nous font connaître les séduisantes perspectives; c'était aussi un premier essai de ces musées historiques de sculpture dont Berlin offre aujourd'hui le modèle le plus complet, et dont l'utilité n'a guère encore été appréciée en France. Là devaient prendre place et la métope ramassée au pied du Parthénon et restaurée par le sculpteur Langue, et l'inscription sur les finances d'Athènes interprétée jadis par Barthélemy, puis les fragments de sculpture grecque et romaine originaux, copiés, imités ou moulés, qu'il avait acquis depuis quarante ans, un certain nombre d'antiquités égyptiennes, ses dessins, ses cartes, les réductions de monuments, les inscriptions historiques, les tableaux représentant les ruines des pays visités par lui, en un mot, une représentation plastique, aussi complète que possible, de l'art et du génie des anciens (1).

---

(1) V., sur cette collection et le catalogue qui en fut dressé. Emeric-David, *Histoire de la sculpture antique*, p. 251-257.

Le *Voyage pittoresque*, tel qu'il devait le laisser, ressemble un peu lui-même à un temple antique, élevé dans deux styles différents, à deux époques diverses, dont le temps a épargné le fronton couvert de délicates sculptures, mais dont il a ravagé l'enceinte inachevée, dispersé les frises et mutilé les ornements.

Peu de temps avant sa mort, Choiseul-Gouffier, devenu veuf, épousa la princesse Hélène de Bauffremont, dont il appréciait depuis longtemps l'esprit et les qualités aimables. Il se promettait à côté d'elle une vieillesse studieuse et heureuse, lorsqu'il succomba, âgé seulement de soixante-quatre ans, aux suites d'une attaque d'apoplexie, pendant un séjour aux eaux d'Aix-la-Chapelle (20 juin 1817). Les oraisons funèbres ne manquèrent pas sur sa tombe ; le duc de Choiseul à la chambre des pairs, Laya et le duc de Lévis à l'Académie française, Dacier à l'Académie des inscriptions, Féletz dans le *Journal des Débats*, mirent en relief les diverses faces de sa vie, de son talent et de son caractère. Hommage plus rare, Talleyrand pleura ! Le fils de Choiseul-Gouffier, demeuré jusque-là au service russe, hérita de son siège à la chambre des pairs, tandis que son neveu, Choiseul-Daillecourt, lui succédait à l'Académie des inscriptions. Quant au *Voyage pittoresque*, Barbié du Bocage et Letronne l'achevèrent en coordonnant tant bien que mal les notes de l'auteur ; l'édifice grec élevé à l'extrémité des Champs-Elysées changea de destination en passant entre des mains étrangères, et il devait, vingt ans après, fournir des salons de réception à Mme Emile de Girardin ; les collections d'antiques qu'il contenait finirent, après diverses vicissitudes, par entrer au musée du Louvre.

Choiseul-Gouffier, lorsqu'il mourut, survivait à tous égards au monde dont il avait été un des plus brillants ornements. L'ancienne cour n'existait plus ; son rôle politique n'était point de nature à illustrer sa mémoire. Pendant son ambassade de huit années, il avait été l'interprète d'une politique timide, hésitante entre des engagements récents et des traditions respectables, et n'avait réussi ni à désarmer les Russes ni à convaincre ses protégés de la supériorité des lumières de l'Occident ; il n'avait pas même obtenu pour notre commerce dans la mer Noire quelque concession sérieuse. Ce serait à croire qu'il avait lutté avec le désir inavoué de ne pas vaincre, tant il avait paru s'élever par la pensée au-dessus de cette barbarie musulmane dont il était le patron officiel, pour vivre au milieu des héros et des monuments de l'antiquité.

Sa marque particulière est d'avoir été, sur le même théâtre, et dans un autre ordre d'idées et de faits, un précurseur. En un temps où certains hommes d'Etat réduisaient la science de la politique à une étude de géographie comparée, il attachait, sans s'en douter peut-être, plus de prix à ses recherches scientifiques qu'à ses négociations, et il réussit au delà de ses désirs. Il n'avait ici ni instructions à observer ni embûches à prévoir ; son goût éclairé suffisait à le guider, et le double prestige de la réputation littéraire et d'un titre diplomatique soutint en définitive son courage, multiplia ses moyens et facilita son œuvre. Aucun voyageur avant lui n'avait possédé à un plus haut degré la curiosité patiente et infatigable qui caractérise l'explorateur moderne. Ce fut, en outre, un philhellène au sens le plus large de ce mot, un ami du génie et des vertus de l'ancienne Grèce, épris pour la Grèce asservie et dégénérée de nobles espérances, qu'il ne lui fut pas donné de voir s'accomplir. Quand il mourut, les hommes avaient changé sous ses yeux comme les institutions et les mœurs, et il était resté, à travers les événements qui avaient bouleversé tant de vies avec la sienne, voué aux mêmes convictions politiques, aux mêmes occupations studieuses, aux mêmes œuvres élevées ; rien ne l'en avait distrait, ni sa mission à Constantinople, ni son émigration en Russie ; aussi la France n'était plus pour lui, à la fin de sa vie, que le pays de ses plus lointains souvenirs ; l'Orient restait le séjour préféré de sa pensée et demeure, après quatre-vingts ans, le cadre naturel de sa renommée.

Et pourtant, là encore, homme de transition, il ne connut pas cet avenir qu'il avait contribué à préparer, et ne put saluer ni la Grèce délivrée, ni la Vénus de Milo au Louvre. Du moins, par ses explorations, par son enthousiasme constant et contagieux, il avait contribué mieux que personne à rendre vrai ce mot d'un de ses successeurs à l'Académie française : « La Grèce est dans nos arts, dans nos mœurs, dans notre pensée, dans notre éloquence, elle est dans toute civilisation, mais elle n'est plus en Grèce ; son âme est devenue l'âme du genre humain (1). » Parole qui n'est encore vraie qu'à moitié, car nous n'en avons pas fini avec les découvertes de tout genre qui, sur ce sol retourné par la science après avoir été bouleversé par la guerre, surgissent encore, et enrichissent, transforment quelquefois cette incomparable histoire. La politique moderne a bien en définitive comblé les vœux de Choiseul-Gouffier. Il y a encore un sultan à Constantinople ; les desseins de Catherine II se sont pourtant accomplis, ou peu s'en faut, et la France n'a pu ni retarder d'une façon efficace ces grands changements, ni en profiter. Bien mieux, le philhellénisme de Chateaubriand et de Byron aidant, elle a, dans les eaux de Navarin en 1828, au congrès de Berlin cinquante ans plus tard, préparé ou consolidé l'indépendance et la régénération de la Grèce. Une seule fois, sous le second empire, nos flottes et nos armées ont ramené l'étendard de Mahomet sur des rivages qu'il ne connaissait plus ; et qui ne regrettera aujourd'hui, malgré la gloire acquise, le sang versé ? L'empire turc continue à ne pas nous inspirer des

---

(1) Maxime DUCAMP, *Souvenirs littéraires*, t. I, p. 540. Il n'est pas jusqu'aux dieux grecs qui n'aient gardé un sanctuaire dans certaines âmes féminines ; on n'a qu'à se rappeler les pèlerinages de la duchesse de Plaisance, née Barbé-Marbois, et à lire les ouvrages de Mme Edmond Adam.

sympathies plus sérieuses qu'à nos pères ; ainsi qu'on le disait il y a trente ans, c'est un mourant dont on prolonge l'agonie, de peur d'être embarrassé de son cadavre (1).

Quelle sera donc notre part dans les dépouilles de l'Orient rendu à la liberté, à la religion et aux arts d'autrefois ? Ce sera, sans parler de cette clientèle catholique acquise et retenue par le souvenir des croisades, un peu de cette richesse commerciale que Choiseul-Gouffier eût voulu accaparer à notre profit et au détriment de l'Angleterre, de la mer Noire à l'isthme de Suez. Ce sera aussi et surtout le premier rang dans cette vaste exploration scientifique dont il a donné l'exemple. Nos archéologues l'ont dépassé depuis longtemps, et se croient en droit de l'oublier ; c'est pourtant sa trace qu'ils suivent en l'élargissant, c'est son *Voyage pittoresque* qu'ils refont sur les routes classiques de la Grèce et de l'Asie. La tradition illustrée par le noble antiquaire a été recueillie, sous le drapeau français, par l'Institut d'Égypte et la commission scientifique de Morée. Des écoles, de fondation récente, l'honorent et la fécondent à Athènes, à Rome et au Caire : en face de Schliemann et des explorateurs modernes d'Olympie, elles continuent, aux frais de l'État et sous une direction officielle, l'œuvre généreusement et librement tentée par un

---

(1) Il faut que le Turc soit enfin chassé de l'Europe ; il est dérisoire, impie, de penser à faire entrer ces barbares dans le système européen. » (*Correspondance* de P.-J. PROUDHON, t. V, p. 330.)

des derniers venus de l'ancienne noblesse française. Les membres de l'école d'Athènes, en particulier, développent avec une expérience agrandie et des moyens plus vastes cette science des antiquités grecques que Choiseul-Gouffier eût voulu enfermer dans les deux in-folio de son *Voyage*, et qui, grâce à leurs découvertes successives, n'aura pas de longtemps — il faut à la fois l'espérer et le craindre — dit son dernier mot.

TABLE DES MATIÈRES

BESANÇON. — IMP. PAUL JACQUIN.